Eugen Skasa-Weiß
TRAUMSTRASSEN
DEUTSCHLANDS

Süddeutscher Verlag

TRAUMSTRASSEN

DEUTSCHLANDS

*Schutzumschlag: Die Vorderseite zeigt Burg Katz am Rhein
die Rückseite Plön/Schleswig-Holstein.
Karten: Harald und Ruth Bukor
Bild 1 (Haupttitel): Heidelberg, Blick über den Neckar*

ISBN 3-7991-5744-1

© 1973 Süddeutscher Verlag GmbH, München. Alle Rechte vorbehalten
Printed in Germany. Schrift: Linotype-Garamond-Antiqua
Reproduktion und Druck: Karl Wenschow GmbH, München
Bindearbeit: R. Oldenbourg, München

INHALT UND BILDVERZEICHNIS

1. Heidelberg (Haupttitel, S. 2/3)

Traumstraßen — ungezählte 7

Straßen der Weser 10

2. Münden — Zusammenfluß von Fulda und Werra (S. 11)
3. Weser bei Fürstenberg (S. 13)
4. Steinmühle (S. 14/15)
5. Kloster Corvey (S. 16)
6. Kemnade (S. 17)
7. Schloß Hämelschenburg (S. 18/19)
8. Hameln — Heimatmuseum (S. 21)
9. Die Schaumburg (S. 22/23)
10. Stift Fischbeck (S. 24)
11. Lemgo — Hexenbürgermeisterhaus (S. 26)
12. Bückeburg — Stadtkirche (S. 27)
13. Minden — Dom (S. 29)
14. Porta Westfalica (S. 30/31)
15. Verden an der Aller (S. 32)
16. Bremen — Rathaus und Roland (S. 34/35)

Holsteinsche Schweiz — Lübeck — Salz-Heide-Harzstaße 37

17. Blick auf Plön (S. 38/39)
18. Winterliches Eutin (S. 41)
19. Neustadt (S. 42/43)
20. Heimatmuseum Tews-Kate bei Malente (S. 44)
21. Lübeck — Holstentor (S. 46/47)
22. Lübeck — Burgtor (S. 48)
23. Ratzeburg (S. 50/51)
24. Die historische Grander Mühle am Sachsenwald (S. 52)
25. Mölln — Mühlenteich und St. Nikolai (S. 54/55)
26. Lüneburg (S. 57)
27. In der Lüneburger Heide (S. 58/59)
28. Celle — Schloß (S. 61)
29. Goslar am Harz — Huldigungssaal im Rathaus (S. 62/63)
30. Goslar am Harz — Adlerbunnen (S. 64)

Burgen — Ruinen — Schlösser — Residenzen 68

31. Büdingen (S. 66/67)
32. Gelnhausen — Blick von der Kaiserpfalz (S. 69)
33. Taunuslandschaft — Blick zum Feldberg (S. 70/71)
34. Schloß Mespelbrunn im Spessart (S. 72)
35. Miltenberg — Blick von der Burg (S. 74/75)
36. Wertheim von der Tauberseite (S. 76)
37. Würzburg — Treppenhaus in der Residenz (S. 78/79)
38. Im Park von Schloß Veitshöchheim (S. 80)
39. Iphofen (S. 81)
40. Kloster Ebrach (S. 82)
41. Schloß Pommersfelden — Fassade am Ehrenhof (S. 83)
42. Bamberg — Rathaus (S. 85)
43. Bamberg — Vierkirchenblick (S. 86/87)
44. Wallfahrtskirche Vierzehnheiligen mit Blick zum Schloß Banz (S. 90/91)
45. Coburg — Blick zur Veste (S. 93)
46. Veste Plassenburg über Kulmbach (S. 94/95)
47. Festung Rosenberg über Kronach (S. 96)
48. Bayreuth — Eremitage (S. 98/99)
49. Burg und Dorf Hohenstein (S. 101)
50. Forchheim (S. 102)
51. Nürnberg — Inneres der Sankt-Lorenzkirche (S. 103)
52. Nürnberg — Partie am Henkersteg. Blick zur Sankt-Lorenzkirche (S. 104)
53. Kloster Heilsbronn (S. 105)
54. Die Komburg bei Schwäbisch Hall (S. 106/107)
55. Schloß Neuenstein (S. 108)
56. Bad Wimpfen am Berg (S. 109)
57. Hornberg am Neckar, die Stammburg des Götz von Berlichingen (S. 110)
58. Blick über den Neckar auf Hirschhorn (S. 111)
59. Heidelberg — Blick über den Neckar auf Altstadt und Schloß (S. 114/115)

Weinstraßen: Mosel — Rhein — Pfalz 117

60. Moselschleife bei Bremm (S. 118/119)
61. Trier — Porta Nigra (S. 121)
62. Ruine Metternich über der Mosel (S. 122/123)
63. Cochem an der Mosel (S. 126/127)
64. Burg Eltz bei Moselkern (S. 128)
65. Burg Katz am Rhein (S. 129)
66. Lorchhausen am Rhein (S. 130/131)
67. Steuerleute am Pfalzgrafenstein bei Kaub (S. 132)
68. Worms — Der Kaiserdom (S. 133)
69. Speyer — Dom und Heidenturm (S. 134/135)
70. Neuleiningen (S. 136)
71. Burg Trifels bei Annweiler (S. 138/139)
72. Dörrenbach — Altes Rathaus (S. 141)
73. Blick von der Madenburg (S. 142/143)

Das Romantische an der Straße 145

74. Würzburg (S. 146/147)
75. Tauberbischofsheim (S. 149)
76. Schloß Weikersheim — Rittersaal (S. 150/151)
77. Mergentheim (S. 153)
78. Blick vom Toplerschlößchen auf Rothenburg (S. 154/155)
79. Wallerstein — Pestsäule von 1720 (S. 156)
80. Feuchtwangen — Kreuzgang des Klosters (S. 157)
81. Dinkelsbühl — Vor dem Rothenburger Tor (S. 158/159)
82. Nördlingen — Blick vom Daniel auf das Rathaus (S. 161)
83. Harburg, Sitz der Fürsten Oettingen-Wallerstein (S. 162/163)
84. Schloß Leitheim — Ausschnitt aus dem Deckenfresko (S. 165)
85. Augsburg — Augustusbrunnen vor dem Rathaus (S. 166)
86. Schongau (S. 167)
87. Landsberg am Lech — Rathaus (S. 168)
88. Wallfahrtskirche in der Wies — Chorgewölbe (S. 169/170)
89. Schloß Neuschwanstein (S. 173)

Adern der Alpen 176

90. Lindau (S. 174/175)
91. Tal der Breitach bei Oberstdorf (S. 177)
92. Füssen im Allgäu (S. 178/179)
93. Schlittenfuhrwerk am winterlichen Kreuzeck (S. 180)
94. Garmisch-Partenkirchen mit Blick zur Zugspitze (S. 182/183)
95. Walchensee — Nach dem Gewitter (S. 186/187)
96. Brücke über den Sylvenstein-See (S. 189)
97. Blick vom Wendelstein (S. 190/191)
98. Bad Wiessee am Tegernsee (S. 193)
99. Burg Hohenaschau (S. 194/195)
100. Bad Reichenhall — Portallöwe von St. Zeno (S. 197)
101. Blick über Berchtesgaden (S. 198/199)
102. Hintersee mit Hochkalter (S. 200)

Traumstraßen — ungezählte

»Nur reisen ist Leben, wie umgekehrt das Leben reisen ist.«
Jean Paul

Die schöne Gabe, sich ins Heimatland des anderen einzufühlen, ist den Deutschen sehr allmählich in den Schoß gefallen; ihre Kleinstaaterei trieb sie wenig zum Ausgehen in angrenzende Länder an. Handwerksburschen, Maler und Dichter wagten sich ohne Scheuklappen ein wenig weiter ins Land. Die roten »Handbücher für Reisende«, die Karl Baedeker den schönen, aber unpraktikablen Dichterworten nachfolgen ließ, brachen die ersten Breschen in die sitzfleischschwere Heimatliebe. »Wer unter Heimatliebe nur die Zuhausehockerei versteht«, knurrte Gottfried Keller, der seine eidgenössischen und deutschen Stubenhocker samt den Folgen kannte, »wird der Heimat nie froh werden, und sie wird ihm leicht nur zu einem Sauerkrautfaß.«

Um Reisen in andere Sauerkrautfässer geht es hier, Fässer, die wir zu kennen glauben, ohne uns darin wirklich auszukennen. »Für Naturen wie meine«, teilte der reiselustige Goethe dem seßhafteren Schiller mit, »ist eine Reise unschätzbar — sie belebt, berichtigt, belehrt und bildet.« Naturen wie seine schossen, was das Reisen betraf, allmählich wie Pilze aus dem europäischen Städterwald: Radbrüche, kippende Chaisen, lahme Pferde, Frühwäsche unterm Pumpbrunnen und Bettwanzen gehörten noch zu den unkomfortablen Wandersensationen, denen am Rand der Romantik und des Biedermeier schwer zu entkommen war.

Noch bedurfte die Geschichte unseres Reisens, bevor sie mit wahrer Lust beginnen konnte, einiger ausgereifter Nebengeschichten, die unerfreulich lange auf sich warten ließen: Nebengeschichten der Hotellerie, des Straßen- und Brückenbaus, der bequemen und flotten Vehikel, der beseitigten Bazillen, Zöllner, Ungeheuer, Straßenräuber und Flöhe, auch der maulaufreißenden Dummköpfe, die Fremde wegen ihres absonderlichen Aussehens am liebsten unters Beil gebracht hätten.

In der Renaissance, als der Mensch staunend über seine Nasenspitze hinaussah, zeichnete Aeneas Sylvius Piccolomini — nach vielerlei humanistischen Klugheiten über fremde Sitten, Zustände und Gewerbe — sein tirolisches Alpental mit einer eindringenden Liebe, die sich bisher so warm noch nirgends geäußert hatte. Das war etwas Neues — ein Mensch (später wurde er Papst Pius II.) kam seiner Heimat auf die Fährte. Jede Reise darin, deutete diese Liebe an, kann dir zum Kunstwerk werden, wenn du ihre Menschen verstehst, wenn du viele Schritte über den Horizont des Drinwohnens, des Gewohnten hinausgehst, die Gebäude und Frauen der Nachbarn betrachtest, die neuen Landschaftswinkel aufnimmst und mitliebst. So hatten fahrende Menschen bisher nicht empfunden. Die Landschaft, die man fühlen sollte wie einen Körper, verstand Novalis als idealistischen Leib für eine besondere Art des Geistes — »Die Natur hat Kunstinstinkt, daher ist es Geschwätz, wenn man Natur und Kunst unterscheiden will.«

Und ist zu alledem nicht jeder, der sich im eigenen Land beim Nachbarn umsieht, mehr als nur ein Wißbegieriger? Er ist Bergsteiger und Weinfreund, Kunstkenner, Segler, Bierfilzsammler, Skiläufer oder Waldwanderer; er liebt es, in Kleve oder Zons am Niederrhein Brabantisches zu verspüren, in Bergzabern den hohen Geist des Straßburger Münsters, in Wasserburg am Inn eine Brise Venedig, in Eckernförde das grüne, buttrige, fischige und meerbespülte Jütland — zu aller Zeit waren unsere Heimatlandschaften Brücken zu anderen Ländern hin.

Heimat — kurz hintereinander denke ich an die Heideschenke im Wilseder Park, an ein peitschendes Schneegeheul um die Karwendelspitzen, an die Hohen-Neuffen-Ruine in der Schwäbischen Alb, von Zwetschgenbäumen umblüht. Backsteingotik, Windmühlenreste und Schlotriesen, Strohdach, Hochhaus, Schieferhütte, Wasserburgen, Meer, Gebirge, Heide, Seenplatten, Reichsstädtchen, Baumblüte im Alten Land — das sind Zurufe aus einem erregenden Stück, die sich überstürzen. Dieses Stück existiert, es wird täglich gespielt, wir stecken dazwischen.

Bayrische Seen schauen anders aus als die Blinkspiegel der Nassauer Seenplatten, die segelgefleckten um Ratzeburg; friesische Mädchen, Bauernhäuser und Kühe sind umwerfend anders als oberbayrische — ein Leben lang kann sich der Mensch beim einen vom anderen erholen und nach dem Erholen wieder zurücksehnen. Die Mainfranken gleichen ihren Weinen, die Westfalen ihrem Pumpernickel, die Harzer ihren Erzwäldern — sagt jetzt nicht leichtsinnig, ihren Würsten und Käsen, und doch —

— denn bevor wir Deutsche uns mit Verstand und Verständnis in unseren Heimatländern aufsuchen konnten, mußten wir uns erst noch mit »fremden Spezialitäten« vertraut machen: mit Hamburger Aalsuppe, bayrischen Knödeln, roter Grütze, Frankfurter Äppelwoi, schwäbischen Spätzle, bremischem Braunkohl mit Pinkel, westfälischen »Groatebohnen mit Speck«, Bodenseefelchen, Starnberger Renken, Bookweeten-Janhinnerk und badischen Zwiebelkuchen. Etwas essen und schätzen können, was Mutter nicht gekocht hat und der Eisschrank nicht hergibt, nicht darauf beharren, daß landauf landab nur noch Schnitzel und Pommes frites serviert werden, gehört zur echten Kunst, den intimen Zauber eines Landes für sich zu erschließen. Dazu bedurfte es mehr als der Aufklärung, der Romantik und der knipsenden Wißbegierde. Einer, der durchs Land reisend in die Seele eines Kunstwerks, in die Hintergedanken einer Landschaft und eines anderen Menschenschlages eindringen will, sollte einheimische Getränke mitbegehren und erproben wie Burgaussichten; mitgekeltert in allen Weinen zwischen Saale und Meersburg am Bodensee sind Landschaft, Boden, das Klima, die Winzermüh, Schicksal und Lebensart der Bewohner.

Als Otto Julius Bierbaum 1902 seine »Empfindsame Reise im Automobil« unternahm, fuhr er im offenen Adler, der noch verheerend einer Kutsche glich, nur völlig anders roch; Benzin gab es kleinweise beim Drogisten. Der Motor hatte einen Zylinder und drei Gänge, in der Stunde schaffte er 25 bis 30 Kilometer. Dieses Tempo grenzte — nach dem Empfinden der Jahrhundertwende — an schiere Raserei. Aber Bierbaum photographierte schon, wo er konnte, vergaß dabei selten Eselstritte gegen elektrische Bogenlampen und alterierte sich über die seelische Verarmung, in die wir hineinsteuerten, »wir Leute mit den Bogenlampen«. Sein Wagen kämpfte mit Gegenwind und fühlte sich behindert durch törichte Pferde, die ihre Antipathie nicht verhehlten; er selbst schimpfte über Hotels mit »rein industriellem Gepräge«, ohne Ruhe, Bequemlichkeit und aufmerksame Bedienung — ein Reisegast mit kritischem Bewußtsein, wie wir sehen, der sein Zeitalter guterhalten überlebt hat.

Wir erkennen daraus, daß die wahre Geschichte des Reisens im eigenen Land gerade von gestern ist. Wilder zu werden begann sie erst, als sich die Menschen in jäh entbrannter Reiselust gegenseitig über die Füße reisten. »Die Reise«, meint Gerhard Nebel, »ist entweder ein Privileg oder eine Qual. Die Demokratisierung der Reise ist ihre Selbstvernichtung.« Trotz aller Erfahrung mit Bus-Rummeleien der KdF-Zeit liegen die Dinge so schwarzsauer bei uns im Land nun wieder nicht. Eher ließe sich sagen: den binnendeutschen Wanderlustigen blieb vormals das Sehenswerte hinter nachts verriegelten Stadttoren so unbekannt wie uns Heutigen erst wieder jetzt, da der Lockruf der allerfernsten Ferne bloß flüchtig daran vorbeiführt — als seien unsere Kleinodien, Berge, Küsten und Wälder ein weggezauberter Elfenschatz. Es ist beklemmend, wie viel, doch erstaunlicher, wie wenig davon in Wahrheit geschwunden ist.

Auf den Straßen, die zu »Traumstraßen« ernannt wurden, wird es uns durch dieses Bilderbuch begleiten. Künste, Felsschluchten, gewesene Abenteuer, Berggipfel, Seen und Burgen halten daran Hof, manches so verfallen wie staufische Pfalzruinen, manches noch so landbeherrschend wie die Coburger Veste, vieles dornröschenscheu versteckt.

Träume sind nicht begrenzbar, Künste, Sagen und Idyllen lassen sich an Straßenkurven so leicht nicht aufreihen: oft liegt das Unausschöpfbare, das kaum glaublich Unverhoffte der deutschen Siebensachen gerade dort, wo weder Autostraßen noch Geleise hinführen, abseits wie der Chiemgauer Schnitzaltar des Meisters von Rabenden, abseits wie Dientzenhofers barock-orientalisches Kappel in der Oberpfalz, abseits und tausendschön wie die Kolke im Heiligen Meer hinter Ibbenbüren, Hopsten und dem Heiligen Feld...

Das meerumschlungene Norwegerlied »Jeg elsker dette land« ließe sich mit deutschen Strophen bis ins Unendliche zwischen Waldesruh und Nordseegischt zersingen. »Ich liebe dieses Land« mit seinen Katen und Domen, seinen Basaltkuppen und Maaren, Skiparadiesen, Rebenhängen, Birkenmooren, seinen Bäderfontänen zwischen Pyrmont, Kissingen und Reichenhall, mit all seiner Anmut um Schwetzingen, seiner Grazie zwischen Rollwenzelei und Eremitage, an den pfälzischen Haardthöhen oder im hohenlohischen Taubergrund.

Liebes, zerstückeltes Land des Bamberger Reiters, des Trifels und des einsamen Steinhuder Meers; nichts paßt hier zusammen. Selbst wir, die darin leben, tun zuweilen so, als paßten wir nicht zueinander — aber das ist ja gerade das Feine daran, würde Andersen dazu sagen. Das Wasserfallplätschern am Tatzelwurm, das alte Schwäbisch-Gmünd, traumschwere Geburtsstadt des Peter Parler, Baldung Grien und Jörg Ratgeb — sie passen nicht zu den schlehdorn- und brombeerverfilzten Zwergeichen-Knicks in Schleswig-Holstein; es paßt nicht der schwarze Ernst des Titisees mit seinen Wassermuhmen zum heiteren Rebengestaffel der Mosel, hinter dem in Waldfinsternissen schon wieder Mondkrater dunkeln, nicht der Voralpenföhn zur Treibhausluft um Bonn — doch alles fließt ineinander über, die Schwalben schneiden Kurven darüber von Konstanz bis Lübeck. In Lodenkotzen, Fischerjacken und Winzerschürzen sind wir darin zu Hause.

Ehrliche Traumstraßen stellen sich nicht lange an, als führten sie mit romantischen Scheuklappen durch zersiedelte Landschaften in die Lebkuchendose behüteter Märchendinge. Sie schlängeln sich durch die Hofhaltungen von »Es war einmal« und »Es wär' so schön gewesen« hindurch und legen uns nahe, Seitensprünge in die unberührte Welt der unwägbar schönen Dinge zu tun, waldentlang oder wiesenhindurch, denn Neugier und Entdeckung gingen hier ständig im Zickzack, jahrhundertelang barfuß und beschuht. Manches, was wir verspüren, als müßten wir über die Stirn wischen, ob es danach noch da sei, liegt so einsiedlerisch wie die Wies bei Steingaden, und manches Überragende — ich denke an den Gottesburgturm von Mildstedt im Husumer Land, an die Goldene Madonna im Essener Münster — mußten die Traumstraßenmeister vor lauter Schnurstracks im Gefild einfach liegen lassen, als sei es nichts. Einiges klauben andere Reisestraßen, die Grüne Straße, die Harz-Heide-Straße, die Schwäbische Albstraße nach ihrer Weise sorglich zusammen, und mit allen Fluß- und Weiherwassern gewaschen kreuzt die Deutsche Ferienstraße von Nord via Süd alle Traumstraßen mit der Unverdrossenheit einer motorisierten Ährenleserin, wobei eine so umsichtig einheimsende Stilblütenfigur den Traumstraßenwanderern nur willkommen sein kann. Denn sollte nicht ein zentnerschweres Traumkursbuch von Jütland bis Tirol entstehen, so mußten wir als unbeirrbare Wünschelrutengänger die großen Trampelpfade entlangtraben, die den Routenzügen der Römer und des Wilden Mannes folgen. Nicht anders sind unsere großen Straßen entstanden, und diese Handlinienzeichnungen decken sich, welcher Zufall, mit den Pfadfinderspuren der Völkerwanderer, der Kaiser, Ritter, Kaufherren, Landsknechte, Räuber und Vaganten.

Schmerzlich vorbei führt die Traumstraßenlogik an den Saarschleifen zwischen Besseringen und Mettlach, und wer vom Mettlacher Alten Turm der entschwundenen Benediktinerabtei des 7. Jahrhunderts auf die vergrünten Ruinen der ebenfalls entschwundenen Burg Monclair hinüberblickt, wird von der kleinen Stimme der Sehnsucht an die Traumtragfähigkeit der Wasserstraßen gemahnt — ein unstillbarer Traum, den Werner Bergengruen in Gottes Hand legte: »Was für ein Reichtum müßte das sein, den Rhein, die Donau einmal getreulich zu begleiten von der Quelle bis zur Mündung, zu Fuß, zu Rad, Faltboot oder Schiff? Bei einigen kleineren Flüssen ist mir das erlaubt gewesen; bei den größeren Strömen erbitte ich es mir für künftige Lebensjahre. Aber vielleicht ist dies ein Traum, der nie sattgemacht werden kann, gleich aller Reisesehnsucht überhaupt, und die Lockung der ungekosteten Weine, der ungegangenen Straßen, der nie befahrenen Gewässer soll als ein Zeichen vor uns hergehen bis über unseren Tod.«

Den Frankenfreunden öffnen sich seitab der Burgen- und Residenzenstraße die Steigerwaldhöhen- und Hochrhönstraße, die Waldesdunkelheimlichkeiten der Frankenwald- und Fichtelgebirgsstraße, im harzigen Herzen Wunsiedel, die Luisenburg und Bad Berneck im Ölschnitztal. Im borkigen Waldschratgrün dieser Welt dachte sich Jean Paul ein deutsches Nationalmuseum aus lauter Pfefferkuchen aus, dort durchschaute er Deutschland als gutes, ehrliches Herz, das fast alle europäischen Kriege mit ihren Kanonenkugeln durchbohrten.

Ginge es im Traumstraßenwesen perfekt mit rechten Dingen zu, so müßte die lindgrün geringelte Deutsche Hopfenstraße durch die Hallertau querfeldein die Donau überspringen, sich im Spalter und Hersbrucker Hopfenstangenland verlaufen und ihren Bierpilgern eine fränkisch-oberpfälzische Brotzeit neben die Krüge legen; ein Balkenspruch aus einem Gunzenhauser Wirtshaus sei noch hinzugespendet: »Unser Herz wohnt doch noch dicht am Magen / Wer in harter Arbeit steht / entbehrt nicht gern Genuß und Wohlbehagen, / Denn der Mensch ist nur so gut, wie es ihm geht.«

Manche Abwege sind nur zwei bis drei Brotzeiten lang, doch um so unvergeßlicher fürs Gemüt. Im Tal der Altmühl, das aus dem kreidigen Jurameer mit bizarren Felsklettergärten und mühlradgroßen Ammoniten auftauchte, liegt hinter verketteten Kugelprellsteinen die italienisch eingepflanzte Welt- und Himmelsstille der fürstbischöflichen Eichstätter Residenz. Die mandelblütengesäumte Bergstraße zwischen Darmstadt und Heidelberg, die alljährlich den Frühling vierzehn Tage vor seinem Paukenschlag in Nord und Ost beherbergt, war als »strata montana« schon in römischer Zeit eine Traumgasse mit dem Liebreiz pfirsichfarbener Weine. In römischer Zeit — da war es der jüngere Plinius, der als erster auf die Schliche der kleinen Reise kam, er riet zu Umgebungswanderungen, mit gesundem Sinn für erreichbare Ferienwunder. Die altrömische Campingbewegung der Wochenendhäusler und der pompösen Landsitze war in seinen Jahren ausgebrochen, und als Plinius in Pompeji eine Umgebungswanderung machte, brach gerade der Vesuv aus, beinahe hätte es ihn erwischt. Aber er trat etwas zurück und schrieb danach den einzigen Augenzeugenbericht, der von dieser Katastrophe überliefert wurde.

Beim Dahinträumen unter Buchenrauschen und Fichtendämmer läßt die Schwarzwald-Hochstraße auf dem Feldbergkamm ihre Wanderer unbehelligt, wenig Museales unterbricht die waldvertiefte Meditation. Doch auch auf den einsamen Schwarzwaldhöhen erschließen sich Einsichten in die geopoetischen Instinkte der alten Mönche und Ritter, unfehlbar die schönsten irdischen Himmelsreiche unter ihre Hauben zu bringen. Das Waldwunder der Feldbergstraße, unter der die Schwarzwaldtälerstraße zwillingshaft einherläuft, überschreitet die Ausmaße üblicher Brotzeitmeilen. Hinter den Urweltdramen des Mummelsees und des Triberger Wasserfalls tut sich das Abgrundtief zeitloser Waldstille auf. »Glaube mir, du wirst viel mehr in den Wäldern finden als in Büchern«, predigte Bernhard von Clairvaux, der in den Domen des Wonnegaus zum Kreuzzug rief, »Bäume und Sträucher werden dich lehren, was kein Lehrmeister dir zu hören gibt.« Auf der Höllentalstraße vom Titisee über Hinterzarten, die 1770 für Marie Antoinettes Hochzeitsfahrt aus dem Fels gesprengt wurde, ist Gelegenheit, sich über die aufregend verstreuten Höllen-, Teufels- und Hexensensationen unterwegs Gedanken zu machen. Da wir mit gesteigerten Reisegeschwindigkeiten auch eine starke Geschwindigkeitssteigerung im Durcheinanderschauen erreicht haben, verharrt keiner mehr in ausschweifenden Träumereien über die fatale Nymphe Loreley — aber in Wolfsschluchten muß er hinein und auf Teufelskanzeln klettert er mit erhöhter Spannung. Von den fratzenhaften Wasserspeiern des Wormser Doms, den Bleikellermumien unterm Bremer Petri-Dom, von den romanischen Bestiensäulen her packt es zu, das schockierend Entsetzliche, das worpswedisch Teufelsmoorige — und kurz bevor die Höllentalstraße ins Himmelreich vor dem Freiburger Münster einmündet, hält der Wanderer vor der brausenden Ravennaschlucht und der Wildenge des Höllenpasses noch zweimal den Atem an. Betreten bemerkt er, wie phantasiestärkend sich einige Prisen Höllen- und Hexengewürz im schönen Gebildbrot der Unterwegserlebnisse auswirken können — sie enthalten Vitamine der Romantik, die dem Ausgenüchterten einfach fehlten. Mark Twain, dem bei seiner Neckarfloßfahrt die Steinsturz-Moritat durch den Kopf schoß: »Nicht in der Schlacht, sondern bloß / Erschossen von einem Stein auf einem Floß«, stieß in der Schwarzwälder Mischung aus Waldlieblichkeit und zerklüfteter Felswildnis außerdem auf drei Empfindungen, die unterwegs zum Ereignis werden können: »Eine dieser Empfindungen ist eine tiefe Zufriedenheit und eine andere ein übermütiges jungenhaftes Entzücken und eine dritte, stark hervortretende, ist das Gefühl, die Werktagswelt weit zurückgelassen zu haben und von ihrem Getriebe vollkommen losgelöst zu sein.«

Ja, das »Getriebe der Werktagswelt«, das mit seiner ungelösten Lebenswichtigkeit die erlösende Lebenswichtigkeit der Idylle, der Romantik abräumen möchte und dies auch besorgt, wo es nur kann, hat in den hundert Jahren seit Mark Twain fieberhaft zugenommen. Vieles, wie das so ist, wird vom Häßlichen verunstaltet, und Verunstaltetes ist daran zu erkennen, daß es sich um die Landschaft so wenig kümmert wie um den Menschen, der darin lebt; von visueller Umweltverschmutzung spricht niemand vernehmlich, aber jeden bedrückt sie. Auch Traumstraßen läßt sie nicht aus. Was schön, erholsam, häßlich, deprimierend, malerisch oder kränkend ist, entscheidet jeder in sich selbst; doch zweifellos haben schöne und abstoßende Dinge beträchtliche Mehrheiten für und gegen sich. Kein noch so progressiver Merdeplastiker erholt sich von seinen Anstrengungen in offenbarer Merde — in der Burgschenke einer Ausflugsruine, an einem Sonnenstrand treffen wir ihn eher an; aber da trifft er auch uns.

Es gibt da eine Parabel. Die Devise: »Idylle ist unfruchtbar!« ratterte zwei Jahrzehnte mit Traktorenkraft durch die Pußta und räumte auf. Doch niemand, der von weit herkam, wollte diese neue Art von Pußta mit Tankstellen, Bohrtürmen und linealgezogenen Agrarexpertenfeldern sehen — melancholisches Endlos-Land mit knochigen Ziehbrunnen, Schafhirten, Gabelrinderherden, Peitschenknallen und geigenden Zigeunern wollte er sehen, oder gar keine Pußta, nie mehr im Leben ungarische Pußta sehen — und in letzter Sekunde wurde Ungarns größte Pußta, die Hortobágy, mit der Fortschrittsdevise: »Idylle ist fruchtbar!« von Hochbauten freigeräumt und zurückstilisiert zur Romanze der Reiterhemden und strohernen Tascharden — sollen wir sagen: so ist der Mensch, oder ist so bloß der Fremde?

Im Zeitalter unserer Pioniertouristik, die mit Kameras entdeckt und mit Filmen sammelt, haben sich überdies fahrende Besichtigungs-Andenkensammler herangewickelt, Brudergestalten der seßhaften Sammler von Antiquitäten und Raritäten, die den Komfort ihrer Gehäuse mit einem Quentchen »Es war einmal« verbessern, das beharrlich andeuten will: »Von daher komme auch ich.« Anstelle des Falkenblicks der Frühmenschen und als Trost für die verlorene Blicksinnlichkeit der Renaissancemenschen haben wir einen allseitig ausspähenden Kamerablick erworben. Erst das Auge, das impressionistisch und mit der lichtund schattenscheidenden Schärfe der Fotolinse zu sehen befähigt war, vermochte Landschaften und Architekturen in ihrer Vielfalt-Tiefe verfremdet und neu zu sehen. Stets muß sich etwas, was eh und je was Besonderes war, aus Blickwinkeln darstellen, die sich früher wandernden Bäckergesellen ganz ungekünstelt darboten. Jedem von uns Besonderen kommt es darauf an, als ganz Besonderer etwas Besonderes zu erblicken, aus dem Winkel unserer Impression und Art.

Dafür klapperten die Pferdehufe im Mittelalter, das außer seinen Malefizstraßen auch etwas Besonderes haben mußte, an kaum noch vorstellbar kristallklaren Fischparadiesen vorbei, an Burgen unter ungetrübter Sonne. Mehr als zehntausend Burgen standen im »offenen Europa«, und alle noch pudeljung wie die Natur, die der Freisinger Bischof Arbeo im 8. Jahrhundert zum Anbeißen schilderte: »Herrlichstes Land, erstrahlend in Anmut, überreich an Wäldern, fruchtbar an Wein, ergiebig an Eisen, an Gold und Silber und Purpur ... das Erdreich gesegnet mit Garben, Zugvieh und Herden, so viel, daß sie fast den Boden bedecken; Bienen und Honig in Mengen; in den Seen und Flüssen ein Gewimmel von Fischen; das Land bewässert durch Quellen und Bäche ... die Wälder prachtvoll besetzt mit Hirschen und Elchen und Auerochsen, mit Gemsen und Steinböcken und mit Wildzeug aller Art.«

Straßen, denen so uralte Spuren wie jene der Via Claudia Augusta oder der Alten Salzstraße zugrunde liegen, sollten wir wie Tierkreisbilder, darin unser Auge Sterne von unterschiedlichster Raumtiefe zu eindimensionalen Figuren zusammenschaut, auf uns wirken lassen. Nur unser exaktes Wissen schaut sie in ihre stereoskopische Ordnung zurück. Die Begabung unseres Auges zu phantasievollen Fehlleistungen befähigt uns desgleichen, ausgeträumte Wirklichkeiten aus Jahrtausendtiefe und Jahrhundertnähe in eins zusammenzuschauen, und nicht nur das: sie befähigt uns auch, Renaissancegiebel, Landschaftsanmut, Gebirgszacken, Zwiebelkuppen, Freitreppen, gotisches Maßwerkfiligran, Flußadern und romanische Krypten als Sternbildfiguren eines Daseins zu besichtigen, das gegenwärtig auch das unsere ist und das in unterschiedlichen Zeittiefen das Dasein ganz anderer ausmachte. Diese in die Gegenwart getretenen Sternbilder fixieren den vor anderthalb Milliarden Jahren entstandenen Gneis so gleichzeitig wie die jungsteinzeitliche Grabsteinstätte des »Visbeker Bräutigams« in Oldenburg, den romanischen Braunschweiger Löwen vor Burg Dankwarderode, Cuvilliés' Rokokoschlößchen Amalienburg, das Tosen in der Höllentalklamm, den Radioteleskop bei Münstereifel, das Garchinger Atom-Ei.

Träume? An der Straße? Fast nebenan? Romantik, Gotik, Reichsstadtmittelalter, Alpseen, Skilifte, Seilschwebebahnen, Renaissance, Biedermeier, Chorgestühl und Pausbackenengel. Das gramzerfurchte Steinselbstbildnis des Meisters Stethaimer hinter dem Landshuter Münster St. Martin, das bergische Himmelslicht im Altenberger Dom, eingefaßt von Meister Rainoldus, dem »König aller Steinmetzen«, der Schlupfwinkel des Seeräubers Störtebeker im Turm der altersgrauroten Ostfriesenkirche Marienhafe — das ist der Stoff, aus dem die Träume draußen sind. Sie messen uns mit ihren Maßen. Vergeßt darum frühmorgens das tägliche Reisegebet so wenig wie am Abend:

»Unsere Heimat gib uns heute.«

2 Münden — Zusammenfluß von Werra und Fulda   Seite 11

Die Weser beginnt ihr weites Schlängeln von Münden nach Minden gleich hinter der steinalten Werrabrücke von 1397; die noch ältere Weser-Steinbrücke bei Minden wurde 1277 erbaut. Die Lage Mündens unter Waldhöhen im Flußtalzwickel »up de Munt dreier Water« bewunderte Goethe als Kenner des Keupers, des Muschelkalks und der Bürgertüchtigkeit. Der Weltreisende Alexander von Humboldt beteuerte nach bestem Wissen und Gewissen, daß sich hier eine der sieben schönstgelegenen Städte der Welt entfaltet hätte. Auf einem Findling des Fulda-Inselchens Tanzwerder, das die Volksfeste und die Weserschiffchen liebt, steht das anhebende Flußnymphendrama vierzeilig eingemeißelt: »Wo Werra sich und Fulda küssen / Sie ihren Namen büßen müssen. / Und hier entsteht durch diesen Kuß / deutsch bis ans Meer, der Weserfluß.« In Hannoversch-Münden fühlen sich die Wasserskimenschen heute so wellig aufgehoben wie die Segler in Ratzeburg. Vormals war es altwelfisches Terrain und befestigte Residenz der Herzöge von Braunschweig-Lüneburg, mit profitablem Stapelrecht von 1246 bis 1823. Das feuerzerstörte Schloß von 1070 am Werraufer baute Herzog Erich II. renaissancemutig wieder auf. Tilly zerstörte das wohlhabende Alt-Münden zwar radikal, doch blieben zum Nachweltentzücken eindrucksvoll verwinkelte Fachwerkschnitzmemoiren und Wallreste zum Obertor hin erhalten. Sogar das Rathaus, im Dreißigjährigen Krieg noch pudeljung, blieb mit der Landsknechtsverachtung seiner Säulen- und Erkerzier am Leben, da sich von soviel Weserrenaissance nichts ins Maul stopfen ließ. In der Ägydienkirche ruht der 1727 hier verschiedene Wunderdoktor und Preußische Rat Dr. Eisenbart aus Oberviechtach. Noblere Grabdenkmäler von Welfenherzögen und ein Bronzetaufbecken von 1392 überwölbt die Hallenkirche St. Blasius, gotisch mit welscher Turmhaube.

3 Weser bei Fürstenberg   Seite 13

Sobald die Weser das Rotfelstor hinter Karlshafen und das Wirbeln der zuströmenden Diemel hinter sich hat, beginnt sie, sich zu sielen. Die Hügelwelt wird weiter, das Wiesenzarte im Weserbergland geruhsamer. Der stromkehlenreiche Flößerfluß windet sich der Corveyer Südenbucht zu, wo er unruhig wieder nach Minden zurückstrebt, was ihm verwehrt und vereitelt wird. Das Zaumzeug der Molen gibt sich vorerst, als sei es nur Uferschmuck. Was da kommt, ist so fürchterlich nicht — Tälerwunderschönheit in naturgesetzten Maßen, bezähmte Wildnis um alle Wiesen-, Wald- und Heidewege; nichts überwuchert, nicht einmal im teutoburgischen Arminius- und Wittekindland, das an Stein- und Eichenwuchten so gesegnet ist.

Der strategische Punkt des weißen Schiffchens liegt zwischen Fürstenberg und Höxter. Da Fürstenberg, das weiße Bergschloß auf dem purpurnen Sollingfels, nicht mehr zu sehen ist, erinnert nur noch die lächelnde Assoziation »ein Schiffchen wie aus feinstem Porzellan« an die 1750 gegründete Fürstenberger Porzellan-Manufaktur des Herzogs Karl von Braunschweig. — Das Knarren der Lastschuten unter dunkelvioletten Sollingplatten, unter Ith-Jura und Köterbergkeuper, das Schleppen der »Bremer Böcke«, beladen mit den Steinlasten aus Uslar, Vlotho und Porta war ein Weserabenteuer durch die Jahrhunderte. Aus den Standsteinquadern von Obernkirchen am Bückeberg entstanden die Rathäuser von Antwerpen und Bremen, die Münster von Bern und Ulm, der Dom zu Köln, der Friedenspalast in Den Haag. Ab Bremen verwandeln sich die Weserberglandblöcke in das petrefaktische Patriziat »Bremer Stein«, ein von der Weser nicht vorhergeahntes Kaufherrenwunder — von Seemeile zu Seemeile wuchs die Kostbarkeit der Steine zwischen Solling und Porta.

Straßen der Weser

Mähnenschütteln übermütiger Stuten, das ruhende Wiesenglück schwarzbunter Kühe im Aquarell des Weserlandes. Sachtgleitendes Kielwasser der Schiffe und Faltboote neben Ackerfluren. Virgilisch könnte man es nennen; als ich vom Deck die Springkapriolen eines Hannoveraners verfolge, fällt mir der Spruch über das Vollblut ein, das mit seiner Lunge galoppiert, mit seinem Herzen durchhält und mit seinem Charakter gewinnt —
Wehende Windmühlenflügel — nein, nicht mehr. Aus dem Kornland sind sie verschwunden wie Lerchentrillern aus lyrischen Gedichten. Da und dort breiten Windmühlfossile aus langlanger Müller- und Mühlenkoboldzeit die Folklore-Riesenarme, bestaunt wie die Wiesent-Riesen am Saupark Springe, kaum glaublich wie Karls des Großen elfenbeinerner Kamm in der Osnabrücker Schatzkammer.
Zwischen dem westfälischen Osnabrück und den niedersächsischen Stadtsternen Hildesheim und Hannover fließt die Weser nordseewärts. Rechts und links nicht nur Jäger- und Bauernland, worin sich der Detmolder Cheruskerbeschwörer Grabbe im letzten Akt von »Scherz, Satire, Ironie und tiefere Bedeutung« mit der Laterne selber sucht — in die Buchten schmiegen sich auch die Kindheitsländer Wilhelm Raabes und Wilhelm Buschs, der beiden bemerklichsten Deutschen, die mit der Menschlichkeit des Humors erwärmten. Als Hermann Hesse den schmal und hoch gewachsenen alten Raabe kennenlernte, blickte er in ein spöttisch kluges Fuchsgesicht, schlau, verschlagen, hintergründig, »ein Gesicht, dessen Würde ein vielfältiges Spiel alter, erprobter Humore überflog und milderte«. Der in Eschershausen unterm Solling aufgewachsene Wilhelm Raabe deutete in seiner Gratulation an den 70jährigen Niedersachsenknorren Wilhelm Busch den Spielraum der Humore augenzwinkernd an — er sei zwischen dem einen und dem andern Lachen größer als der Unterschied zwischen dem einen Weinen und dem andern.
Holzminden, das Glockenspielstädtchen der Hoch- und Tiefbaustudenten, hat Wilhelm Raabe mitten in sein Wald- und Vanillin-Aroma ein Denkmal gesetzt. Auf dem Sockel steht nicht sein spöttischer Spruch: »Nach Canossa gehen wir nicht, dafür alle Tage nach Byzanz«, sondern der Zuruf: »Bleib in den Stiefeln, Mensch, solange als möglich!«
In Wasserstiefeln, aus denen er kaum mehr herauskam, begegnete mir im Weserland ein Kauz, der Flüsse sammelte, möglichst am Entsprießungsort, abwechselnd radelnd und im Faltboot paddelnd, denn er betrieb es mit Verstand. In Reagenzgläsern hatte er die Lahn, den Main (hiervon den weißen wie den roten), den Inn, die Saale und auch Kleineres eingesammelt, die Elbe so gut wie jetzt die Weser, hinter Rinteln sogar die Exter. Was er davon geschöpft hatte, stellte er verstöpselt zu Hause auf, alles sauber etikettiert, obzwar es wenig dran zum Schauen gab. Gegen flußblutfälschende Nebenflüsse hatte er nichts einzuwenden: »Das ist, wie wenn einer unterwegs kleine Helle zu sich nimmt. Ändert sowas seine Persönlichkeit? Es schwemmt ihn höchstens ein wenig auf.«
Bäche, wie sie tausendadrig den Reinhardswald durchsickern, schieden aus; die Hamel bei Hameln war das äußerste. Künstlich gestochene Wasserstraßen wie den Mindener Mittellandkanal zwischen Elbe und Rhein verwarf er als »ganz anderswie nützliche Promenademischungen ... eine feine Sache aber ist die Schachtschleuse, mir lieber als der Fernsehturm Hausberge.«
Wie man sich denken kann, brachte es die schöne blaue Donau im Röhrchen nicht einmal zur Dünnbiertrübe; der verdünnten Weser hätte keiner die Wunder der Weserrenaissance oder die Mal- und Goldschmiedeschule im romanischen Helmarshausen zugetraut. Die Naturerregung bestand für ihn darin, daß er sich zwischen feuchten Moosen oder Felsspalten herumtreiben mußte. Die Landschaft ließ er dabei in sich einsickern, später las er nach. Als Abenteurer mit Sammlerverstand sagte er sich: »Das ist schlechthin Lebenswasser, und besser als bloß knipsen. Wilhelm Raabe sammelte Laubfrösche. Was meinen Sie dazu?«
Nebenher wußte er genau, wo es im Weserland noch Bartfledermäuse, Geburtshelferkröten und das haselnußgroße Säugetierchen Zwergspitzmaus gab; solches konnte sich neben dem Riesenspielzeug der Externsteine wohl sehen lassen, sofern man es sah. Sein Hobby brachte bachstelzenfrische Wanderungen und gesunde Strapazen mit sich, auch peinliche Unannehmlichkeiten, wenn er beim Schöpfen schon mal ins Wasser fiel, einmal sogar über ein Glitschbrett in die Berlebecker Quellen, als er noch von den erratischen Johannissteinen und den Horner Externfelsen bei der Dörenschlucht etwas benommen war.

4 Steinmühle   Seite 14/15

Das Schaudern der Weser vor den Schwarzen Männern Bram- und Reinhardswald beruhigt sich vorübergehend hinter dem Buntsandsteingewölbe bei Karlshafen. Doch landfriedliche Gemächlichkeit schwant ihr ausgiebig erst nach der Steinmühle unter der Ruine Polle. Gegenüber vom Ebersnacken her streifen Bussardblicke das orchideengefleckte Naturalienkabinett der »Rühler Schweiz« und hinter Höxter das Muschelkalkplateau von Brakel.
Doch was sich an strenger Wildheit und vertrackter Schönheit im Weserbergland in Szene setzt, zieht von der Steinmühle an der Oberweser bis zur künstlichen Steinblockinsel im Steinhuder Meer den Verdacht steinschmeißender Riesenkerle auf sich. Von der Steinmühle weiß man Genaueres; um 1260 stand bereits am Engpaß der weserbedrängenden Schroffen die fest angeklebte »Mühle am Dolenstein«, getrieben von einem herabstürzenden Wasserstrahl. Als Fluß-Fels-Panorama vor dem blauen Vogler, der sich bei Ruehle an die Weser herandrängt, blieb die »Steinmühle« als tragbares Rifferlebnis für Wasserwanderer in der Landschaft. Um so viel Seeleneintracht zwischen Fluß und Fels durchzusetzen, wurde vorerst die gefährliche Riffteufelei im Weserbett gesprengt. Besonders berüchtigte Zudringlichkeiten wie die Latferder Klippen am Bückebergfuß bekamen den Schiffern zuliebe Dynamitinjektionen, die den felsigen Eigensinn zähmten. Doch läßt sich nicht behaupten, daß die Weser nach ihren Abenteuern im Muschelkalkplateau von allen Krisen frei bliebe — schon am Eckberg hinter Kemnade beginnt die Aufregung der immermöglichen Rotsandsteinrutsche.
Quadratschädel, hessische, westfälische und niedersächsische, die mit dem Herzen durchhalten und mit dem Charakter gewinnen wollen, waren so leicht wie die Felsblöcke nicht zu sprengen; doch ließ ihr Neben- und Durcheinander durch die Jahrhunderte stets kregle Improvisationen der Quadratur des Kreises zu.

5 Kloster Corvey   Seite 16
Im Barockschloß von Corvey war Hoffmann von Fallersleben Bibliothekar. 1508 wurden dort die ersten 5 Bände der Tacitus-Annalen gefunden. Der Kern des Schlosses hinter der bombastischen Toranlage war die 822 gegründete Benediktinerabtei Corbeia nova. Dieses »Wunder Sachsens und des Erdkreises«, wie Corveys gelehrter Nimbus überschwänglich gerühmt wurde, war das Zentrum der Missionierung des Nordens, wurde die Altherberge der deutschen Könige und römischen Kaiser. Im Johannischor der Abteikirche huldigen von Arkaden durchbrochene Emporen dem kaiserlichen Sitz, auf dem Karl der Große die Messe hörte.

Mit dem hansischen Höxter, als villa Huxeria ehemals Königshof, ist Corveys »Dreizehnlinden«-Idyll mit einer Allee verbunden, das schönste Band der feindlichen Brüder »Höxter und Corvey«, wie Wilhelm Raabe seine Erzählung betitelte. Höxter mit der Üppigkeit seiner Holzbaurenaissance, seiner seit sieben Jahrhunderten ehrgeizig über die Weser klotzenden Steinbrücke, gehörte bis 1803 dem Kloster Corvey. Halb Zopf, halb Mittelalter, daraus die Fürstäbte in schwerfälligen Gala-Equipagen ins protestantische Höxter hinüberfuhren, um mit dem Senat der rinnsalreichen Reichsstadt ihre Prozesse auszuhandeln, lächelte Heinrich von Treitschke amüsiert, »eines der lustigsten Stücke der alten Reichsgeschichte«.

Der »König des Weserberglandes« mit dem vulgären Namen Köterberg schaut über die Weserschleifen in der Ottensteiner Muschelkalkhochfläche. Die nahen Rabenklippen verschuldeten womöglich das Schüttelgedicht »Auf den Rabenklippen bleichen Knabenrippen — rings im Kringel schnattern schwarze Ringelnattern und der Uhu naht sich mit Gebölk...« In Wesernächten kann dies das Corveyerlebnis ins Schwarzromantische zurückerweitern.

6 Kemnade   Seite 17
Kemnade, das Dorf mit der dreischiffigen, 1049 geweihten Benediktinerinnen-Basilika, in deren Querschiff ungelogen Münchhausens Gebeine ruhen, ist mit Bodenwerder immerdar münchhausisch verbunden. Die unglaublichste Münchhausiade ist, daß Hieronymus Freiherr von Münchhausen hier im Weserlandschwerpunkt wirklich gelebt hat, doch seinerseits ganz schwerpunktfrei. 1720 wurde der weitgereiste Herr und Fabulierer in Bodenwerder — im jetzigen Rathaus — geboren, 1797 starb er dort nach heftigen Rußland- und Türken-Abenteuern, die er mit Aufschneidereien aufs Witzigste zu übertreiben verstand.

Sein Husarenritt auf der Kanonenkugel und die Klettertour auf der türkischen Bohnenranke hinauf zum Mond waren feine frühe Weser-Science-Fictions.

Bodenwerders Münchhausen-Museum und das Denkmal des halben Münchhausen-Pferdes sollten nicht davon abhalten, den mit der steilen Königszinne zur Weser hindrängenden Vogler zu beachten — im Wald um Heinrichshagen saß Herr Heinrich der Vogler einst am Vogelherd.

Da die Weser bei Hannoversch-Münden aus Werra und Fulda durch Jungfern-Urzeugung entsteht, erlebt ein Sammler originaler Flüsse bei solchen Affären neptunische Sternstunden. Denn bevor die junge Weser entsteht, gehen ihm zwei namhafte Flußpersönlichkeiten ins Garn: die aus der Rhön an Kassel huldvoll vorüberwedelnde Fulda, in Residenzfinessen schon ziemlich erfahren, und die rasche, feurige Werra aus dem Thüringer Wald. Sofern ein Wasser feurig sein kann, meinte der Wesernarr Franz von Dingelstedt, dem als Direktor des Wiener Burgtheaters vor dem Vermählungsgischten von Werra und Fulda eine Biographie deutscher Ströme nicht minder verlockend erschien als eine deutsche Bühnenbiographie. Beim Niederblick vom Andrees-Berg auf Alt-Münden schwebte ihm die grause Moritat vor, der das Dampfboot des Denis Papin, das allererste der Welt, 1707 bei Tanzwerder zum Opfer fiel. Fulda- und Weserschiffer zerschlugen das unnatürlich dampfende Gespensterschiff, das über Minden und Bremen nach London weiter wollte, in tausend tanzende Stücke, ungefähr dort, wo später die Oberweserschiffahrt ihren Ausgang nahm.

Die junge Weser, nach ihrer Geburt schon Oberweser, zwängt sich durch Rotfelsklippen und übersprudelt die Spiegelbilder schwirrender Gebirgsstelzen und Wasseramseln mit ihrem Sturm und Drang, unbändig entschlossen, mit Felskonflikten und den Flößernachfahren von Oedelsheim und Gieselwerder fertig zu werden. Scharfe Beobachter ihrer Springlebendigkeit zwischen Steilufern sagen ihr nach, sie sei nichts besseres als die weiterwildernde Werra, die der Anhalterin Fulda vormacht, was sich in abwechselnd schmalen und gedehnten Flußbetten miteinander unternehmen läßt.

Über den Buntsandsteinbuckeln des Bramwalds mit dem Dohlenspektakel um die Bramburg, über dem Solling weiten sich die Luftländereien der Rundumblicke: vormals, um rechtzeitig unerwünschte Gesellen zu erspähen, die nicht ins Land gehörten, heute für erwünschte Gesellen, die das Land überblicken und in sich behalten wollen: vom basaltenen Gaußturm des Hohen Hagens, kein Himmelsstürmer und dennoch zwischen Weser und Leine der Größte, von der Schaumburg und der Weidekuppe »Große Blöße« am wildreichen Vogler weit ins Weserbergland. An den Waldflanken das Spielimmerland der Eichelhäher, umhegte Wildnisse, in denen sich Mufflons und Waschbären damit vertraut machen, aus den Holzlogen eingezimmerter Hochsitze mit Feldstechern angeäugt zu werden.

Aus der heimlichen Unheimlichkeit des Reinhardswaldes liefen den Gebrüdern Grimm Menschenfresser, verzauberte Bären und verzweifelte Prinzessinnen in die Arme. In seinem Schuhudunkel, von Glashüttenfeuern durchglüht, brütete das Gerücht, daß die vom Mainzer Erzbischof im 14. Jahrhundert hineinversteckte Sababurg im grauen Eswareinmal Dornröschens Schloß gewesen sein könnte.

Tacitus, als Tourist ein schlechter Verlierer, rief hier irgendwo erschrocken: »Das Land ist überall fürchterlich, entweder dichter Wald oder Morast!« Wohlklingend sprach er die Weser, über die kein Römer hinauskam, als Visurgis an. Wir wissen nicht, in welchem Gefilz er steckenblieb — im Lipper Bergland, im Eggegebirge oder im Kalkfelsfürchterlichen des Erdfalltrichtergrundes im argen Reinhardswald.

Aus diesem Waldlandschreck zwischen Weser und Diemel wurde das Naturschutzgebiet »Urwald an der Sababurg«, in dem der Wanderfalk noch über Kolk und Kalkfels kreist. Unter Philipp dem Großmütigen war der moorige Urwald ein von Wölfen durchheultes Dunkel-Paradies freiweidender Zucht- und Wildpferde.

Bevor Jonathan Swift seinen Gulliver in das wiehernde Reich der vernunftbegabten Houyhnhnms schickte, vernahm er aus dem Weserland noch Wilderes als das Traben hannoverscher Gestütpferde. Ein Ackerbürger fand zu seiner Zeit bei Hameln einen »wilden Peter« mit beidseitig festgewachsener Zunge, »gantz nackend«, schätzungsweise 13 Jahre alt. Dieser niederdeutsche Vorläufer Kaspar Hausers machte seine Flüsterrunde Für Swift wurde er das Satyrmodell der von edlen Pferden verabscheuten »Yahoos«. Das Kopfzerbrechen über den Hamelnc Wildmenschen ging über die traumatische Sorge der Abergläubi schen, daß dieser Verwunschene aus der Zeit des Rattenfängers übriggeblieben sein könnte, weltweit hinaus. War der wilde Peter von Hameln ein ausgesetztes Fürstenkind? War er ein Lockruf der Erde: »Zurück zur Natur!«, wie Jean Jacques Rousseau mutmaßte? Linné steckte für alle Fälle den Wildmenschen in sein System, und Wilhelm Raabe holte ihn in seine »Hämelschen Kinder«. Wenn man zusieht, wie Wilhelm Busch den Wiedensahler Nachbarn Harmschlüter große Wurzeln aufspießen läßt, so nähert sich das elementare Auftauchen des »wilden Peter« dem menschenmöglich Landeseigentümlichen. Den Ellenbogen als Scharniere benützend, legte der Harmschlüter die Wurzeln vor sich auf den Klapptisch und zerschnitt sie in Scheiben, die er mit

7 Schloß Hämelschenburg Seite 18/19
Das unweit des Hämelschenburger Passes hingekuschelte Schloß Hämelschenburg, waldversteckt im Emmertal zwischen Bad Pyrmont, Schloß Hastenbeck und Hameln, ist eine hochgeborene Landeldame der Weserrenaissance, ins Leben gerufen vom unbekannten Schöpfer des Hamelner Hochzeits- und Rattenfängerhauses. »Schönster Edelsitz des Wesergebietes«, vermerkt dazu der Reiseführer, steingewordene Blüte der Weserrenaissance darf mit einem abwägenden Blick auf Statius von Münchhausens Wasserschloß Bevern zwischen Amelungsborn und Holzminden hinzunotiert werden: aber weshalb sollte die Blickentscheidung, welche von den beiden Renaissance-Primadonnen reifer und vornehmer sei, nicht in der Schwebe bleiben? Nach der Abtretung an das Herzogshaus Braunschweig-Lüneburg wurde das repräsentative Steinmetzkunstwerk Bevern die Stammburg der Bevernschen Welfenlinie.
Es ist verständlich, daß Wilhelm Hauff seinen romantischen Schwabenroman aus dem Zinnenschloß Lichtenstein ins Land strahlen ließ — aber daß die barocke Liselotte von der Pfalz beim Anblick des reichen Renaissance-Hochsitzes der Herren von Klenke ausgerechnet an Ritterromane erinnert wurde, entsprang entweder ihrem Mißverständnis alter Ritter oder des neureichen Wesens der guten alten Renaissance. Oder lag es am Bestechenden der wassergefüllten Wehrgräben, des hochgemuten Portals und der ritterlich behelmten Glockentürme über den Treppentürmen?

8 Hameln — Heimatmuseum Seite 21
Auf einem Foto der Jahrhundertwende präsentiert die Osterstraße von Hameln mit obelisk- und volutenstolzen Fassaden über ein einsames Dreckwägelchen hinweg. Außer dem Dreckwägelchen, das Mercedes wurde, hat sich seither wenig geändert, schon gar nicht der gesammelte Ernst, das großbürgerlich eingeschnitzte Beharren: »Herrgott, waren das noch Zeiten!« Von unten her fixiert die Kamera das Selbst- und Schmuckbewußte des 1593 erbauten Leistschen Hauses, das sich als handgeschnitzte Heimat- und Sagen-Schatzruhe der »Rattenfängersammlung« mehr als museal fühlt; Hausdame ist die unnahbare Lukretia, oben im Renaissance-Erker versteckt. Weltberühmtheit im Osterstraßenpatriziat erreichte das »Rattenfängerhaus« von 1603. Obwohl erst im 19. Jahrhundert so getauft, behielt es die damals schon 300jährige Sage vom »Piper mit allerley Farve bekledet« so gut im Gedächtnis wie das Rattenfänger-Glockenspiel im Hochzeitshaus. Seit das zwischen 1610 und 1617 errichtete Hochzeitshaus stand, endlich und köstlich vollendet, wurde darin geheiratet, gefeiert, gelacht und getanzt; das Erdgeschoß beherbergt die Seriositäten der Ratsapotheke, der Ratswaage und der Ratsweinstube. Noch früher da als diese Baufröhlichkeiten der Renaissance, die auch aus Ratten Sehenswertes zu machen verstanden, war der »Rattenkrug« von 1568, fünfgeschossig hochgegiebelt. Dieser bestrickenden Rattengedächtnisromantik gesellen sich das Dempterhaus und Stiftsherrenhaus von 1558 in distinguierter Altstadtvertraulichkeit bei.

dem Messer in den Mund steckte. Bei solch bodennaher Kost und Sitteneinfalt wurde der Wildmensch von Hameln schweigend siebzig Jahre alt.

Karl der Große, der in Hildesheim seinen Rosenkranz verlor, woraus das bleibende Naturwunder des tausendjährigen Rosenstockes erblühte, der überall gegenwärtige Carolus, der dem Sauerland mit dem Ausruf: »Das ist mir ein saueres Land geworden!« seinen besonderen Segen gab, hatte mit Karlshafen wider Erwarten nichts zu tun. Es hätte nahegelegen, da er vom gegenüberliegenden Weserufer aus die sächsischen Späher mit dem Elefanten Abulabaz entsetzte, den ihm Harun al Raschid 797 in der Hofstatt Herstelle persönlich zugeführt hatte. Der furchteinflößende Tierkoloß, den Karl am Ufer hin und her spazieren ließ, erschreckte die ungehobelten Wesermenschen noch gewaltiger als Hannibals Elefanten die Älpler.

Erst 1699 entstand der Hafen des hessischen Landgrafen Carl am Mündungsufer der Diemel; die illusionsfeindliche Wirklichkeit verwandelte seinen reißbrettakkuraten Hafentraum in ein Solbad. Im barocken Laubwald um Karlshafen machte der Landgraf den herumgestoßenen Waldensern von Lyon Platz für die Friedensnester »Gottstreu« und »Gewissensruh«, die er höchstselbst so gottgefällig taufte, und bald fand sich Karlshafen zwischen französisch parlierenden Hugenotten und eingeborenen Fischreihern so behaglich zurecht wie das zum Rathaus gemauerste Jagdschloß. Die Fischreiher wurden die Wappenvögel des großen Naturparks Münden, die Hugenotten bedankten sich bei der Nachwelt mit französischer Gastronomie, die im Karlshafener »Schwan« mit Wildbret und »Forelle à la Wilddieb« auf dem grünen Weserteppich bleibt.

In dieser Urheimat der Wildschweinbraten und Hafergrützwürste machten die Römer und Hugenotten anfangs Grauenvolles durch. Vor der Abschlachtung seiner Legionen erlebte Varus in Grabbes »Hermannsschlacht« den Hinterhalt eines teutonischen Wildschweinessens nach Art des Landes —

Thusnelda: Speise mit. Linsen, Erbsen und Wildschweinsbraten.

Varus: Die Hülsenfrüchte scheinen trefflich. Mein Gaumen ist nur noch zu wenig daran gewöhnt. Aber der Braten wird umso ansprechender, kräftiger und delikater sein — (Er ißt, und niest gleich darauf). Castor und Pollux, das beißt in die Zunge, und stinkt in die Nase!

Thusnelda: Der Eber ist ranzig. Wir lassen ihn mit Vorsatz so werden. Er erhält dadurch einen eigentümlicheren, schärferen Geschmack.

Varus: De gustibus non est disputandum. Ich bin satt.

Jenseits des für Varus unaussprechlichen Hautgouts duften an den Katenschinken-Kaminen die Deftigkeiten des schlachtsuppigen Swattsauers mit Mehlklößen, der Steinhuder Meeraale und die Himmelreichdelikatesse Braunkohl mit Brägenwurst. Diese hannoversche Nationalspeise ist mit dem Bremer Leib- und Schaffermahl-Gericht »Braunkohl mit Pinkel« so identisch wie Braunkohl mit Grünkohl. Pinkel ist die bremisch verbesserte Brägen- oder Schweinehirnwurst, angerichtet auf der gezwiebelten und gepfefferten Basis von Hafergrütze, zusammengekocht mit durchwachsenem Räucherspeck im frosterfahrenen Braunkohl, woneben sich Bremer Kückenragout (mit Muscheln, Spargel, Kalbsmilch und Champignons) wie ein letzter kulinarischer Wille des sterbenden Varus ausnimmt.

Leicht verwundert über die als Säulen gedachten Rokokopfropfenzieher vor Corveys romanischer Würde, gab sich Heinrich von Treitschke alle Mühe, seiner Braut die gewellte Buchen- und Eicheneinsamkeit an der Weser zu schildern. Als Historiker war er noch annähernd so jung wie die Weser an der Corveybucht, weshalb er seine Braut brieflich mit seiner Freude an alten Sachsenburgen unterhielt — was für ein großes Land, nicht weit das Schlachtfeld der Legionen des Germanicus, und Engern »dereinst Wittekinds Königssitz, die Hauptstadt des stolzen Sachsenreiches, heute ein vergessenes Dorf, wie die ganze Landschaft mit ihrer großen Geschichte zu einer harmlosen Idylle geworden ist«.

Harmlose Idylle, in der Annette von Droste-Hülshoff, Westfälin durch und durch, vor gut hundertfünfzig Jahren meinte, daß alles bald nimmer so sein werde. Bevölkerung und Luxus wachsen sichtlich, überlegte sie, mit ihnen wachsen Bedürfnisse und Industrie: »Fassen wir deshalb das Vorhandene noch zuletzt in seiner Eigentümlichkeit auf, ehe die schlüpfrige Decke, die allmählich Europa überfließt, auch diesen stillen Erdenwinkel überleimt hat.«

In dieser Landschaft der leichten Berg- und Pferderücken stecken Sümpfe, Thingstätten und uralte Sagen zwischen den Wäldern. Im unerforschten Moor, mittendrin, steckt Münchhausen und zieht sich am eigenen Zopf heraus. Wie wir das kennen!

9 Die Schaumburg   Seite 22/23

Wer vom Bergfried übers Weserbergland schaut, vermag den irreführenden Tausch von Schauenburg gegen Schaumburg kaum zu fassen, so fürstlich die Melodie Schaumburg-Lippe immer ins Ohr geht. Auf dem nächsten Bergkegel liegt das fürstliche Lustschlößchen Arensberg, parkumrahmt, leicht gegruselt mit dem Hexenteich, dessen Wasserspiegel probeweise drübergeschickte Hexen überführte. Vom Paschenberg über der Schaumburg weitet sich der Fernblick über 23 Weserkrümmungen und 136 Ortschaften zum Portabuckel und zum Teutoburgerwaldhorizont.

Berg- und Flachland windgetauft vom Strom her, der sie an sich zieht; querbeet durch Neugewinnen und Behalten, durch belebende Tradition und verlorenes Augenmaß geht ringsum das Leben weiter und schlägt sich im Wesermündischen durch zum hanseatisch Bremischen: »Buten un binnen — wagen und winnen.« Augenmaß: das gab ein gescheiter Mann den Chaotikern aller Landstriche und Zeiten zu bedenken — wer es besitzt, hat den einfachsten Intelligenztest schon bestanden. In dieser Landschaft wird das Augenmaß ihrer Menschen schaubar und zum Erlebnis. Eine Malerlandschaft, unabsehbar: vom Süntelturm, dem Mützchen des Süntelgebirges, hochgebaut aus Süntelsandstein, vom Hirschsprungfels des nahen Felsfuriosos im Hohensteiner Klettergarten, vom Rintelner Klippenturm ins lippische Bergland oder von der sanften Schaumburghöh, auf der das romanische Burgenjahrhundert eine seiner feudalen Ehren mit der Weserrenaissance absicherte. Vormals verkündete der Wirt der Paschenburg als stolzer Schauinsland-Regent: »Sieben Herren Länder seh ich vor mir liegen, auch den Brocken zeig ich dir« — doch diesen Harzer Hexentanzplatz zeigt nur das Fernglas.

Da die fürstliche Grafenburg auf dem Nesselberg thront, hielten die seit 1111 mit Holstein und Stormarn belehnten Schaumburger ein Brennnesselblatt für das aufrichtigste Wappensymbol, was zugleich das verbliebene Nesselblatt im Kieler Wappen erklärt.

Dingelstedt ritzte ins Wesertal-Fenster eines Aussichtsgasthofes die Anfangszeilen seines »Weserliedes« mit einem »Schaumburger Diamanten« ein:

Hier hab' ich so manches liebe Mal
Mit meiner Laute gesessen.
Hier schaut' ich hinunter ins tiefe Tal
Und hatte die Welt vergessen.
Und um mich rauscht' es und klang es so sehr
Und über mir tagt es so helle,
Und unten brauste das ferne Wehr
Und der Weser blitzende Welle.

10 Stift Fischbeck   Seite 24

Von der bald neunhundertjährigen Benediktinerabtei Bursfelde, aus der 1433 die vorreformatorische Reinigung der »Bursfelder Kongregation« hervorging, bis Kemnade, Obernkirchen und Fischbeck stecken zwischen den übriggebliebenen Brocken salischer und welfischer Haudegenfrömmigkeit die erd- und himmelschweren Klosterklötze aus romanischer Kulturvorzeit, meist noch mit lebendigen Stiftsdamen in weltvergessenen Gittergärten.

Ein gewirkter Wandteppich im Kanonissenstift Fischbeck zwischen Süntel und Weser, älter und wundersamer als der Brüsseler Gobelin mit dem Leben des großen Alexander im Detmolder Schloß, erzählt in sechs vielfältig deutbaren Bildszenen die tausend Jahre zurückliegende Gründungslegende. 1955 ersann Manfred Hausmann über die duldende Gattin und Klosterstifterin Helmburg das Legendenspiel »Der Fischbecker Wandteppich«.

Wie Corvey, Möllenbeck, Bursfelde, Lippoldsberg und die Klosterkirche Kemnade, in der Münchhausen die letzte Ruhe fand, gehört das vormals reichsunmittelbare Fischbeck mit seiner kreuzgratgewölbten Krypta aus dem 12. Jahrhundert zu den insgeheimen Kostbarkeiten des Weserberglands. Wie die psalmodierend gekerbte Gravität der Fachwerkbildtafeln und Erkertruhen im Land, sind sie dem Himmel in ihrer Ruhe näher als die Unrast unserer Auspuffanwesenheit. Ruinenkolosse, steinerne Grazie der Adelspaläste, der Rathäuser und Patrizierbauten, das stille, holzgeschnittene und steingefügte Leben, das da haust und erzählt — sie sind gewiß eine Kunstreise wert wie die Schlösser an der Loire.

11 Lemgo — Hexenbürgermeisterhaus   S. 26

Nur einen Hexenkatzensprung weserabseits liegt Lemgo mit der gruselig noblen Zier seines Hexenbürgermeisterhauses, einer herrischen Verklärung des ordinären Hexenhauses, wie es scheint. Doch amtierte in diesem 1571 errichteten Frührenaissance-Patrizierhaus nicht ein fröhlicher Hexer, sondern ein rappelköpfiger Finsterling. Als das große Verbrennen mißliebiger alter Weiblein »in« war, trieb dieser durch und durch Radikale rund 90 Unschuldige als Zauberer und Hexen auf den Scheiterhaufen.

Einen der Lemgoer Bürger, Engelbert Kämpfer, geboren 1651, trieb es trotz der Sehenswürdigkeit des spätgotisch gestaffelten Rathauses und des Blicks auf Schloß Brake bis ins hermetisch verschlossene Japan. Das Denkmal dieses ersten europäischen Japanforschers steht vor der Nikolaikirche. Im Stadtschloß Lipperhof residierte 1796 Prinz Louis Ferdinand als abgestellter Regimentskommandeur, der diese älteste Hansestadt des Lipperlandes samt ihren feinen Patrizierhäusern als »verwünschtes Dorf« beschimpfte. Mit dem Rücken zum Fin de siècle hat sich ein Lemgoer Bürger zwei Jahrzehnte lang in unser Jahrhundert hineingeschnitzt; jährlich besichtigen mehr als Zwanzigtausend die Kuriosität des unzeitgemäßen Schnitzhauses und nehmen sie in der Kamera mit nach Hause.

Die Ideologie des Hexenbrennens verbreitete sich über das Weserland von der 1621 gegründeten Universität Rinteln, deren juristische Fakultät Hexenkommissare gewissermaßen wissenschaftlich ausbildete. Den Hexenrichtern zum Trotz erschien in Rinteln 1631 die »Cautio Criminalis« des Jesuiten Spee mit dem Protest: »Ich schäme mich für Deutschland, daß wir in einer so wichtigen Frage nicht anders zu denken vermögen ...!« 1647 wandte sich der Senat mit strengen Verordnungen gegen die Sittenverwilderung der Studenten: »Die Straßen ertönen des Nachts von bestialischem Grunzen und feindlichem Geheul, und ein immerwährender Krieg wird gegen die Fenster geführt.« Zwei Jahrzehnte später wurde die Universität, in die sich Schaumburg-Lippe und Kurhessen geteilt hatten, Hessens vierte neben Marburg, Herborn und Gießen. Napoleons Bruder Jerôme, Westfalens König Lustik, hob sie endgültig auf; denn das Stift Möllenbeck, das Rintelns Universität bisher mitfinanzierte, hatte Napoleon seiner Schwester Pauline, der Fürstin Borghese, geschenkt. Vor den dunklen Schnitzreliefs der alten Universitätskommisse des Weserstädtchens im Siebenzackstern geschleifter Festungswälle schaut heute ein goldener Hotellöwe ins Straßengedräng.

12 Bückeburg — Stadtkirche   Seite 27

Ernst von Schaumburg muß beim Anblick der auftrumpfenden Fassade seiner Bückeburg-Kirche so fürstlich erschrocken sein, wie der heutige Traumstraßenfahrer davor bürgerlich zusammenfährt — nach geläuterter Weserrenaissance urplötzlich soviel orgelndes Koloßgestein! Der schaumburg-lippische Fürst entschuldigte sich mit der Inschrift »Exemplum religiosis non struktura«, zu deutsch, so war es als Bau nicht gemeint, lieber Gott, sondern mehr als gutes Beispiel für religiösen Schwung, ich selbst bin eine maßvolle Natur, aber ich habe in Florenz und Bologna studiert — warum nicht mal in Niedersachsen auch so? Der Baumeister, dem diese gebärdenreiche Steinpredigt in spätgotischen, frühbarocken und klassizistischen Dialekten kurz vor dem Dreißigjährigen Krieg gelang, blieb unbekannt. Dafür gingen wenigstens Johann Sebastian Bachs Sohn Christoph Friedrich als »Bückeburger Bach« und Johann Gottfried Herder als Hofprediger in die Unsterblichkeit der intimen Residenzgeschichte ein. Vielzitiert lebt auch das Zeugnis weiter, es sei nicht wahr, daß alle Kegelbahnen im Fürstentum gekrümmt seien, weil innerhalb der Landesgrenzen soviel Platz nicht wäre; so Hermann Löns. Bückeburg, als Relikt der deutschen Kleinstaaterei so interessant wie das Eiszeitrelikt Alpenstrudelwurm in den Hidderer Bent-Quellen, besitzt als Gegenwert das drittgrößte Mausoleum der Welt für seinen letzten regierenden Grafen.

Der 20 Kilometer lang zwischen Stadthagen, Beckedorf und Bad Eilsen ausgestreckte Bückeberg erreicht seinen höchsten Punkt in der »Diebischen Ecke« vor dem Eilsener Paß. Vor tausend Jahren lag er noch als ›Berg am Bukki‹ mitten im germanischen Buckigau. Dieser weite Gau wurde das Traditionsreich der schönen, vielbewunderten und berühmten »Schaumburger Trachten«, die in den haubenverschiedenen Prachtformen der Bückeburger, Lindthorster und Friller Tracht bis in unsere Zeit hinein getragen werden.

13 Minden — Dom   Seite 29

Der breitschultrige Dom St. Peter, um 800 bei der Gründung der Bischofsstadt Minden begonnen und zweimal von Bränden heimgesucht, ist backsteinerne Majestät außen wie innen. 1168 wurde in dieser Gottesburg Heinrich der Löwe, der später noch den Beinamen »Vater der norddeutschen Backsteingotik« bekam, mit Mechthild, der Tochter des englischen Heinrich II. getraut. Die Arkaden der romanischen Kaiserloge überdauerten als Trauzeugen alle Unbilden der Zeitläufte, zu deren furchtbarsten der Bombensturm im Zweiten Weltkrieg gehörte. Der frühmittelalterliche Riese widerstand und stand wieder auf. Hochgeblockt, arkadendurchbrochen und stadtbeherrschend, Wächter eines verborgenen Domschatzes, eines herrlichen Apostelfrieses aus dem 13. Jahrhundert und eines Bronzekruzifixus aus dem Anfang des 12. Jahrhunderts, genannt das »Mindener Kreuz«.

In der alten Fischersiedlung vor der Porta Westfalica sagte der besiegte Wittekind — nach unbezeugtem Hörensagen — zu Karl dem Großen: »Min und din soll dat sin!«, woraus denn über Min-din allmählich Minden entstand, ob es einer glaubt oder nicht. Im vielseitigen, heute noch im Freischießen geübten Minden der Kirchen, Kaufherrn und Kasernen hat sich am Weserufer die Lebendigkeit des Buckelpflasterviertels »Flint« erhalten. Dem Bremer »Schnoorviertel« ist es so wahlverwandt, daß es den Schnoor-Pfortenspruch: »Gah fröhlich in, gah fröhlich ut, bliew buten un binnen in Gottes Hut« gut und gern für sich beanspruchen kann.

Alle Welt hat darüber gelacht, überall ist es gleichnishafte Redensart. Das wäre die Lösung, manchesmal und oft und öfter, jeden geht es an. Münchhausens Zopf ist lange ab, die Münchhausiade drehte sich inzwischen um, packte Versumpfung und Moor von unten her an, rationaler mit Verlaub, holte tragendes Land aus Torfschwermut und Schwebemorast. Doch sogleich drängeln in soviel junge Urbarkeit die Freizeit- und Fertigteil-Architekten der Weißen Industrie. Die Worpsweder Malerkolonie im bremischen Teufelsmoor, weltberühmt wie die Jugendstilflucht der Bremer Böttcherstraße, fühlt sich von der Weltumarmung mehr gequirlt als geliebt; das hanseatische Höxter lichtet Stunden-Parkplätze aus jahrhundertgekerbten Straßen heraus.

Wie zieht sich Münchhausen, mit oder ohne Zopf, aus Beton? Nach dem Auszug aus der großen Geschichte machte die unbarmherzige Gegenwart immerfort Wind, wie an allen Traumstraßen und nicht nur dort. So kam, möchte man weiterfahren, Karlshafen zu seinem Kernkraftwerk Würgassen, das »niedliche Bückeburg« zu seinem Hubschrauber-Museum, das Moor um Worpswede zu seinem Touring-Schick. Unabänderlich bleibt, daß dem Ferienmenschen an Waldeinsamkeit, leisen Seen und unverhunzten Bauwerken mehr gelegen ist als an der millionsten Maulwurfsspur des Fortschritts. Maschinenlärm und Buddelei mit Glasbetonblocks hinter Hebekränen hat er zuhause selber, jede Menge. Er will etwas sehen und erfahren, was er daheim so nicht sehen und erfahren könnte — die windschiefe Bauernkate mit herabgezogener Dachkappe, einen verwitternden Kreuzgang, die Rundtürme des Klosters Möllenbeck. Will den freien Blick zum Doktorsee auf die Weserberge, die Wasserburg Thedinghausen vor Bremen, das leibhaftige Zigarrenkistchen Bünde mit dem »ersten Tabakmuseum der Welt«, Peter Harlans Musikschloß Sternberg im Märchenwald. Naiv kommt er an und möchte gewitzter fortgehen. Und einmal horchen, wie das ist: Waldstille mit Spechtklopfen. Die farbigen Faltprospekte geben ihm recht. Sie blättern ihm das Rare und Erholsame hin. Heimlich heimatverliebt oder mit offenem Besitzerstolz geben es die Einheimischen zu: da fällt Originalität und Größe für sie ab. Was wäre ein Mensch schon wert, der in Hameln nicht über den honorargeprellten Rattenfänger Bescheid wüßte, der die Kinder pfeifend durchs Osttor entführte? Der nicht weiß, daß »bis in die neueste Zeit keine Geige gestrichen, keine Trommel gerührt, keine Pfeife und Flöte« in jener Straße geblasen werden durfte? Unheimliche Parabeln geistern dahinter auf: der Alp der Kinderkreuzzüge; die alarmierende Figur des Menschenfängers, der nur zu pfeifen braucht, wenn die Zeichen auf Untergang stehen; die kalte Rache des Geprellten. Es kann nicht wahr sein, daß der allzeitgemäße Rattenfänger von Hameln aus Kinderbüchern verschwunden und ein Heer von 120 Millionen Ratten, auf jeden von uns zwei, als Ausgleich dafür eingetroffen ist.

Sonderlicherweise war es ein Tübinger Steinmetz, der fast ein Menschenalter vor den Augsburger Renaissancewundern des Elias Holl im Schaumburger Land »welsche Giebel« auf dem lippischen Grafenschloß von Stadthagen hißte. Von hier aus schwirrte die Weserrenaissance wie ein exotischer Vogel ins Land, edelte ein wenig an den Wasserschlössern Hehlen und Bevern, heckte die Adelsschmucksitze Schwöbber, Varenholz, Barntrup und Hämelschenburg aus, wies Patrizierhäusern mit vorkragenden Erkern, großmächtigen Rathäusern mit steingeflochtenen Torbogen den Weg, Gediegenes mit Pracht so gott- und menschengefällig wie möglich zu verbinden.

Die steinkundigen Weser-Baumeister traten wie der Augsburger Elias Holl eine Welschlandreise an und besichtigten »die Gebäu von Venedig«. Augenlust und Augenmaß machten das Venetianische weser- und wesenseigen — so entstand die »Weser-Renaissance« aus eigenem Gebälk und Stein. In der Spätrenaissance überspielte das Entzücken am Schweif- und Rollwerk und am Balancieren mit Halbsäulen, Palmetten, Obelisken und Masken sogar die »edle Proportion der ruhenden Bauteile«, ihre Bauherrn und Steine hatten es ja, aller Reichtum lag ungeschliffen am Weg. Auch das nordische Giebelhaus, mehrgeschossig, schwarzgebälkt, mit plattdeutschem Psalmversgold zwischen vorzeitlichen Flechtband- und Maßwerkschnitzereien, fühlte sich mit südländischen Perlbändern schmuck wie König Salomo.

»Sieh das nur an, es ist nicht zu fassen«, möchte man jeden am Rockärmel festhalten, in Bremen vor dem Schüttingportal, in Rinteln neben St. Nikolai, in Hameln vor dem Ausbruch humanistischer Fassadenkultur. »Die haben schnitzend und steinschleifend weitergesagt, woran sie glauben, wer sie sein wollten und sind, ein für allemal.«

Noch unvertraut mit Wilhelm Buschs Spricker-Weisheit: »Der Lyriker bringt seine Gefühle zum Markt wie der Bauer seine Ferkel«, dichtete Dingelstedt am Berghang über Rinteln sein berühmtes Weser-Lautenlied: »Hier hab' ich so manches liebe

14 Porta Westfalica   Seite 30/31

Das gewappnete Latein »Porta Westfalica« hat sich trotz Wittekindberg, Wittekindsquelle, Kaiser-Wilhelm-Denkmal und Arnimsberg mit Bismarckdenkmal unerschütterlich gehalten. Doch bevor die Bahnstation am Ende der nach Hausberge und Bad Nammen führenden Brücke sich vornehm »Porta« nannte, sprachen die Uferbewohner nur von der Weserscharte. An diesem nach allen Himmelsrichtungen Ausschau haltenden Vorposten des Weser- und Wiehengebirges verläßt die Weser endlich das Bergland. Sie bricht beschwichtigt durch die Norddeutsche Tiefebene zur Nordsee auf. Vor uns ein mildes Aquarell, in dem Westfälisches mit Niedersächsischem weit verschwimmt, von Kuhwiesen, Pappeln, Windmühlenköpfen, denen die Flügel ausgerissen wurden, Weidenstruppen, geduckten Gehöften und Molenrippen gesäumt. Da der Teutoburger Wald vorerst im Feldstecher bleibt, fällt es schwer, über dieser sanft gewordenen Eiszeitgletscherrinne nicht an den Wehschrei des Augustus über die geschlagenen Legionen des Varus und an die »Hermannsschlacht« des nahbei in Detmold entsprungenen Wildlings Christian Dietrich Grabbe zu denken.

Der ebenfalls in Detmold geborene Ferdinand Freiligrath taufte seinen Auftakt über das malerische und romantische Westfalen »Porta Westfalika«. Mit seiner Felsenbühne und Aussichtsanhöhe ist Porta, das durch und durch aus Portasandstein besteht, ein sommerliches Ausflügler- und Campingtingeltangel geworden, das sich gesellig in die Weserschleife einschmiegt.

15 Verden an der Aller   Seite 32

Verden spiegelt seinen kupferbeschlagenen Backsteindom über der kleinen Häuser-Kükenschar in der ruhigen Aller viel ungenierter als Bamberg sein »Klein-Venedig« in der raschen Regnitz. Verden und Bamberg, keins weiß viel vom andern, aber sicher ist, daß jedem heutigen Bamberger Reiter die alljährlichen Auktionen hannoverscher Turnierpferde in Verden so gegenwärtig sind wie aller Welt. Die Straße »Lugenstein« weist von der alten Domschule auf den Findling aus germanischer Vorzeit — dort ungefähr, an der alten Thingstätte, wurde 782 der aufsässige Sachsenadel den Franken ausgeliefert, rund 4500 sächsische Häuptlinge sollen es gewesen sein. Die Schrecklichkeit des Sachsenblutbades unter Karl dem Großen — etwas nördlich des alten Stadtkerns — hat Verden in den Geschichtsbüchern interessant gemacht. Auf der Richtstätte entstand eine Missionskirche, die 814, im Todesjahr Karls des Großen, mit dem Bischofssitz verbunden wurde.

Weit interessanter ist im heutigen Allertal das Pferdemuseum mit der gespornten und gesattelten Idee: »Alles rund um Pferd und Reiter.«

Eine auf Weserschiffahrt mitgeschleppte Voll- und Halbblutfibel, die vom Wüstenteufel der ›Arabitis‹ geritten wird, faßt das Züchten leichtfüßig schöner Pferde, das Diamantschleifen und das Formen von Gold in eins: »Es liegt in der Natur des Menschen, daß er das Schöne, das die Natur ihm bietet, noch schöner, noch edler gestalten möchte.« Es ist eine der

Mal...« Unbesungen schimmert im Hintergrund das Klare des Korns, das sich vom Weserbergland bis ins Nordseemarschenland Wursten mit dem Biergold mißt. In Steinhagen ist es der Wacholder, destilliert aus den dunklen Strauchgnomen im mineral- und solquellenden »Heilgarten Deutschlands« mit den Bädern Driburg, Salzuflen, Lippspringe, Meinberg, Pyrmont, Oeynhausen. In einigen der fast drei Dutzend Mineral- und Salzgrundquellen lagen in den Uraltbrunnentrümmern noch goldene Schöpfgefäße aus der Römerzeit. Es ist unglaublich, aber bemerkenswert, daß Wittekind in der Fischersiedlung hinter der Porta zu Karl dem Großen mit versöhnlicher Handbewegung sagte: »Min und Din soll dat sin!«, woraus über Min und Din dann »Minden« wurde. Dieses Minden lebt nicht vom Gotikbesitz der ältesten Rathauslaube, nicht von seinen Renaissance- und Schinkelbauten, nicht von der Alten Staffelgiebel-Münze, dem spitzen Zwerghäuschen Windloch oder von den »Hymnen an die Kirche« der Gertrud von Le Fort, die als Tochter eines preußischen Offiziers in der Stadt der großen Backsteingottesburg geboren wurde: aber unsere Impression von Minden, der im Innern bewahrte Respekt vor starker Respektabilität webt daraus einen haltbaren Gobelin.

Oder Bückeburg, das leibhaftige Städtchen Duodez, das seinen hauseigenen Doktor Faust besaß, der dem fürstlichen Bergländchen den ältesten Turnplatz Norddeutschlands und die Kuhpockenimpfung zur Gesundung zuführte — davon lebt Bückeburg wohl nur noch zu einem Hundertstel, und erst recht lebt es in all seiner ackernden und industriellen Rührigkeit nicht von der nachgesagten Spielart des dolce vita, der landesfürstlich angenehmen Armut »dolce poverire«, sowenig wie Bodenwerder von seinem Münchhausen-Museum und dem Denkmal des halbierten Pferdes am Steinbrunnen. Bloß — unsere Phantasie lebt davon, unsere Wißbegierde, das nicht nur verüberhuschende Lächeln. Für immer behalten wir Farbflecke des Sonderlichen, hineingetupft ins Unvergeßliche großliniger Fluß- und Berglandschaften. Wer eine Reise tut, will was erzählt bekommen. Wie soll er sonst davon erzählen?

Rundum ist Münchhausenland wie um Münster das Land des tollen Bomberg. 1545 baute ein Clamor von Münchhausen neben die Strohdächer von Brokeloh das eichengebälkte Herrenhaus Schloß Brokeloh, vergleichbar einer vorgeburtlichen Ballade des Börries von Münchhausen, der 1874 in Hildesheim geboren wurde. Die Phantasie des Lügenfreiherrn Hieronymus, die bauliche Kuriositäten wie eine selbstangelegte Muschelgrotte und ein pyramidal überdachtes Gartenhaus realisierte, sprang ein Jahrzehnt vor Münchhausens Tod auf den Molmerswender Pfarrerssohn Gottfried August Bürger über, der 1786 »Münchhausens Reisen und Abenteuer« herausgab. Seltsamerweise nach der englischen Lügenfibel »Baron Munchhausen's Narrative«, aufgezeichnet von dem nach London ausgerissenen hannoverschen Antiquar und Münzendieb Raspe.

Hinter den umhügelten Liliputklausen Detmold, Bodenwerder, Rinteln, Hameln und Bückeburg kam der westfälischen Annette die Porta Westfalica nur noch als »letzter, zweifelhafter beau jour der verblichenen Weserschönheit« vor. Wilhelm Busch machte sich aus dem »beau jour« des Weserberglandes dafür um so weniger, für ihn ging die Weserschönheit erst dahinter an. Steigereien waren ihm lästig, der Kammweg des Wiehengebirges, der das Gedräng der Mittelgebirgswelt übersichtlich vom Horizontverblassen zum Meer hin scheidet, scheidet auch die Geister. Erratische Blöcke, auf die man nicht steigen muß, bezieht er in seine Versenkung gerade noch ein, auch die drolligen und ernsten Spukgeschichten, in der Dorfsprache erzählt, die er selber spricht. Doch am meisten liebt er Wiesenluft. Ihr Blütenatem weht nicht nur am Steinhuder Meer und ums Kloster Loccum, sondern auch um sein »klimperkleines Plätzchen« in den Windhecken —: »Wenn ich in der Wiese auf dem Rücken liege, das eine Bein zurückgezogen, das andere darübergeschlagen, und nichts sehe als ein Stück Himmel, die zierlichen Fahnen der Gräser und den erhobenen Fuß, hinter dem die Wolken vorüberziehn, so wäre mir die Einmischung eines fremden Intellekts, auch des besten, höchst unbehaglich.« Die Ebene mit ihrem hohen Himmel, ihren herrlichen Sonnenuntergängen, ihrer duftigen Ferne ist Wilhelm Buschs Weserlandschaft. Darin gärtelt und zeichnet er, in der weiten Fläche, »auf der alle Gegenstände groß und bedeutungsvoll erscheinen, Kirchtürme, Windmühlen, Ortschaften, Bäume, Menschen und Tiere, während in den gewaltigen Bergen alles andere klein und winzig wird«.

Staustufen legen der füllig gewordenen Weser Zaumzeug aus Wehren und Schleusen an, von Petershagen bis ins Bremer Bekken. So könnte Flußunendlichkeit aussehen, gesäumt von Weiden- und Erlenvorhängen, dahintergeduckten Katen, friesischen Fohlensprüngen, Rindern im dunstigen Grünlicht. Hinter den Sattelplätzen Niemburg, Hoya und Verden wittert die Weser

16 Bremen — Rathaus und Roland S. 34/35
»Roland der Ries' am Rathaus zu Bremen« stand als Ritter und Freiheitsrebell schon ein volles Jahr vor dem Bau des Rathauses (1405 bis 1409) steinern an seinem Platz; seinen hölzernden Vorgänger hatten vierzig Jahre vorher die Söldner des bremischen Erzbischofs verbrannt. Stark verkleinert ließe sich ein so reicher Ornamentsteinkasten wie das Bremer Rathaus auf die Handfläche eines Stadtheiligen denken. Dieser Heilige wäre St. Peter, nach ihm heißt der Dom, dem Christine von Schweden die geschnitzte Kanzel schenkte, da zu ihrer Zeit die »Dom-Insel« schwedisch war. Unter dem großen Bischof Adalbert galt Bremen als »Rom des Nordens«. Dieses von Karl V. mit Obrigkeit, Jurisdiktion über die

verbliebenen Offenbarungen des Lebens, bekennt einer der Pferdemenschen, daß es noch so geschmeidige, schöne, urtümliche Wesen wie das Vollblut gibt, die dem roboterwärts absinkenden Menschen erzieherische Signale geben.

Weser und Fischereirechten »bis zur salzen See« gefestigte Nord-Rom wurde erst 1646 reichsfreie Stadt. In der Spätrenaissance wurde sein Rathaus mit den Standbildern des Kaisers und der sieben Kurfürsten von »des rades stenhower« Lüder von Bentheim zur schönsten Rathauskassette Europas über den Lichtbögen seiner Arkaden ausgestaltet. Das vornehmste Geheimnis des hansischen Platzbeherrschers neben dem Gildehaus »Schütting« und dem »Haus der bremischen Bürgerschaft« ist der Güldensaal, sein altbäuerliches der Eichenbalkensaal. Das »Heiligtum bremischen Bürgerstolzes« wurde der edelgeschnitzte Festsaal mit der freihängenden Flachdecke, in dem alljährlich die Schaffermahlzeit der Reeder und Schiffer stattfindet, das älteste Brudermahl der Welt. Nach dem Besuch des »Sitzes der Seligkeit« im Rose-, Apostel und Bacchuskeller schrieb Wilhelm Hauff seine weinpoetischen »Phantasien im Bremer Ratskeller«; es war seine letzte Dichtung.

Der ›tagenbare‹ Bremer, wie der ganz und gar Eingesessene heißt, verstand den Petri-Wappenschlüssel schon früh und weltgewandt als Dietrich zu allen Kontinenten zu gebrauchen. Von »uralter Zeit her« verstand sich Bremen als Schlüssel »nicht allein zu Niedersachsen, sondern gar zum Reich«. Der 1878 in Bremen geborene Rudolf Alexander Schroeder schrieb seiner Vaterstadt ins Buch:

Wohl wehn herein mit jeder Flut
Im salzigen Wind Tritonenchöre.
Und murrn und murmeln von dem Gut,
Das in der Fremde dir gehöre,
Und singen mehr und sagen wahr
Von dem, das noch die Schriften weisen,
Da sie zu Zeiten dunkel-klar
Des Nordens Leuchte dich geheißen...

Salzbrisen durch die süßherbe Pferdeluft. Die Titanen der Bremer Hafenbecken schlagen ihr das Land jäh aus dem Sinn. Wird sie ins Inferno hinabgespült? Verzicht sie im lauten Feuerofen, in dem das furchterregende Andere vorbereitet wird? Ozeanungeheuer und Mastenwälder. Ächzende Verladeanlagen, Industriekolosse, Rampen und Speicher, die Wolkenkratzer der Trabantenstadt »Neue Vahr«, Werftenlärm — unfaßliche Labyrinthe, die ihre Meerwitterung nicht bildhaft ahnen konnte. Beinah schon vertraut mit großer Schiffahrt, von der sie plötzlich ernst genommen wird, umschließt sie die Leuchttürme »auf der langen Insel« vor Brake. An der Kaje der Zauberstadt Brake fühlte sich Georg von der Vring, der dort aufgewachsen war, auf dem allerbesten Platz in einem Welttheater. Denn im Ein- und Ausatmen jagt die breite Weser mit der Flut wieder hinter Brake zurück, Hals über Kopf, als sei ihr über den blanken Hans Schreckliches kund geworden. Die Aufgewühltheit, mit der sie unter Sturmpeitschen im Wiesenland Zuflucht sucht, hat hinter den Deichen die bremische Prärie der Schilfkanäle und Ententümpel ins Leben gerufen. Jahrtausende wesermündischer Überflutungsmoritaten liegen darunter begraben. Sintflutentsprungen ließ sich das Amphibium Bremen in grauer Vorzeit auf einer Weserdüne nieder und rückte zäh ins Licht der Weltgeschichte vor. Wie das vor sich ging, blieb ein nirgends verzeichnetes Vorspiel zum Märchen vom Fischer und syner Fru, die ›tosamen in'n Pißputt‹ dicht an der See wohnten. Sie retteten sich aus ihrem immerfort überfluteten Pißputt auf das Weserdünenufer hinter Moor und Marsch, nicht ahnend, daß aus ihrer Ansiedlung Bremen werden sollte, mit und ohne Zutun von Manntje, Manntje Timpe Te, Buttje, Buttje in der See — Bremen ein archimedischer Welthebelpunkt, von dem aus die hansisch ausziehenden Nachkommen des Fischers und syner Fru die Weltwunder einbrachten.

Wassergestriemte Ufer der Außenweser, nichts als Silbergrün hinter Leuchtfeuern und Knicks, flimmernd hinter Booten, Schleppern, Baggern, das letzte Landszenarium des anhebenden Seetheaters bis hinauf zur Butjadinger Küste. Flaggenschwenkende Schiffsschattenspiele, hin und her, wanken hindurch. Dingelstedts Einfall einer theatralischen Strombiographie am Weserbeginn wird jetzt mit Seemannsgarn weitergestrickt — gleich hinter dem hallenden Trockendockpochen der Werften zwischen Bremen-Vegesack und Bremerhaven öffnet sich das große Leviathanmaul, das Weser und Weserstraße verschlingt.

Am Sandstrand vor Wremen läßt sich dies so gelassen mitansehen wie das Nordseeschicksal der Ems zwischen Emden und Delfzijl. In den zwanziger Jahren konnten bäuchlings ausgestreckte Sandfaulenzer noch Tagesgelder mit Wetten verdienen, ob als nächstes ein Segler oder ein Dampfschiff über die Horizontlinie hochkäme. Aus einem Strandkorb von Wremen sehe ich zwischen Wind und Sonne in das vergangene Übergangsgespinst, in dem die Viermastbarken »Pamir« und »Passat« wie hölzerne Heldenburgen ins Land der Romantik zurückkreuzten.

Die ostfriesischen Inseln, dort hinter Schillinghörn unsichtbar versteckt, der rote Fels Helgoland, dort, gleich dort, aber nicht zu sehen, blinken in die Fernsehsucht. Am kleinen Bullauge des Feldstechers vorbei nebeln die Grausilhouetten fliegender Holländer; meine linke Hand hält sich ans greifbare Hellrosa entpolkter Krabben.

Am Deich oben sitzt ein Fischer, umdrängt von binnenländischen Wattwanderern, die gestern nacht mit seinem Fangboot hinausdokkerten. In Viertelstundenlehrgängen unterrichtet er sie, breitbeinig hockend, im richtigen Krabbenauspolken, was so gut gelernt sein will wie das zünftige Weißwurstessen im bayerischen Süden.

Holsteinsche Schweiz — Lübeck —
Salz-Heide-Harzstraße

Ackerbraun grundiert ist die Reliefkarte der »Holsteinschen Schweiz«, ackergelb die Faltkarte Lauenburgische Seen.
Auf der ostholsteinischen leuchten aus Laubwaldrosetten tintenblaue Seenkleckse, unzählige, wie man sagt; nachgerechnet rund hundertzwanzig. Soviel hineingemalte Naturtreue brächte das kleine Reliefgeviert zum Überlaufen und den nachwandernden Zeigefinger um sein bißchen Verstand. Auf der Erde ist das Geviert ein wenig größer, vierzig mal vierzig Kilometer, nicht auf den Zentimeter genau.
»Auch nicht viel«, sagt sich der traumwandelnde Seen- und Waldgänger, aber... Aber hier folgt er keiner traumsicheren Route. Strategie nach der Schnur gelingt ihm noch nicht einmal auf der Alten Salzstraße zwischen Lübeck und Lüneburg, die sich schon als Fuhrmannsroute vielfältig durch die Büsche schlug.

Ihrer ganzen Handelsnatur nach war sie auf rüde Schnelligkeit, nicht auf Schauen, Besichtigen oder kontemplative Rast an Seen bedacht. Deshalb bahnte die Feriensalzstraße ihre Pfade auch dorthin, wo Planwagenkutscher die Wasservögel mit gotteslästerlichem Fluchen verscheucht hätten.
Der »Naturpark Lauenburgische Seen« hat seine Waldsee-Sternlein zwischen Ratzeburg und Buchen gewissenhaft gezählt, es sind 35; was darüber ist, liegt drüben, wo weiter unten im Harz auch der Brocken liegt. Das Seeblinkern um Mölln ist mitgezählt, und oft ist vor lauter Gewässer zwischen den lauenburgischen Eiben und Zwergbirken die breite Wasserader des Elbe-Lübeck-Kanals, der von der herzoglich geziegelten Elbschiffer- und Palmschleusenstadt Lauenburg zur Ostsee aufbricht, ungefähr so deutlich zu sehen wie der sprichwörtliche Wald vor lauter Bäumen. In Mölln kann es vorkommen, daß man Kanalblaues kurzum zu den Seen addiert, zu Eulenspiegels größtem Vergnügen.
In der Holsteinschen Schweiz folgt der Wanderer Spiralschlaufen, die der Wassermann ausgeworfen haben könnte. Wie im Lauenburger Park verwandeln ihn Verleihstationen im Handumdrehen zum Reiter, Radfahrer oder Ruderer. Er kann auch Angler werden, oder Ferien-Bauer auf dem Bauernhof, oder als Rucksackwanderer durch unfaßlich endlose Labyrinthe resolut

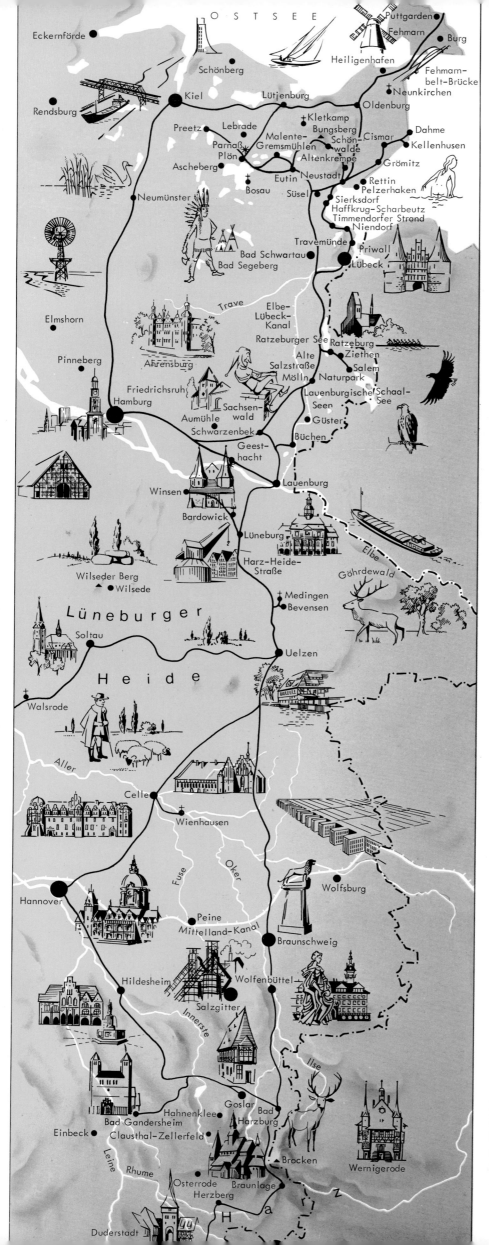

17 Blick auf Plön Seite 38/39

Der Große Plöner See, so groß hervorgehoben, weil eine Satellitenschar kleinerer Seen diesen allergrößten Schleswig-Holsteins umgibt, verleitet zum Segeln und zu weiten Seen-Fahrten. Die schönste entführt uns von Plön-Fegetasche nach Gremsmühlen; lakonisch erinnert »Fegetasche« daran, daß hier die Taschen vormals von Zöllnern leergefegt wurden. Plön teilt in seiner Segelseenlage Ratzeburgs Segler- und Insulanerweltgefühle; Ratzeburg hat ihm den romanischen Backsteindom am Ufer voraus, dafür besitzt Plön mit den zweihundertjährigen Linden seines Schloßparks das süßeste Lindenblütenidyll von Norddeutschland. Wie die »Puppe in der Puppe« liegt im Plöner See die kleine Prinzeninsel, das agrikulturelle Exerzier-Eiland der hohenzollernschen Kadetten. Eine schmale Landbrücke verbindet die Insel mit Plön und seinem seit 1623 hochgezüchteten Residenzschloß der Herzöge von Schleswig-Holstein - Sonderburg-Plön. Am Ostufer des Plöner Sees beschrieb Helmold von Bosau in seiner »Cronica Slavorum« Bischof Vizelins Missionierung der Wenden unter Heinrich dem Löwen. Leicht fällt es nicht, sich in der lichten Frische dieser Seen etwas so dunkel Zurückliegendes wie das 12. Jahrhundert und Ost-Holsteins früheste Besiedlung vorzustellen. Leichter fällt die Vorstellung, daß Händel im Zauberlicht der acht Seen seine »Wassermusik« hätte komponieren können. Auf der B 430 via Lütjenburg die gastfreundlich gewordene Grebiner Windmühle im Naturschutzgebiet Schluensee, und an der Kossau das weitberühmte Trakehner-Gestüt des Schloßgutes Rantzau.

18 Winterliches Eutin Seite 41

Der Winter zeichnet seine Frostminiaturen in der Holsteinschen Schweiz mit fast japanisch zarten Pinselstrichen. Rauhreifiges Birkenfiligran, braun gefaserte Riedwedel am Eisufer des Großen Eutiner Sees, wie Porzellangemaltes aus dem Residenzschloß der Großherzoge von Oldenburg. Eutin kuschelt sich zwischen den ungleich großen Eisscheiben seiner Seen ins bläulich schattierte Schneeglitzern, äußerlich eine kühle Traumstadt, innerlich von heißen Grogs erwärmt. Nach dem Tauwetter stellt es sich wieder frühlingsfrisch als südlich anmutendes Idyll und als Rosenstadt mit dem Erkennungszeichen der hellgelben Teerose vor. Die barock behelmte Mittelalterburg, in deren Gemäuer sich die Lübecker Fürstbischöfe im Sommer vermutlich wohler als im Winter fühlten, wurde von den Herzögen von Holstein-Gottorp als hohes Schloß um- und ausgebaut; heute ist der Eutiner Musensitz ein großes Kunstkabinett voller Porzellane, alter Schiffsmodelle, Porträts und Landschaftsgemälde. Vom Hochufer des Sibberdorfer Sees reicht der Fernblick bei nordisch klarem Himmel bis zum Bungsberg, der müden Langstreckenläufern mit dem hierzulande raren Komfort eines Skilifts auf seine Höhe hinanhilft.

nach Oldenburg aufbrechen: in der 1156 begonnen Johannisbasilika erfährt er, daß er in einer der ältesten erhaltenen backsteingotischen Kirchen Nordeuropas weilt.

Paddlern glückt es meist, den Ariadnefaden vom Preetzer Postsee über den Lanker-, Behler- und Plönersee bis zum Dieksee zu finden, Kanuten rutschen wie Wasserflöhe aus dem Kellerseemärchen über nasse Durchschlüpfe ins waldige Ungefähr. Aus dem Abseits werfen die großen Teiche um Lebrade und Klethkamp Angelschnüre statt Ariadnefäden durch die Buchenlichtungen. Linienschiffe rauschen schwanenweiß an Seestränden vorüber ins Traumland Immensee — nicht daß Theodor Storms »Immensee« im Wasserland um den Pönitzer- und Süseler-See, oder so klar wie der Selenter See zwischen Schönberg und Lütjenburg zu entdecken wäre. Einer aber, der es wissen mußte, weil er mit der Panflöte aus Schleswig-Holstein kam, empfand »Immensee« wie zugeraunt aus diesen Landschaften, in denen lange Sommerseligkeit selten und kühle Verhaltenheit oft um die Wege ist. Das Eigenleben des Laubs, meint der Lyriker Wilhelm Lehmann, brachte Theodor Storm darauf, über eine ganze Geschichte einfach »Ein grünes Blatt« zu setzen — »gibt es irgendwo in Deutschland saftigeres Laub als bei uns?« fragt er angesichts dieser Grünblatt-Novelle schwelgend, »ist es nicht, als ob hier alles der Macht des Laubes gehorche, am Alltag wie am Ferientage?« Ja, und eine Strophe nur, geschrieben auf einer Plöner Seefahrt, Bauminseln streifend: »Sich wandelnd mit des Bootes Gleiten / Erfrischt den Blick Laub, Schilf und See: / Hier könnte Händels Oper spielen, / Vielleicht Acis und Galathee.«

Drüber hin schwirrt die vieljahrtausendalte Vogelfluglinie, unermüdlich neugefiedert, doch sicherlich älter als der Mensch, der sie neuerdings zu Wasser und zu Land unterwandert, um komfortabel mit der Natur verknüpft zu bleiben. Auf der Karte ist sie nichts als eine beschattende Linie von Haparanda, Stockholm, Kopenhagen über die Insel Fehmarn via Lübeck und Hamburg, vorerst; über dem Seenland ist es Brausen und Himmelverdunkeln, nach dem Seejungfern und Moosgeister ihre Herbst- und Frühlingsuhren richten.

Wie Zinnfigürchen sind auf die Reliefkarte Reiter, Windmühlenflügel, Störche, äsendes Damwild und Schafe um Schafhirten gemalt, auch fahlrote Backsteinkirchwürfel, Hügelhubbeln und begrünte Ringmoränen. Vorsichtig zu unterscheiden von den Moränen, und noch mehr von den giftbissigen Muränen sind die Maränen in den Süßseetiefen. Diese Bodenseefelchen der nördlichen Kleinschweiz sind so unwahrscheinlich rare Überbleibsel der Eiszeitfauna, daß die Lauenburger Schaalsee-Maräne darauf besteht, die in ganz Holstein einzig echte zu sein. Da jedoch nichts in mir darauf besteht, unbedingt Eiszeitfauna essen zu müssen, bescheide ich mich mit dem Felchenfleisch einer seegeschöpften Plöner Maräne. Sie ist delikat. Hinter mir hängt A. Paul Webers anzügliche Lithographie »Der Festschmaus«, auf der ein fett in den Sessel gequetschter Karpfen mit umgebundener Serviette ein Gansviertel tranchiert; ihm gegenüber sitzt die tiefdekolletierte Gattin Schnattergans, die spitz zwischen Fischgräten stochert — ich habe es wohl gesehen. Doch Weber darf das; diesem meerumschlungenen Schleswig-Holstein ist er geknittert wie Eulenspiegel und dunkel wie die Maräne entsprungen.

Verständlicherweise lassen sich Aale, Hechte und Brassen, die überall stattfindenden Begegnungen mit Holsteins rosenzartem Schinken nicht in die Karte eintragen, auch nicht Rohrdommeln, Graugänse, Kraniche oder das Hellweiße der Möwenschreie aus der Hohenwachter und Lübecker Bucht. Aus Waldheimlichkeiten geben Kuckucksrufe hintenherum bekannt, wie unauslotbar sich hier Versteckland zwischen Meer, Geest und Marsch verbuddelt hat. In den baumlosen Kögen lernte ich unglückselige Kuckucke kennen, die ihre Versteckrufe von den Telegraphendrähten über die Saubohnenfelder schrieen, weithin sichtbare Exhibitionisten, die Menschen und Vögeln einzuhämmern versuchten, sie seien normal.

Erst im Irrgarten der Seewälder lockt der Kuckuck als Heimlichtuer wieder in moosgepolsterte Verstecke. Am Plöner See versteckte sich im Ascheberger Herrenhaus das Liebesidyll Struensees und der jungen Dänenkönigin Caroline Mathilde, das durch alle Nebel glühte; ein paar Kuckuckszeitlosigkeiten lang; länger nicht. Danach kam Struensee unters Fallbeil und die königliche Sünderin nach Celle.

Im Licht-Schatten-Geplänkel verstecken sich Mühlen, Trakehnergestüte, Hünengräber unter Eichen, Nixen hinter schwarzsilbernem Mondfiligran, Reetdachkaten und Herrensitze — die einen so bäuerlich herrenhaft wie die andern. Was sich durchaus nicht romantisch versteckt, sondern lieber klassisch sonnt, ist die Plöner Aussichtshöhe »Parnaß« und Eutin, das »Weimar des Nordens«, das Bildungsreisende mit dem verklärten Nachrauschen vergilbter Blätter beglückt. Der olympische Glanz des Eutiner Musenhofs strahlte vor zweihundert Jahren mit der Lichtstreuung eines Leuchtturms über die deutsche Dichterlandschaft.

19 Neustadt Seite 42/43

Neustadt, mit den Ostseestränden Pelzerhaken und Retten sowie der Postleitzahl 243 unstreitig an der Seespitze der rund 30 westdeutschen »Neustädte«, blickt über eine Förde westwärts auf den Grömitzer Berg. In der Neustädter Bucht schwanken die Gästehäuser noch zwischen »Weidmannsheil«, »Störtebeker« und »Poseidon«. Am Strand des Fischerhafens Niendorf unter dem Brodtner Steilufer sonnten sich Wilhelm Raabe, Hermann Löns und das in Lübeck geborene Münchner »Nordlicht« Emmanuel Geibel. Neustadts Backstein-Basilika mit der gotischen Blendrose hat im benachbarten Altenkrempe eine noch ältere dörfliche Verwandte. Die klassizistische und seestädtische Zierlichkeit der 750jährigen Speicherstadt Neustadt mit dem ziegelroten Kremper Tor ist vom Kloster Cismar hinter dem Ostseebad Grömitz so ausflugsweit entfernt wie von der spätromanischen Feldkirche bei Süssel. Granitbrockige Feldkirchen sind seltene Frühzeugen der Christianisierung. Wer von Neustadt oder von der Badeküste zwischen Sierksdorf, Haffkrug-Scharbeutz und Timmendorfer Strand ins Wäldergrün der Holsteinschen Schweiz eindringt, findet hinter Malente die romanische Rundturmkirche Neukirchen, feld- und findlingssteingebaut wie Bischof Vizelins urtümliches Gotteshaus bei Bosau.

*20 Heimatmuseum Tews-Kate
bei Malente* Seite 44

Ein althäusliches Fundstück ist die zum Heimatmuseum ausgebaute Tews-Kate bei Malente-Gremsmühlen, die ihre exemplarische Standfestigkeit seit mehr als 300 Jahren bewiesen hat. Reetdachkaten mit dem Gartengelände des »Kohlhofs« haben in vielen holsteinschen Kirchdörfern gute und böse Zeiten überdauert. Die meisten Kätner waren Handwerker, sie gehörten mit den bäuerlichen Hufnern zum tragenden Mittelstand im Gutsherrnland der turmbestückten Torhäuser, in denen der Bauernadel der Reventlows, Rantzaus, Brockdorffs, Buchwaldts, Holecks saß. Das 1608 von dem Niederländer Coppens gemeißelte Grabmal Otto von Reventlows in der Lütjenburger Kirche ist dem Land so angehörig wie das eingerichtete Geest-Bauernhaus bei Meldorf in den Dithmarschen. Auf dem Molfseer Museumsgelände bei Kiel sind 50 originale niederdeutsche Bauernhäuser aufgestellt, darunter »gebaute Heldenlieder des Bauerntums« — sächsische Fachhallenhäuser, friesische Gulfhäuser, cimbrische Gehöfte. Das oldenburgische Museumsdorf Cloppenburg hat seine Sammlung niedersächsischer Bauernhäuser mit Windmühlen belebt. In der Holsteinschen Schweiz verweist Schönwalde auf seine schmucke Bauerngegenwart als »Schönstes Dorf Schleswig-Holsteins«. Freilichtmuseums-Hege dokumentarischer Alt-Bauerngehöfte gibt es in Holland, Norwegen, Dänemark, Schweden und Finnland schon seit mehr als einem Menschenalter. Unerschrocken bekennt sich ein dänisches Freilichtmuseum zum Selbstverständlichen: »Ein Volk, das seine Herkunft vergißt, ist wie ein Mensch, der sein Gedächtnis verliert.«

Der kunstsinnige Carl August Eutins war Herzog Peter Friedrich Ludwig; J. H. W. Tischbein, der Goethe in der Campagna und in Rom sogar von hinten meisterlich porträtierte, wurde sein Hofmaler, größere Kunststädte hatten weit kleinere Tischbeine aus der verzweigten Künstlersippe. Johann Heinrich Voß, der Rektor, Idyllendichter und Homerübersetzer, stand dem »Eutiner Dichterkreis« als olympischer Hausvater vor, gehüllt in Schlafrockfalten, doch darin hellwach. Das »Voß-Haus« gehört zu Eutins Sehenswürdigkeiten, die Besuche des Matthias Claudius aus Wandsbek und der Literaturklatsch um die gräflichen Brüder und Goethefreunde Stollberg beleben immer noch Klönabende am Kamin der Gästehäuser.

Das Musenerwachen so hoch da oben war ein heiteres Miniaturnachspiel des dänisch-deutschen Musenhoftreibens in Kopenhagen, wo König Friedrich V. deutsche Gelehrte, Poeten und den »Messias«-Barden Klopstock um sich geschart hatte, just als Friedrich der Große die deutsche Literatur erbärmlich und die französische unübertrefflich fand. Wie belebend danach, daß vom neuen mitteldeutschen Musensitz Weimar der Olympier Goethe den norddeutschen Voß als »wackeren Eutiner Leuen« begrüßte! Die mit eintöniger Rokokozierlichkeit umtändelten Nippesschäferinnen, diese ewigen Phillinen, Sylvien und Cytheren waren aus Vossens ländlichen Idyllen verscheucht; in »Luise« und im »Siebzigsten Geburtstag« wurde mit jungem Hexameterbehagen Kaffee getrunken und heimatkundig querfeldein spaziert — wie war das neu! Naturgeister, nicht nur Hexameter, waren Goethe bei »Hermann und Dorothea« aus »Luise« zugelaufen — »Goethes Dorothea mag gefallen wem sie wolle«, knurrte der Eutiner Leu, »Luise ist sie nicht.« War es die Elbe oder einer der Eutiner Seen, in die er Steine warf, um das klassische Aufklatschen der Felsbrocken, die Polyphem dem Odysseus nachschleuderte, lautrhythmisch unfehlbar einzufangen? Jeden Hexameter seines Meisterwerks, der erstmals deutsch auftretenden »Odyssee«, klopfte er vorher in seiner Seenlandschaft ab. Schon gar die fast berüchtigte Lautpolterei »Hurtig mit Donnergepolter entrollte der tückische Marmor« ist von dem Verdacht nicht frei, daß er sie seiner zwergalpinen Umwelt zwischen Seen und Meeren steinschleudernd abhorchte.

Zum Mißvergnügen ernsthafter Bildungsreisender leistete sein ansteckendes Denken, Treiben und Sprechen in Hexametern der Witzboldpointe Vorschub, Voß habe dem nächtlich »Feurio!« tutenden Wächter im Schlafrock vom Balkon herab zugerufen: »Künd mir, o Wächter der Nacht, inbezug auf das Feuer, wo ist es?«, worauf dieser vossisch-eutinisch Bescheid gab: »O Mann im Rocke des Schlafes, leck mich am ...«, was auch Unbildungsreisende bei minimalster Kenntnis der Versmaße ohne weiteres selbst ergänzen können.

Im Kasseedorfer Tannenhalbdunkel stießen die slogankundigen Wünschelrutengänger auf Schwarzwaldimpressionen. Gefels und Gebirg erstrecken sich um den 168 Meter hohen Bungsberg, der sich als relativer Riese über die Gipfel von Ein- und Halbhundertern erhebt, in beherrschter Naturwüchsigkeit, sogar eine Wolfsschlucht steckt dazwischen. Sie kommt der Gänsehautliebe zum Unheimlichen so romantisch entgegen wie der Lübecker Granitquader, den der Teufel empört auf die Marienkirche warf, nachdem ihm aufgegangen war, daß er nicht an einer Riesenschenke mitgemauert hatte. Zwar hofft Zwingenberg am Neckar die einzig echte Freischütz-Wolfsschlucht zu besitzen, aber den einzig wahren Freischützkomponisten brachte 1786 wiederum Eutin hervor. Auf der Freilichtbühne vor dem Schloß spielt allsommerlich die schauerromantische Oper mit dem Aufschrei: »Fort! Stürzt das Scheusal in die Wolfsschlucht!« Das letzte Werk des Eutiner Komponisten, der das 19. Jahrhundert mit dem jubelnden Gassenhauer beschenkte: »Wir winden dir den Jungfernkranz aus veilchenblauer Seide« war die Zauberoper »Oberon« mit Irrwischmeister Puck und Rezias Arie »Ozean du Ungeheuer«.

Im Zauberkreis des geheimnisvollen Kolksees und des sagenspinnenden Ukleisees regte sich der maßlose Vergleich mit der Schweiz zuerst, anfangs begrenzt auf ein Gasthausschild der Urgroßväterzeit. Die nachfassende hotelpoetische Landnahme brachte die »Holsteinsche Schweiz« auf ein Bahnstationsschild zwischen Malente und Lütjenburg, und wenn schon denn schon — miteinmal war im »seenreichen Naturpark zwischen den Meeren« jeder Seetupfen schweizerisch eingemeindet. Das »Tor zur Holsteinschen Schweiz« wurde das Probsteistädtchen Preetz, reich an Schuster- und Klosterfräuleintraditionen. Von hier aus blickte ein feenhaft weißer Damhirsch-Albino, der dem Jagdwildling Albrecht von Olamünde mit einem Kreuz im Geweih entgegengetreten war, christlich in den knisternden Puck- und Oberonwald, in dem sich das Gefolge des Zwergenkönigs Finn so heimlich wie in der Heide herumtrieb. Aus Nebeltänzen glimmert das Vettergelichter des dänischen Krølle-Bølle-Kobolds, da glüüren die schabernackstiftenden Pucks — »He glüüret üs en

21 Lübeck — Holstentor   Seite 46/47

Lübecks Wahrzeichen, das flandrische Holstentor, ist als Bildschönheit weit herumgekommen. Gewiß, seine kühlroten Backsteintonnen, die stahlgestochen vor der gleichsam über allen Wassern schwebenden »Stadt mit den goldenen Türmen« stehen, sind weltgeläufiger als der vielfenstrige Bollwerkbug aus der Petrikirchhöhe. Wir sehen diesmal durch die hochgezogenen Schultern der Salzspeicher auf das Bahnhofsgelände hinter dem Stadtgraben. Was der zur Holstenstraße hingewandte Backsteinrücken des Tores seit Jahrhunderten kennt, hat der eingelassene Gast noch vor sich. Den Stadtblick aus dem Malerwinkel an der Dankwartsbrücke; die gotischen und barocken Treppengiebel in der Großen Petersgrube; das »Paradies des Doms« zwischen »Fegefeuer« und Mühlenteich; die altpatriziale Mengstraße, in der das restaurierte Buddenbrook-Haus so beteiligt gesucht wird wie das »Schabbelhaus« mit dem Thomas-Mann-Zimmer.

Zu den unverlierbaren Lübeck-Erlebnissen gehört die hohe gotische Backsteinhalle der Marienkirche. Darin hörte der 20jährige Johann Sebastian Bach, der von Arnstadt zu Fuß nach Lübeck gewandert war, die schon damals berühmten »Lübecker Abendmusiken« und das Orgelspiel des genialen Meisters Dietrich Buxtehude.

Als hanseatische Architektur-Impression, auf den ersten Blick in ihrer beherrschten Vielfalt so wenig zu fassen wie Venedigs Dogenpalast, bleibt das wiederhergestellte Rathaus mit den großen Firstwindlöchern. Taubenschwärme führen über den flattrigen Bronzetaubenbrunnen dramatisch einhellige Scherzflüge vor, hin und her entlang der dunkelglasierten Rathausfassade.

22 Lübeck — Burgtor   Seite 48

Aus der schiffsgetakelten Nordfrische des Trave- und Hansehafens führt der Brückenweg durch die Bogen des 1444 erbauten Burgtors. Mit der Haube eines besseren barocken Hausherrn steht der Backsteinriese vor Lübecks mittelalterlichem Burgviertel. Im giebelgestaffelten Gewinkel am »Engelswisch« der ergraute »Hellgrüne und Dunkelgrüne Gang«, in der Kleinen Burgstraße Lübecks ältester Wohnbau, das gotische Siechenhaus. Die alte Jakobikirche der Schiffer, die Kokoschka malte, überragt mit steilem Spitzturm das Kaufmanns- und das Schifferhaus — seetüchtig sind darin die Tische aus Schiffsplanken gezimmert, von der Dielendecke hängt das Modell einer Hansekogge.

Das 1280 von den reichsfreien lübischen Bürgern errichtete Altenheim Heilig-Geist-Hospital, mit schlanken Türmchenfingern zum Himmel weisend, ist der älteste deutsche Sozialbau. Vor dem alten Wohngebiet der Handwerker steht der 1639 erbaute Füchtingshof für Kaufmannswitwen — was für ein überaus traditionsstarkes, rühriges und nächstenliebendes Klein-Lübeck! Durch Jahrhunderte führte es unter dem Stadthügel, auf dem der hohe »Dialog zwischen Kirche und Welt« aus Marienkirche und Rathaus erklang, seine eigenen Fürsprachen und Gespräche.

Puck« tuschelt es selbst hinter sichtbaren Leuten mit nichtgeheuerem Wesen her. Wandelgestaltig glüüren die Pucks aus dem Bann der Aquarelle des Holsteiners Emil Nolde, aus A. Paul Webers Groteskdämonien.
Schwerlich hätte ein norwegischer Trollriese im feinen Gespinst um Eutin oder Salem hinreichend Platz gefunden. Versprengte dieser grütze- und kinderfressenden Sippschaft wären als übertrieben Sichtbare im Sagenreich der Unsichtbaren so anstößig aufgefallen wie hereinkrachender Stahlbeton-Riesenwuchs. Der »Naturpark Lüneburger Heide« um den Wilseder Berg läßt längst kein Auto mehr an sich heran. Tölpelhafte Riesen, die das Chaos gebirgiger Wildnatur witterten, trieben ihr Unwesen erst wieder in der Harzer Köhlersagenwelt zwischen Innerste, Ilse und Oker. Überraschenderweise brechen scharenweise Dänen und Norddeutsche aus ihren Ebenen in diese märchenhafte Bergwildnis auf. Die Dänen suchen und finden im Tannen- und Kuppenland um Bad Harzburg, Goslar und Hahnenklee eine erste Sehnsuchtsheimat, die sie so unübersehbar bevölkern wie das Bergland um den Hohen Göll. Im Harz stellen sie besenhopsenden Harzhexen-Andenken so hartnäckig nach wie deutsche Dänemark-Urlauber dem durchtriebenen Dänenkobold Krølle-Bølle. —
Nach den wilden schauerlichen Waldgegenden im Harz, den er mit einem altdeutschen Riesengreis verglich, erlebte Joseph von Eichendorff bei Travemünde zum ersten Mal das Meer. Es überraschte ihn so fürchterlich, daß er im Innersten erschrak und »trunken von dem himmlischen Anblick« ungeheure Schiffe wie an den Wolken aufgehangen sah: »Unermeßlich erstreckten sich die grausigen Fluten in unabsehbaren Fernen. In schwindlichter Weite verfloß die Riesenwasserfläche mit den Wolken ...«
Mit abgebrühterem Überschwang würfeln die Slogandichter am weißen Strand von Travemünde bis hinan nach Heiligenhafen um die schönste Bilderbuchsonne an der »Deutschen Riviera«, die sich im Gegensatz zum »Teutonen-Grill« an der Adria auch »Costa Germanica« nennt. Im nicht allzu hohen Norden grillen an der Kieler und Hohenwachter Bucht die Badestrände »Kalifornien« und »Brasilien«, in der Lübecker Bucht lobt sich Grömitz als Verlobungsbad und Bad an der Sonnenseite — wie Möven segeln die Lockrufe über den Strandkorbküsten. Lübecks Travemünde plaudert aus, wie schön es in den »Buddenbrooks« vorkommt, wie malerisch die Viermastbark »Passat« vor der Badeinsel Priwall vor Anker liegt. Mövengestöber, selbstgebaute Sandburgen, Steilküsten ...

Das alles ist so farb- und zeitraffend lustig gemorst wie »Land zwischen Kieler Sprotten und Lübecker Marzipan« — und speziell über den Marzipan, der Lübeck nun einmal anhängt, mokierte sich einmal Thomas Mann, zuerst etwas aufsässig, dann etwas autobiographisch. Unbegreiflich, daß vielen bei der Erwähnung seiner Herkunft nichts besseres einfiel als der komische Marzipan: Das war's, was sie von Lübeck wußten, so feingliedrig, so astral es auch in den »Buddenbrooks« vor der Ostsee schwebte. Er sagte es nicht laut, aber es war befremdlich, daß keinem wenigstens die Lübecker Bibel oder die Blidhauerschule des Meisters Bernt Notke einfiel, vom Holstentor zu schweigen. Ja, sogar als Lübecker Marzipan-Bäcker war er schon belächelt worden, »was man dann literarische Satire nennt«. Daraufhin sah er das panis Marci, das Brot des Markus, des Schutzheiligen von Venedig also, näher an. Wahrscheinlich war bei dieser Mischung aus Mandeln, Rosenöl und Zucker der Orient mit im Spiel, es war Haremskonfekt, das aus dem Morgenland über Venedig nach Lübeck kam — da mochte wohl ein geheimer Zugang seiner Seele zur Lagunenstadt miteingebacken sein. Seine siebentürmige Väterstadt war nicht nur hinter die Verfallsgeschichte der hanseatischen Buddenbrook-Familie aquarelliert; es lebte in vergeistigter Hauchgestalt auch im »Tod von Venedig«, im »Tonio Kröger«, noch mehr im »Zauberberg« — des Abends kahnrudernd auf einem holsteinischen See blickt Hans Castorp aus dem glasig nüchternen Tageslicht in die östlich aufsteigende Mondnacht.
Die zwiefache Heimat also steht am Ostseehafen, gotisch und grau, wie an der Lagune, mit maurisch verzauberten Spitzbögen. Das Meer von Thomas Manns Kindheit war die Lübecker Bucht, und die frische Idyllik gewisser Durchblicke zwischen silbrigen Buchenstämmen in die Pastellblässe von Meer und Himmel konnte ihm kein späterer Eindruck verstellen, »kein überblauer Wonnehimmel etwa«. Das städtische Lübeck ist ja mehr als ein Ostseestück, es ist — wir empfinden es unterm Burgtor nicht anders — eine Landschaft in sich selbst, die sich an Schönheit mit dem allermeisten — »wenn es nach mir geht, mit all und jedem messen kann, was Deutschland und nicht nur dieses zu bieten hat«. Bei lauschender Besinnung auf das sensibel atmosphärische und akustische Verbleiben der Stadtlandschaft Lübeck, der Gegenden Eutin, Ukleisee oder Mölln in seiner Seele sprach er der nachklingenden Musik dieser leisen Heimat größere Beteiligung an seiner Sprache zu als der Architektur.

23 Ratzeburg   Seite 50/51
Ein kolorierter Stich von 1588 zeigt Ratzeburg aus der Vogelschau wie ein gesteltes Seerosenblatt in Seewellen. Mit breiten Dammbrücken ist die heutige Inselstadt der Ruderakademiker, Segelregatten und Sportfischer mit dem Festland verbunden; die nächstschönste Fahr- und Wanderstraße führt über Ziethen nach Salem am Salemer See ins Wald- und Heideland um den inselgefleckten Schalsee. Das 1693 eingeäscherte Ratzeburg wurde »nach einem Plan der Stadt Mannheim« um das Markt-Rechteck akkurat neu aufgestellt; der Straßenname »Demolierung« erinnert an die 1816 unter den Dänen abgetragenen Festungswälle. Ein östlicher Teil des Großen Ratzeburger Sees liegt hinter der Demarkationslinie, die Fritz Reuters mecklenburgisches Dörchleuchtingland vom Naturpark Lauenburgische Seen abtrennt. Unangetastet blieb Heinrich des Löwen machtvoller Dom über dem Seeufer, der größte romanische Norddeutschlands, etwas früher da als der Lübecker Dom und somit »die erste große Leistung des Nordens in der neuen Ziegelbautechnik«. Die um 1170 begonnene Gewölbebasilika wurde etwa 1220 mit dem Turm, und wenig später mit dem gesims- und bogenfriesverzierten Giebeldreieck über der raumgreifenden Vorhalle abgeschlossen. Auf dem St.-Petri-Friedhof ruht unter seiner Skulptur »Betender Klosterbruder« Ernst Barlach, der nach seinem letzten Willen 1938 von Rostock nach Ratzeburg überführt wurde. Barlach, 1870 in Wedel/Holstein geboren, nannte das heutige »Barlachhaus«, in dem er sechs Jugendjahre nachhaltiger Eindrücke und Ahnungen verlebte, sein Vaterhaus.

24 Die historische Grander Mühle am Sachsenwald   Seite 52
Die »Historische Grander Mühle« liegt am Sachsenwald, die stillberühmte Gartenstadt Aumühle liegt »im Herzen des Sachsenwaldes«, einem Überbleibsel des prähistorischen nordelbingischen Urwalds. Diese Rotwild- und Schwarzwild-gesprenkelte Waldeinsamkeit zwischen Hamburg, Mölln und Lauenburg übereignete Wilhelm I., seit 1871 Deutscher Kaiser, als Herzog von Lauenburg dem »Kanzler des Deutschen Reiches, Fürst Bismarck« als Dotation und Ruhesitz. Im Buchen- und Eichenzauber um Bismarck-Turm, Bismarck-Museum und -Mausoleum bei Schloß Friedrichsruh endet mitten im größten geschlossenen Waldgebiet Schleswig-Holsteins die irdische Spur des großen Kanzlers. Das nahe Schwarzenbek an der Alten Salzstraße, nach Offenbach unsere zweite Europa-Preis-Stadt, schloß mit Aubenas, Sierre, Zelzate, Cesenatico und Delfzijl den Ring einer »Städteverbrüderung«. Als vorväterliches Fortschritts-Denkmal steht im Lauenburger Elbeschiffahrts-Museum die steingefaßte »Palmschleuse« des 1398 angestochenen Stecknitzkanals.

Verhaltene Herzlichkeiten, manche Kühle und immer mögliche Eulenspiegelei, die unterwegs zur Harz-Heide-Straße Erstaunen oder Lächeln hervorrufen, sucht er Befremdeten aus seinem eigenen Stil zu erklären, diesem Instrument eines eher langsamen, spöttischen und gewissenhaften als genialisch stürmenden Geistes: Nicht das geringste Hehl macht er daraus, »daß es niederdeutsch hanseatische, daß es lübeckische Sprachlandschaft ist, die man so kennzeichnet . . .«

Bevor Lübeck die »Königin der Hanse« wurde, holte es sich von der slawischen Siedlung Liubice, die Liebliche (heute liegt dort das nahe Moorbad Schwartau) seinen Namen. Die feine Kunst, bei ansehnlicher Tüchtigkeit, die von Kriegsnot nicht ungeschädigt blieb, immerfort lieblich zu bleiben, gelang ihm bis zum heutigen Tag.

In der weltverlassenen Heide vermutete Madame de Staël einen wilden Volksstamm, der sich Haidsnuck nannte: »Il y a un peuple sauvage nommé Haidsnuck«, berichtete sie angeregt. Es ist nicht ausgeschlossen, daß mißverständliche Hinweise auf die Haidschnucken und altheidnische Langobardenzeichen über niedersächsischen Firsten in ihr durcheinander kamen. Die langobardischen Pferdeköpfe kreuzen heute noch spukhaft die Kunstpilgerfahrten zu den Heideklöstern Walsrode, Medingen und Isenhagen; das Langobardenland aber ist versunken wie Vineta. Seine mächtige Hauptstadt war Bardowick am Heiderand, ein paar Katzensprünge von Lüneburg entfernt, bis zum Tag Simon und Juda im Jahr 1189 die größte Stadt des deutschen Nordens — heute ein Gartendorf unter einer zweitürmigen Domstatue. Wäre Bardowick nicht wie Sodom von der Erde getilgt worden, in der Blüte seines Hochmuts, so sähen die Stadtlandschaften Lübeck und Hamburg anders aus: Wie, das übersteigt die Hiobsphantasie der einsam sinnierenden Kathedrale. Doch wo sonst als in der Bardenmetropole Bardowick, dem Königssitz des weitverzweigten Handels mit den Slawen, hätten sich die Buddenbrookvorfahren und ihresgleichen voll niedergelassen? Wie Trier tat sich die Langobardenstadt viel darauf zugute, älter zu sein als Rom. Karl der Große und Heinrich der Löwe mehrten ihre Stärke, bis sie selbst Löwenkräfte in sich verspürte, die sich zu messen wünschten. Als Lübeck abbrannte und Heinrich der Löwe diesen Schachtturm neuerdings an einer Stelle aufstellte, die Bardowick nicht paßte, wurde es unbotmäßig und sperrte ihm die Stadttore. Diese Vermessenheit der Bardenstadt züchtigte der Löwe am 28. Oktober 1189 mit einem Ausbruch von Zorn und Feuer ohnegleichen: Stein um Stein sollte Bardowick von der Erde verschwinden, nichts mehr sollte an sie erinnern, und so geschah es. Nur den Dom rührte der flammende Löwe nicht an, er bereicherte ihn jedoch mit einer Löwenschreckfigur, die den nunmehr ungehemmt aufblühenden Hansestädten Lüneburg, Lübeck und Hamburg die nachdrückliche Warnung »Leonis vestigium« zuteil werden ließ: »Die Spur des Löwen.«

Die Überlebenden der ausgebrannten Totenstadt flüchteten zur Burg an der Ilmenau, zur Flucht- oder Liuniburg, wie Lüneburg nach dem langobardischen »hliuni« für Zuflucht seither heißt. Die Steinbrocken, die aus der Asche von Bardowick herangekarrt wurden, setzten sich wie Salzkristalle an; doch bevor die neualten Lüne-Bürger ihre Glücksfälle im Unglück erkannten, mußte sich das Wunder mit der waidwunden Wildsau ereignen, die den Salzquell der Saline zutage schlürfte. Im Rathaus liegt die Schinken-Relique der »Salzsau« pietätvoll unter Glas.

Lüneburgs Rathaus, dessen Huldigungssaal nach 1700 für den hannoverschen König von England ausgebaut wurde, ist mit gutem Recht in sich selbst verliebt — als größtes und kulturhistorisch wertvollstes aller deutschen Rathäuser zwischen Mittelalter und Barock.

Wenn die Heide blüht, breitet das Kloster Lüne für kurze Zeit die Kostbarkeit seiner alten Bildteppiche aus; sie sind lichtempfindlich wie die berühmten Wienhäuser Tristanteppiche des Klosters Wienhausen bei Celle, die nur in der Woche nach Pfingsten vorgezeigt werden.

»De süllte, dat is Lüneborg« — unaufhaltsam flossen die Salzströme über Lübeck nach Skandinavien und Rußland; was das einbrachte, wissen Salzburg, Reichenhall, Halle und Schwäbisch-Hall so gut wie Lüneburg, dessen zupackender Kran, ein Meisterstück mittelalterlicher Ingenieurkunst, seit 1302 den langen Hals über das Ilmenau-Ufer reckt.

Die Heide des großen Bienensummens über Milliarden purpurn leuchtender Callunablüten, die Heide der sandschrundigen Wacholdergründe, der Findlinge, Kreuzottern, Heidelerchen und strohgedeckten Schafkoben unter Hutebuchen, die glühheiße Juliheide der braunen Torfbrüche, der Moorbirken und Krüppelkiefern — dieses wüstschöne Endlos-Land empfand erst Hans Christian Andersen, ein Märchenmensch, als »Zauberwelt voller Wunderwerke«. Bis zur letzten Jahrhundertmitte war es gemiedenes, ödes, trauriges Land, »ohne Anhöhen und Täler, ohne Seen, ohne alles Laubholz, alles leer, trocken, kalt«. In Wahrheit

25 Mölln - Mühlenteich u. St. Nikolai S. 54/55
Oben von der Quellenhofterrasse: der Rundreigen hellrot gefalteter Altstadtdächer um den Möllner Stadthügel, darüber lindgrün St. Nikolais Turmpyramide. Schaut man über den violetten Mühlenteich hinweg in Gassenspalten, so zeigt sich Mölln als vielfacher Sonntag in Eulenspiegels Lachkabinett. In schwärzester Pestzeit, 1350, starb der pfiffige Schlauberger und hinterließ dem Rat eine zentnerschwere Kiste, in der nichts als Wackersteine zu Nutz und Frommen des Marktpflasters lagen. Gleich hinter der Teichbrücke steht das Ulenspeegel-Huus, austapeziert mit Puppenszenen des in Eutin geborenen Marionettenprinzipals Fritz Fey, dessen hölzernes Bengele Fiet Appelschnut mich platt vereulenspiegelt. Zehn Jahre nach Tills Tod wurde Mölln lübische Salzstraßenfeste, gespickt mit 14 Türmen rund um lauter Wall- und Seewasserwerk. Im Jahr 1398 wurde der Stecknitzkanal angestochen, Europas ältester und Vorfahr des Elbe-Lübeck-Kanals. Den umgehenden Eulenspiegel setzte Goedtke mehr frechfidel als denkmalwürdig vor die Stadthügelmauer. Alfred Kubin und P. A. Weber, der »Nachbar aus Schretstaken«, nahmen sich seiner hohnlachenden Zählebigkeit graphisch an, Schöppenstedt richtete ein eigenes Eulenspiegelmuseum ein. Mit dem Nachfolgewunsch: »Alle di hir vorüber gan — möten mi glich werden« schaut Eulenspiegels Grabstein an der Kirchmauer auf das Rathaus von 1373, im Keller hängt eine Kopie seines ältesten Konterfeis. So wunderlich ist das schöne Mölln seen- und ulenverspiegelt, daß man viel zu flüchtig vor der alten Ratsapotheke verweilt, in der 1800 der Homöopath Samuel Hahnemann apothekerte.

26 Lüneburg Seite 57
Nicht auf Sand, sondern auf Salz bauten Lüneburgs hansische Sülfmeister ihre Hausburgen, doch geräumig um eine breite Sandbank. »Am Sande« heißt der lichtgeräumige Platz noch heute, so vielsagend wie die hochwasservertraute Marktviertelstraße »Auf dem Meere«. 1282 wurden im Lüneburger Ziegelhof die ersten gesalzenen Ton-Backsteine aus dem Ofen geschoben; unter der Herzogsburg auf dem Kalkfels — der den Gipsmörtel dazu lieferte — entstanden Lüneburgs starke Backsteinkirchen St. Johannis, Lamberti, Michaelis und Nikolai. Aus spätgotischer Zeit ragen noch hochgeziegelte Staffelgiebel zwischen truhenartig geschichteten Renaissance-Giebeln und barocken Schneckengiebeln, manche gleichen mit rückwärts wankenden Bogennischen luftgedörrten Gebildbroten. Das Nebeneinander geziegelter Säulen, umwölbter Utluchten, Wappenmedaillons und schiffstaugedrehter Backsteinwülste führt den himmelwärts absuchenden Blick über schwankendes Treppauftreppab. Im norddeutschen Land sind diese schmalhoch gestaffelten, wechselnd altertümlich, grandezzasteif und blütenlustig gelaunten Taustein-Tabernakel über modernen Ladenfluchten die schönsten. Platzrundum wandert man als Hansguckindieluft, der so etwas noch nirgendwo sah, mit leichtem Genickziehen mehr als einen halben Kilometer. Über dem Barock der Rathausfassade schimmern aus dem Türmchen die Meißner Porzellantäubchen des Glockenspiels.

war es ausgepoverter Waldboden, dessen dichte Eichenhaine von den Lüneburger Salzsiedern erbarmungslos verheizt worden waren. Bedürfnislose Haidschnucken, vor hundert Jahren mehr als eine Dreiviertelmillion, verbissen jedes aufkeimende Grün der verzweifelten Ödnis.

Darin verzweigen sich die Traumwege, wie es euch gefällt, von der Salzstraße abseits — durch die Heidebüsche nach Celle, zur Weserstraße hin, nach Hildesheim, nach Braunschweig und Wolfenbüttel hinab ins Harzer Silberhöhlenreich — über die B 3 schließt sich wiederum ein Ring zur weiten Weserberglandwelt. Ja, Einbeck — unter den vorkragenden Gebälken und Balkenschnitzköpfen in den alten Altvaterstraßen zupft das Bardowickgespenst noch einmal am Ärmel und klagt, wie es Städten und Menschen in dieser Welt blindlings bös oder gut ergehen kann. Einbeck ging aus einer 1540 ausbrechenden Feuersbrunst als Hans im Glück hervor, der die Asche einfach abstaubte — heute noch steht Einbeck so gebälkgeballt, wie es unverzüglich wiederaufstand, einheitlich gezimmert und ornamentgewirkt im Auferstehungsstil des 16. Jahrhunderts.

Und die bis Bayern befruchtend vorgedrungene »ainpöckische« Bockbierunsterblichkeit ging ein in die Walhalla des Einbeckischen Biermuseums.

27 In der Lüneburger Heide Seite 58/59
Erst Hermann Löns entdeckte und liebte die wildgestaltige Unergründlichkeit der Heide. Die Worpsweder Maler fühlten sich angezogen von ihren Erdhügeln und Moränen-Seen. 1907 entstand um den Totengrund der »Wilseder Park«, das erste Naturschutzgebiet dieses Jahrhunderts gegen Bauverschandelung und Landverwüstung. Am Wilseder Berg, von dem der Heidewanderer bis Hamburg, Soltau und Lüneburg sieht, wurde in Wilsede das Heimatmuseum »dat ole Huus« und ein Heidekrug eingerichtet. Mittlerweile hat die purpurne Spätsommerheide ihre einsame Melancholie gegen ausschwärmende Bus-Touristen eingetauscht, die den Heideblühbränden so leidenschaftlich ergeben sind wie dem harzig wildelnden Schnuckenbraten. In die bewaldete Südheide hinter Celle fuhr im November 1972 der Orkan, der in Niedersachsen eine Waldfläche von der Größe des Harzes kahlschlug.

28 Celle — Schloß Seite 61
Das Residenzpalais der Herzöge von Braunschweig-Lüneburg erregte 1674 fürstliches Aufsehen mit dem »Comödiensaal«, einer der frühesten Schloßbühnen Deutschlands. Halbstandesgemäße Herrin des Celler Versailles in der Südheide war die Hugenottin Eleonore d'Elboeuf. Sie war als Fürstin von Lüneburg dem regierenden Landesherrn zur Linken angetraut und wurde, sie ahnte es nicht, »Stammesmutter der Könige von Preußen und der Könige von Großbritannien«. Gleich folgenschwer, doch nur für die Tonkunst, wirkte sich die Umsicht aus, mit der sie hugenottische Musiktalente an ihren Hof holte, die den Opernstil des großen Jean-Baptiste Lully mitbrachten. Die französische Musik in Celle wurde der »eigentliche Schwerpunkt für Bachs Musikerlebnisse«; dafür nahm er von Lüneburg aus tagelange Heidewanderstrapazen auf sich. Leider wurde unter den Kuppeln der welfischen Residenz soviel geweint wie musiziert. Das Schloß hatte Anteil an der schmerzlichen Liebesaffäre Philipp von Königsmarcks mit Sophie Dorothea, die mit Georg I. von England unglücklich verheiratet war. Im französischen Schloßpark steht der Denkstein für die vom Hof des geisteskranken Dänenkönigs verstoßene Caroline Mathilde, die 1775 in Celle verdächtig jäh im Alter von 24 Jahren starb. Das alte Celle ist nicht nur stolz auf den musischen Umgang seiner italienischen »Stuckschneider« mit Lüneburger Feinkalk, auf sein kunstreiches »Werck- und Zuchthaus« von 1710 und die Celler Orgel-Tabulaturen. Seine bedachte Abwehr jeder Verschandelung der überkommenen spitzgiebelgezackten Fachwerk- und Rotbackstein-Gestalt setzte mit wachsender Alltagstüchtigkeit etwas Einzigartiges durch: das Celle, wie es war und wie es bleiben will.

29 Goslar am Harz — Huldigungssaal im Rathaus Seite 62/63

Ein großer Unbekannter, hinter dem schon Michael Wohlgemut vermutet wurde, hat den Huldigungssaal im Goslarer Rathaus mit bildfroher Frömmigkeit ausgemalt. Dieser spätgotische Innigkeitsherzraum der tausendjährigen Kaiser-, Reichs- und Hansestadt, gerühmt als das »besterhaltene, bedeutendste Werk malerischer Innendekoration des ausgehenden Mittelalters in Deutschland« hat ein barockes Gegenstück im »Huldigungssaal« des Lüneburger Rathauses. Lüneburg präsentiert sein aus Salzhandelstüchtigkeit geschöpftes Ratssilber, Goslar sein Rammelsbergsilber. — Der hohe, tänzerisch silbergeschmiedete Deckel der Goslarer Bergkanne von 1477, eine Nürnberger Goldschmiedearbeit, feiert den heimischen Bergbau noch figurenphantastischer als das neuzeitliche Glockenspiel im Kämmereibaugiebel, der dem Ratsherrensaal gegenüber liegt. Das denkmalhafte Bronzestück der »Goslarer Normal-Elle« vor den Rathausarkaden markiert den ansässigen Grundverstand für hohes Wagen und genaues Wägen.

In der Ulrichskapelle unter der Kaiserpfalz befindet sich das Grabmal Kaiser Heinrichs III., des Gründers des 1050 geweihten Domstiftes, von dem nur die Vorhalle erhalten blieb. Hinter der portalumfletschenden Bestiensäule ruht — nach grotesker Gerümpelfahrt — der bronzene Kaiserstuhl aus dem 11. Jahrhundert.

»Es grüne die Tanne, es wachse das Erz, Gott schenke uns allen ein fröhliches Herz« — dreimal gegen Tannenholz geklopft: unter allen deutschen Städten ist das vom Bombenkrieg unverletzte Goslar mit seinen durchschnitzten Bergmanns- und Kaufherrengassen eine Offenbarung. Eine glückliche, überraschend beglückende, und deshalb wahrhaft geheime.

30 Goslar am Harz — Adlerbrunnen S. 64

»Der Markt ist klein, in der Mitte steht ein Springbrunnen, dessen Wasser sich in ein großes Mittelbecken ergießt«, merkte sich Heinrich Heine unter dem heraldisch gespreizten Gefieder des Goslarer Brunnenadlers für seine »Harzreise« vor. Er grübelte dem dunklen Ursprung der bronzenen Doppelbrunnenschale nach, die bei Feuersbrünsten als weithin schallender Gong angeschlagen wurde. Manche trauten dieses wasserspeiend grimassierende Erzgießerwerk aus dem frühen 13. Jahrhundert dem Teufel zu, der es in spendabler Laune nachts auf den Marktpatz gestellt haben soll. Soviel Teufelsdummheit lenkte den jungen Harzreisenden von der goldgekrönten Hahn-im-Korb-Majestät des Adlers ab, den die kaiserlich freie Reichsstadt ins Stadtwappen nahm und als saturiertes Wahrzeichen wählte. Bronzene Erhabenheit, schnabelstarker Trotz, und, nun ja, eine gewisse sich brüstende Geflügeldrolerie, die sich erst nach offenbarer Vergeblichkeit des Reichsgedankens herausstellt, prägen sich so unvergeßlich ein wie Goslars ganze silbergeschwärzte Bergstadtgestalt. Sehenswerter als die Standbildreihe der deutschen Kaiser an der Kaiserworth (»räucherig schwarz und zum Teil vergoldet... wie gebratene Universitätspedelle«, fand Heine) ist das berüchtigt ungenierte Dukatenmännchen. Neben solcher Goldproduktion auf offenem Markt versteht sich der hochgeschlagene Rock der Butterhanne, die sich gegenüber dem Marktkirchturm am nackten Hintern kratzt, als ergötzliche Bürgerfreiheit wie von selbst. Die Butterhanne tut dies hoch im Schnitzgebälk des »Brusttuchs«, was die Sache etwas mildert. Neuerdings ist sie angestrahlt, was dem Ergötzen der Besichtigungsbürger stark entgegenkommt.

Burgen — Ruinen — Schlösser — Residenzen

Die 280 Kilometer lange »Burgenstraße« windet sich neben dem Neckar durch das Weinland um Kocher, Jagst und Tauber zur bierfränkischen Pegnitz hin.
Vor ihrer burgenromantischen Prozession verrichtet sie eine längere Prachtandacht vor der Mannheimer Barockresidenz der pfälzischen Kurfürsten, wonach sie mit undurchsichtiger Hast Karl Theodors graziöse Lust- und Sommerresidenz Schwetzingen links liegen läßt, ohne den Schwetzinger Spargel, Ludwig von Sckells weltberühmten Schloßgarten und Nicolas de Pigases heute noch agierendes Hoftheater wahrzunehmen. Neuentfacht sammelt sich ihre Residenzandacht dann vor der Heidelberger Schloßruine und Zwerg Perkeos großem Faß. Im Herzensgrunde gehören solche Schönheiten der »Straße der Residenzen« an, die sich ihrerseits mit Darbietungen himmelhochjauchzender und stockfleckiger Burgen mainentlang und in Altbayern revanchiert. Denn Burgen und Residenzen geraten fortwährend durcheinander; einige gehen ineinander über oder teilen Macht und Schönheit so brüderlich wie in Würzburg. Die bayrischen Burgen, Schlösser und Residenzen wurden 1972 von fast vier Millionen Besuchern besucht, die stille Völkerwanderung durch Palaisgärten ist ohne Zahl.
Da Burgenland bei uns überall liegt, da die süddeutschen Herzen der zollernschen Markgrafschaften und der mainfränkisch-mittelrheinischen Schönbornbischöfe unter hohen Raumhimmeln und nicht nur an Straßenzügen schlugen, fühlten wir uns an die Tourenlinien der nach Burgen und Schlössern angelnden Schleifen nur lose gebunden. Es müßten schon mit einem Schlag Benzin und Schuhsohlen ausgehen, wenn einer die Burgenfahrt punktum unter der Nürnberger Kaiserburg abbräche, wo doch dahinter die Burgen der Frankenalb, der Oberpfalz und der Fränkischen Schweiz erst richtig hochklettern. Und wer eine Residenzenfahrt in Frankfurt am Main so plankonzentriert beginnt, daß ihm die nahe Barbarossapfalz Gelnhausen, das Schloßschmuckstück Büdingen daneben und der Taunus entgeht, ist selber schuld; daran wollten wir nicht beteiligt sein.

Die uralte, aber jüngst erst eingefädelte »Straße der Residenzen« verläuft vom Römer der Freien Reichsstadt Frankfurt, in der St. Bartholomäus von 1562—1792 die Wahl und Krönung aller Kaiser des Heiligen Römischen Reichs Deutscher Nation überwölbte, durch den heiteren Park des Höchster Bolongaro-Palastes ins Land der Franken. Vor der Weiterreise über Amberg, Kallmünz, Regensburg, Landshut, Mühldorf am Inn, Burghausen und die fürsterzbischöflichen Sommerresidenzen Tittmoning und Laufen an der Salzach gibt uns Alfred Lichtwark den Fingerzeig, wie regentenhaft Würzburg, Bamberg und Salzburg die Grundgestalt gemeinsam haben: den hohen Fels mit der Veste des Mittelalters, zu Füßen die Stadt, ausgestaltet in der Sicherheit und Unumschränktheit des 17. und 18. Jahrhunderts.
Ruinen sind abenteuerlich ruinierte Burgen, oft so grotesk nach Piranesis Manier geborsten, daß jede Burgen- und Residenzenreise eine großartig verlotterte Ruinenschau miteinschließt.
Hinter dem Reichsstädtchen Neckargemünd hebt der wahrhaft halsbrecherische Burgenseiltanz von Steilfels zu Steilfels über hangverkitteten Niststätten der Bauernbürger an. Das Flußblinken, die Bahngeleise und die Straße ziehen im Tal daneben einher, Vögel zwitschern und Eichhörnchen schimpfen oben aus dem Odenwald. Die residenzen- und kaiserpfalzdurchwirkte Burgenstraße führt bis zu ihrer Einfahrt in des »Deutschen Reiches Schatzkästlein« 28 Burgen vor. In der Phantasie lassen sie die Impression von mehreren Hundert dieser melodramatischen Stein-Monstren »mit dem Bizeps ihrer Träume und der struppigen Mähne der Zinnen, Wasserspeier und Kragsteine« zurück. Der romantische Burgen-Querweg folgt den Kleinstadt-, Kirchen- und Dörferfurchen im Hohenloher Land, wo uns das legendäre Schloßbewußtsein des Hohenlohers begegnet, der die Zumutung einer Besichtigung des Lustschlößchens Ludwigsburg »da hinden« in Stuttgart dankend ablehnt: »Mir in Hohenlohe hawwe in jedem Baurenescht a Schloß!«
Broschiert hängt im Hornberger Burgkiosk Mark Twains sauere Belustigung über Götz von Berlichingens Altersburg, aufgeschrieben nach seiner Neckarfloßfahrt im Frühling 1878. Von zuviel Rittergeschichten amüsiert, hielt der amerikanische Humorist die ganze Gegend für eine bedeutende Erzeugerin von Rheinwein. In hohen schlanken Flaschen abgefüllt, schüttelt er sich, gilt dieser als angenehmes Getränk: »Vom Essig unterscheidet man ihn mit Hilfe des Etiketts«. Im Hinblick auf Württembergs süßes Weinland und den Altreim »Neckarweine — Schleckerweine«

31 Büdingen Seite 66/67
Wer ein Schloß aus Grimms Märchen mit einer Märchenbürgerstadt im begrünten Wehrgürtel endlich greifbar nahe sehen möchte, sollte ins oberhessische Büdingen eindringen, kurz hinter Lieblos. Vor dem altersschwärzlichen Schloßkessel derer zu Ysenburg drohen zwei keulengestützte Wilde Männer, rotsandsteinern; zwischen Fachwerkverwunschenheit dämmern spätgotische Wohnungeheuer wie das »Urhaus« von 1380, reckt sich der Erkerbau des »Steinernen Hauses« von 1490. Alt-Büdingen hinter dem überbrückten Malerwinkel Mühltor hat seine treppengiebelige Sonderheit in der östlichen Wetterau mit gedrungenen Bierkrügen von Türmen abgesichert. Mit Bollwerk, Hirschgraben, Gebückgang, Folter-, Hexen- und Pulverturm, mit Marienkirche, Hain und Schloßteich liegt es vor dem Pfaffenwald am Hohen Vogelsberg. Selbstbeschauend nennt es sich ein weiterlebendes Museum unserer wichtigsten Kunstepochen, ja, ein Gesamtkunstwerk, wie uns der Marburger Kunsthistoriker Hamann anvertraut.

32 Gelnhausen — Blick von der Kaiserpfalz zur Marienkirche Seite 69
Die Kinzig, dieses Talplätschern neben dem uralten Völkerweg zwischen Spessart und Vogelsberg, entspringt bei Sterbfritz, das ins Märchenland der Gebrüder Grimm den makabren Namen seines folgerichtig ausgestorbenen Stammgeschlechts als Mitgift einbrachte. Unter Gelnhausen bildet die Kinzig vor ihrer Talreise in den Main eine Insel, auf der Barbarossa um 1170 einen imperialen, mit Eichenpfählen fundierten Palast anlegen ließ. Zur selben Zeit wie Barbarossas siebeneckige Wasser-Pfalz im Riegelring staufischer Schloßburgen entstand die Freie Reichsstadt Gelnhausen. Am »Romanischen Haus« des Untermarkts vorbei stapft sie leicht hügelan zur romanisch-frühgotischen Marienkirche, ihrem geistlichen Thron. Die Schieferspitzen des himmelan drängenden Gotteshauses mit dem achteckigen Vierungsturm geben sich im derben Rundfenster des Pfalzgemäuers viel zu zierlich. Die großartigen Burgruinen des kaiserlichen Kronguts auf der Kinziginsel nannte der Kunsthistoriker Georg Dehio die besterhaltenen und edelsten aller staufischen Pfalzen; Wilhelm Hausenstein verspürte in dem aufrechtstehenden Gesteinwerk der Rundjoche romanischer Gewölbe römische Maurerkunst und sarazenische Formenstimmung, ein Zeugnis gewaltiger Reichweite des Imperiums. »Auf dieser deutschen Kaiserpfalz ruht ein Widerschein der Welt des Mittelmeers, des lateinischen, des byzantinischen, des maurischen«, begründet er seine Überzeugung, daß der reisefreudige Rotbart der machtvollen Oase in der Wetterau anhing wie seinem Schwabenland und dem Orient. Im Dreißigjährigen Krieg wurde die verfallene Kaiserpfalz vandalisch zerstört. Diesen blutigen und verworrenen Krieg machte der 1622 in Gelnhausen geborene Christoffel von Grimmelshausen als Troßbube mit; sein »Abenteuerlicher Simplicius Simplicissimus«, der erste deutsche Prosaroman, erzählt lachend und weinend wie das war.

34 Schloß Mespelbrunn im Spessart Seite 72
Peter Echter, der Vater des in »Espelborn« am 18. März 1545 geborenen Fürstbischofs Julius Echter, erweiterte ein um 1435 erbautes »festes Haus« im Spessart zu einem Schlößchen mit Haubenturm vor dem Renaissancehof. 1665 wurden die Grafen von Ingelheim die Herren des Wasserschlosses im wildschweinreichen Eichenwald um Rohrbrunn. An der Schwelle unseres Jahrhunderts wurde im Innern des Seeschlößchens etwas Architektur-Romantik hinzugetan, später entdeckte der Film »Das Wirtshaus im Spessart« seinen schauerromantischen Spukgehalt, was ein hartnäckig zunehmendes Interesse am Interieur der Spessartgespenster zur Folge hatte. Mit größerer Gewißheit als Gespenster sehen die Schloßbesucher die Schätze des verbliebenen Kultur- und Familiengeschichtlichen — die alten Echter-Gobelins und den Alabasteraltar Michael Kerns.

Bei Rohrbrunn, dessen 130 Jahre altes Wirtshaus im Spessart — eine historische Bagatelle gegen die tausendjährige Eiche — der Autobahn weichen mußte, läßt das Jagdschlößchen »Luitpoldshöhe« immer noch offen, ob der jagdlustige Prinzregent Luitpold auch wirklich der bayrisch gewordenen Spessarter wegen oder vorwiegend als Freund der Rohrbrunner Wildsäue so häufig herkam. Alt-Nürnberger Kaufleute, die sich durch die Unwirtlichkeit des dunklen Wilderer- und Räuberwaldes zur Frankfurter Messe durchwühlten, klapperten mit den Zähnen: »Mein Gott, mein Gott! Verlaß mich nicht, ich heule, denn alle Hülfe ist ferne. Ich bin ein Wurm und kein Mensch mehr, mein Herz wie verschmolzen Wachs — eile mir zu helfen, du hast mir aus dem Mutterleibe geholfen, du wirst mir auch durch den Spessart helfen!«

Julius Echter von Mespelbrunn, der eiserne Besen der Gegenreformation, erweckte in Würzburg die eingeschlafene Universität, schuf das Juliusspital und gründete in Münnerstadt die gymnasiale Rhön-Universität, die als »Rhön-Athen an der Lauer« in die fränkische Geistesgeschichte einging. Die bleistiftspitzen Julius-Kirchtürme in der Rhön sind unzählbar.

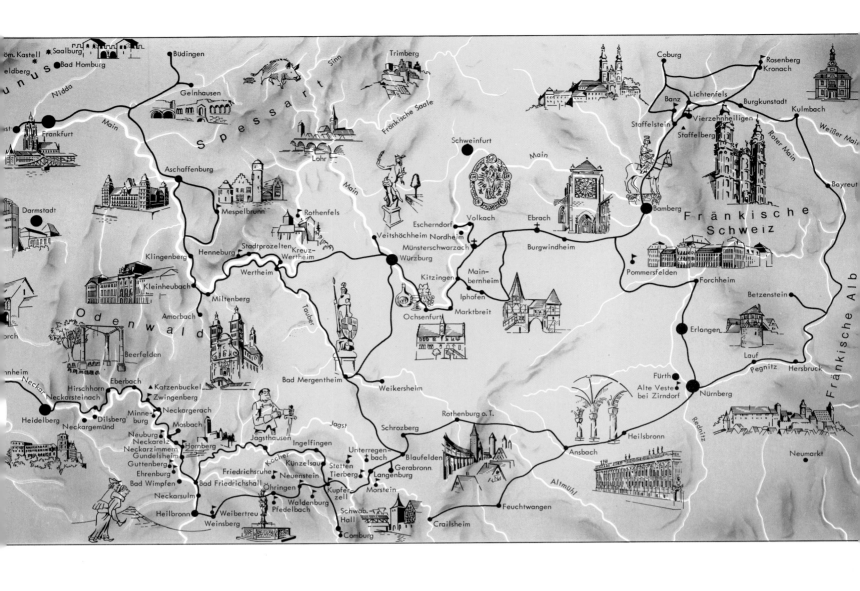

*33 Taunuslandschaft —
Blick zum Feldberg* Seite 70/71

Aus dem keltischen Winzlingswörtchen »dun«, das Höhe und Grenze im gleichen Atem ausdrückt, entstand mit römischer Nachhilfe »Taunus«. Dafür sagt Bad Homburg seinen Taunushochsitz mit dem deutschen Adelsprädikat »vor der Höhe« an, auf der Höhe thront das von Dostojewskij geschätzte Roulettekrönchen Saalburg, früher ein Kastell des Germanicus. Für den jungen Frankfurter Goethe waren die quellendurchsickerten Waldhöhen des Taunus das »Gebürge« schlechthin, »von Kindheit aus so fern und so ernsthaft«. Die taubenblau aus dem Grün leuchtenden Gebirgsregenten dieser wald- und tälerrhythmisch ausgebreiteten Römer- und Wildlandschaft zwischen Main, Rhein und Lahn sind der Altkönig, wo vor dem biedermeierlichen Gipfellokal »Fuchstanz« die Füchse trotz der nahen Frankfurter und Wiesbadener ungesehen Reigen tanzen, und der 880 Meter hohe Feldberg. »Hier, in der Senke zwischen dem Feldberg und dem Altkönig ist das Märchen noch glaubhaft«, seufzt ein Taunuswanderer nach einem langen Blick auf die Autoschlangen, die sonntagabends vom »Frankfurter Hausberg« auf den beiden Feldbergstraßen wieder heimwärts kriechen.

Zum Rheingau hin fallen dem erfrischenden Idyllen- und Burgenzauberer Taunus, dem die Lorelei strombeängstigend entsprungen ist, kordillerenhafte Kapriolen ein, mit denen er den Strom nach Westen drängt. Dem Untermain spielt er das waldschwer ansteigende Kammgebirge vor, der Lahn, die ihn vom »Kannebäckerland« des Westerwalds trennt, zeigt er sich sanft verträumt. Seine Glitzerbroschen sind die Taunusbäder Wiesbaden, Langenschwalbach, Soden, Nauheim in der Wetterau und Ems in der Talsenke zwischen Westerwald und Taunus. Die alte Raubburg über Oberreifenberg, dem 600 Meter hoch gelegenen Kurdorf, war der Schreck der Frankfurter Kaufleute, Burg Eppstein versorgte aus ihrem Rittergeschlecht Mainz mit fünf Erzbischöfen. Der weite Ausblick von der Feldberghöhe schlägt einen ausgreifenden Bogen um Odenwald, Spessart, Vogelsberg, Rhön bis zum Siebengebirge. Mainz, Frankfurt, Darmstadt und — wenn der helle Himmel will — Worms und Speyer tauchen blaß im südlichen Blickzirkel auf.

sei ihm dies als vorgeburtliche Jugendsünde aus Donald Ducks späterer Cocadynastie mit Vergnügen nachgesehen.
Nichts ist am Anstieg einer rüstigen Burgenfahrt belebender als die Nachricht, daß die Dilsberger, an denen sich selbst der zähe Tilly die Zähne ausbiß, ihren fluchenden Belagerern volle Bienenkörbe auf die Köpfe warfen. Mark Twain fand den Aufstieg zu dem »sozusagen im Nu geschehenden Berg« mit der 333 Meter über dem Neckar hockenden Bergfeste Dilsberg noch viel erfrischender; seine händereibende Munterkeit in den verschränkten, dicht an dicht dem vollkommenen Kreis der alten Stadtmauer eingezwängten Innereien des Burgstädtchens beginnt mit der Skizze eines rotwangigen Mädchens, das in einer winzigen Kleiderkiste von Scheune kräftig auf Flachs oder dergleichen losschlug. Und dann, hocherstaunt: »Alle Häuser stehen innerhalb der Mauer, aber es paßt auch kein einziges neues mehr hinein. Wahrhaftig eine fertige Stadt, und zwar schon seit sehr langer Zeit fertig... Aus der Ferne gleicht Dilsberg vielleicht eher einer Königskrone als einer Mütze. Das Schloß erwies sich als ein ausgedehntes Gehäuse verfallener Mauern, Torbögen und Türme, wuchtig das Ganze, hübsch zu malerischen Effekten gruppiert, voller Unkraut, grasüberwachsen und durch und durch zufriedenstellend. Die Kinder spielten Fremdenführer; sie führten uns oben über die Krone der höchsten Mauer, kletterten dann mit uns in einen hohen Turm hinauf und zeigten uns eine weite, herrliche Landschaft mit fernen Wellen bewaldeter Berge, und näher heranreichendem leicht gewelltem grünen Flachland auf der einen Seite des in schimmernden Kurven einherfließenden Neckars und burggekrönten Felsen und Hügelkämmen auf der andern... Sturmangriffe von Männern in Kettenpanzern — wie fern liegt diese Zeit und wie unbegreiflich ist uns die Tatsache, daß richtige Männer einstmals in echter Rüstung gekämpft haben... da diese geborstenen Bögen unnd hinbröckelnden Zinnen eine schmucke und starke und stattliche Feste waren, über der die Banner fröhlich in der Sonne flatterten und die von einer tatkräftigen Menschheit bewohnt war — wie unvorstellbar lange vergangen scheint uns das!«
Wie vergangen erst heute, wiederum hundert Jahre später; über dem Vierburgenstädtchen Neckarsteinach klebt das altersgraue »Schwalbennest«, bestrickend anzusehen und eine Burgenscheuche sondergleichen. Die Herren der Burg »Schadeck« hießen bei den Bauern »Landschaden«, sie selber adelten sich als Ritter von Steinach, weil unten die Steinach fließt. Der Minnesänger Bligger von Steinach brachte dem Wappen der Wegelagerer anstelle eines heraldisch zustehenden Verließlochs, »in dem die Bauern faulten«, eine goldene Harfe ein.
Burgen sagen mit dem Gestein, auf dem sie sitzen, Starr- und Steinköpfigkeit ihrer Herren an. Waghalsig auf ein Felsriff geschleudert waren sie fehde- und beutelustige Falken mit lupenscharfen Augen: »So, da bin ich, macht was dagegen, wenn ihr euch traut. Ich bin unnachgiebig und uneinnehmbar. Meine Krötenverließe mit gebleichten Knochen reichen tief in den Fels — mein Raubvogelauge erblickt euch früher als ihr mich.« Die wallgegürtete Stadtburg der Ebene denkt und spricht nicht anders.
Das fährt dem freien Menschen heute noch durch Mark und Bein. Im Vorbeifahren deutet er ruckhaft zur Burg hinan. Er bewundert sie, er sucht ihren Namen zu beschwören. Er verspürt sie mit dem Ducken einer Dohle, die jeder Hand über dem Kopf mißtraut. Er verspürt sie wie ein domestizierter Adler, der da oben selber horsten möchte. Sperber, Falken und Adler flatterten von den Burgen in die Ritter- und Stadtwappen. Mit hohlen, unverglasten Fensteraugen, vor denen als Wind- und Regenlider Tierhäute hingen, kalt, zugig und unwohnlich nach unserem Maßstab, hypnotisieren sie rundum das Land. Doch aus der streit- und jagdsüchtigen »Reise« des landhungrigen Burghöhlenadels verblieb uns die Streifzuglust des Reisens, landauf, landab. Auf der modernen Reise, dieser Jagd nach Eindrücken, nennt Ortega y Gasset unter den expressionistischen Gesten spanischer Steinungeheuer Burgen und Kathedralen die großen Beutestücke. Burgen und Kathedralen, in Deutschland verschwistert beisammen auf der Kuppe über Limburg an der Lahn, und noch oft so, empfindet er angesichts ihres gewaltigen Gestikulierens, ihrer hochfahrenden, die Umwelt herausfordernden Gemäuer als Zwischengattung zwischen der reinen Natur und dem reinen Menschenwerk, neben dem behauste Dörfer oder Städte allzu menschlich, zu künstlich, zu gesittet herumstehen. Neben, über ihnen sind Burgen und Kathedralen Natur und Geschichte in einem, natürliche Geschöpfe des steinernen Erdgrunds also, aber eben von welcher Natur — gespenstisch, maßlos, traumwandlerisch, »Verkörperungen des Nichtmodernen in vollkommenster Ausbildung«. Unsere Ergriffenheit über ihre prachtvolle Barbarei ereignet sich am Gegenpol einer demokratischen Lebensführung, der das antike Forum näher steht als Rittersaal und Turmzinne. Wie, fragen wir, muß ein Leben wohl beschaffen sein, damit das Haus, worin es wohnen will, zur Burg wird? Sehr beweglich,

35 Miltenberg — Blick von der Burg S. 74/75
Die »alte Stadt in Holz«, holprig gepflastert unter der Mildenburg, hat ihre Fürstenherberge »Zum Riesen« und das Fachwerkgeflecht am Marktplatz meisterhaft in die Rinden aller deutschen Stämme eingeschnitten. Vor dem ehedem ochsenblutrot gestriemten Zentgrafenhaus über dem Steinbrunnen überlegt man sich, ob es treppchenauf gehen soll zum Alten Marstall, oder durch den finsteren Schlupf des Schnatterlochs.
Durch Rotfelswildnisse und Wiesentäler führen Wanderwege ins bayrische Amorbach. Am Amorbacher Seegarten vor der gotischen Klosterkirche liegt Maximilian von Welschs viertürmiges Marienmünster, ein Meisterwerk des Hochbarock, das im Herzen eine der schönsten Orgeln und Auveras korallenzierliche Rokokokanzel birgt.
Der Blick von der Mildenburg trägt über Fachwerkgassen, Stadtpfarrkirche, Mainbrücke und Engelbergkloster hinweg zum Wannenbergbuckel. In der Mainschleife merkt sich der Frankenweinfreund die Lagen der Winzerorte Klein- und Großheubach vor. Der unvergeßlichste Rebenseitensprung führt zur Weinterrasse von Klingenberg, wo der ruhmreiche, aus der neuen Rotwein-Seeflut immer ruhmreicher hervorragende Klingenberger Rote wächst.
Mit dem Miltenberger Burgschloß sicherten die Mainzer Erzbischöfe den mainischen Engpaß und die Straße nach Tauberbischofsheim. Sie war nie »Sitz eines selbstherrlichen Adels, daher auch niemals eine ›Raubritterburg‹«, merkt der Miltenberger Stadtchronist Rudolf Vierengel an. Die »lichten Haufen« unter Götz von Berlichingen und Jörg Metzler von Ballenberg, deren Umsichschlagen der Verfassungsentwurf des Miltenbergers Weygandt und des hohenlohischen Kanzlers Hipler für das Bauernparlament in Heilbronn voranging, ließen Miltenberg ungeschoren. Sonst überall landauf, landab verwüsteten sie Burgen, Schlösser, Städte und Abteien; denn die »ursprünglichen Motive der Bauern, ihre Agrarforderungen den Herren gegenüber, die religiösen Ziele der Aufrichtung eines Gottesreiches und die Absicht der Umgestaltung der Reichsverfassung versanken vor den unbeherrschten Augenblickswünschen der Masse, vor Haß und Rache, Beutelust und brutaler Sinnengier«. Die weit und klug planenden Volksfreunde wurden von martialischen Dilettanten und deren unbotmäßiger Gefolgschaft abgedrängt. Bauernaufstand und Blutgericht fielen ins gleiche Jahr: 1525.

36 Wertheim von der Tauberseite Seite 76
Nach seiner forschenden Pirsch durch das Taubertal sprach Wilhelm Heinrich Riehl vor hundert Jahren der obersten und untersten Tauberstadt den »höchsten malerischen Ruhm« zu; mit der untersten meinte er Wertheim, mit der obersten Rothenburg ob der Tauber, das er jedoch versteinert, von der zerstörenden wie der neubildenden Zeit völlig vergessen fand. Doch riet er davon ab, sich die immerfort flußbelebte Idylle Wertheim gar zu idyllisch vorzustellen. Das intensive Hafen- und Bürgerleben unterhalb der Felsstufen zur Ruinenfassade des hohen Wertheim-Löwenstein-Schlosses erinnerte ihn an Heidelberg. Vom bayerischen Kreuz-

wertheim her betrachtet, das am anderen Mainufer liegt, hat das badische Wertheim ein mainisches Wesen, von der Taubermündung her ein taubrisches, zu dessen Kähnen, Flußhäuschen und Toren der Wein- und Wiesenzauber des Madonnenländchens hinglänzt. Dort blieb vor dem Uferweg einer der Rotkappentürme der früheren Stadtbefestigung stehen, nah der Tauberbrücke zum fachwerkbunten Altstadtkern vor dem Engels-Ziehbrunnen von 1574.

In ihrem Herrschaftsgebiet errichteten die Reichsgrafen von Wertheim und Fürsten von Löwenstein wie die Hohenlohe, Erbach und Solms weitum Renaissanceschlösser und starke Befestigungen als westliche Stützpunkte gegen das Habsburger Weltreich. Im Winzerort Kleinheubach liegt am Mainufer das Löwensteinsche Parkschloß Johann Dientzenhofers und Remy de la Fosses. Vergeblich wurde das Territorium der protestantischen Fürstenlinie im Spessart und Odenwald von Julius Echter als »Pfahl im Fleisch der Bistümer Mainz und Würzburg« jahrzehntelang befehdet. 1634 wurde Wertheim von den Kaiserlichen erobert und seine angeschlagene Burg mit Feuer zerstört. Was über den schmalgefalteten Dachkapuzen an rotviolettem Ruinengemäuer neben dem Bergfried aus romanischen Burgjugendjahren stehen blieb, ist neben der hohen Heidelberger Schloßfassade in der Tat die imposanteste süddeutsche Ruinenelegie.

*37 Würzburg — Treppenhaus
in der Residenz*   Seite 78/79

Im Jahr 1744 vollendete Balthasar Neumann die Würzburger Residenz seiner fürstbischöflichen Bauherren Johann Philipp und Friedrich Carl von Schönborn. 1720 hatte er das Palais unter den »Baudirigierungsgöttern« Maximilian von Welsch und Lukas von Hildebrandt als dreiunddreißigjähriger Niemand begonnen.

Der mit den Schlössern Belvedere, Schönbrunn und Versailles verglichene Palast mit seinen 360 Sälen, Ehrenhof, Innenhöfen und dem königlichen Stiegengewölbe über gegenläufig inszenierten Treppen wurde schon von den Zeitgenossen als Weltereignis der Raumkunst, als »Schloß über den Schlössern« gerühmt. Nach Balthasar Neumanns Tod wurde das Stiegengewölbe und die lichte Kuppel des Kaisersaales von Giovanni Battista Tiepolo ausgemalt. Dem genialen Venezianer gelang in der Harmonie dieses Palastes das Hauptwerk seines Lebens. »Wo hat Tiepolo je solchen Raum und solche Wände gefunden?«, fragt der Kunsthistoriker Max von Freeden, der Begründer und Direktor des Mainfränkischen Museums. Neumanns allesdurchdringende Regie vereinigte — über seinen Tod 1753 hinaus — Bildhauer, Stukkateure und Maler zu einem Gesamtwerk ohnegleichen. Mit militärischen Ehren wurde der Obrist Balthasar Neumann zur Grabgruft in der Marienkapelle geleitet. Tiepolo malte ihn in die Stiegenhausdecke neben eine Kanone, Markus Friedrich Klein porträtierte ihn wie einen hohen Würdenträger. Zu seinem Bildnis emporblickend, fand Wilhelm Hausenstein, daß ihm die »schöpferische Potenz des Barock« so stark eingeprägt war wie dem Antlitz Bachs oder Händels.

Drei volle Jahre malte Tiepolo mit seinen Söhnen unter Fürstbischof Greiffenclau an den Treppenhaus- und Kaisersaalfresken. Das sechshundert Quadratmeter große Treppenhausgemälde wurde das »größte der Welt« überhaupt; eines der Kaisersaalgemälde stellt die Verleihung der fränkischen Herzogswürde durch den Kaiser an den Würzburger Bischof im Jahr 1168 dar. Unter ihm konnte sich, so Max von Freeden, der Fürstbischof des Rokoko vor Kaiser und Reich, Fürsten und Botschaftern »ebenso zufällig wie nachdrücklich auf die Privilegien des Mittelalters berufen, welche die Herzogswürde Frankens absicherte gegen den Zugriff der Großmächte auf das geistliche Fürstentum«.

38 Im Park von Schloß Veitshöchheim S. 80
Über die Würzburger Steinburg führt ein alter Studentenbummelweg durchs Dürrbachtal zu Veitshöchheims Torbögen und Mainfisch-Terrassen; auch die weißen Maindampfer legen davor an. Im fürstbischöflichen Kavalierspark vor dem Sommerschlößchen haben die Meister Johann Wolfgang von der Auvera, Ferdinand Dietz und Johann Wagner aus dem weichen Sandstein der Mainlandschaft graziöses, faltenwerfendes Rokoko hervorgeholt; zwischen Balustraden, Pavillons und Grotten ist es elysischem Leichtsinn überlassen. Die schönsten Veitshöchheimer Park-Originale stehen im wetterfesten Unterstand des Mainfränkischen Museums. Die klingende, sprühende und dabei so geometrisch gezügelte Rokokolaune, die vom Main her lächelt, wenn wir »Veitshöchheim« nur hören, entstand unter dem friderizianisch lenkenden Krummstab des letzten Rokoko-Grandseigneurs Adam Friedrich von Seinsheim, Herzog zu Franken, Fürstbischof zu Würzburg und Bamberg seit 1754. Im Vergleich zu den bauwütigen Schönbornbischöfen war die Baulust des vorletzten geistlichen Herrschers in Franken von der Zeiten Ungunst gezügelt. »Seine Mäßigkeit war groß«, betrauert ihn eine Grabrede, »der mittlere Fußsteig war sein Weg.« An diesem Weg lag die kräftig von ihm geförderte Universität, der mittlere Fußsteig führte beglückend seitab durch den Veitshöchheimer Lustgarten und die Bamberger Seehof-Anlage des Ferdinand Dietz: zwei immerschöne Rokokogartenspiele in wasserblinkenden Nymphen- und Faunenlandschaften.

39 Iphofen Seite 81
Das altfränkisch behagliche, mit drei Torburgen gegürtete Iphofen hat wie Rödelsee seinen guten Namen weit über den Burgenhuckepack des Schwanbergs und die Höhenrücken des Steigerwalds hinausgetragen: dies mit Hilfe der Bocksbeutel, die den Pilgerflaschen und den Beuteln der Böcke nachempfunden wurden; weshalb es sich nicht ziemt, gedankenlos »Boxbeutel« zu denken oder zu schreiben.
»Rödelseer Schwanleite« oder »Rödelseer Küchenmeister« sind so berühmt wie die gastliche Iphöfer Zehntscheune und sein rotgetürmtes Rödelseer Tor mit dem Zwinger, was Iphofens Glücksgefühle über seine noch weit berühmteren Lagen »Julius Echterberg« oder »Kronsberg« durchaus nicht schmälerte. Ein auf Keuperboden gereifter Iphofer des Jahrgangs 50

schlagfertig, so rechtskundig wie brutal und drakonisch zäh, so schwelgerisch wie unverzärtelt, erwidert Friedrich Heer, wobei wir die frühesten Gründer und Bewohner solcher Häuser, seien es Könige im Sattel, reisende Mönche, geistliche Fürsten, landsuchende oder landraubende Ritter solange in einen Topf werfen dürfen, bis sich lustvolle Residenzen heranbilden und ausbreiten.
Jede Burg führt die ihr zugeordnete Landschaft mit sich herauf. Sie tut dies mit einverleibten Landschaftsgebärden wie die kalkfelsverwachsenen Juraburgen am Donaudurchbruch, die eichstättisch residierende Kipfenberg über der Altmühl, die oberpfälzische Trausnitz am Steilhang über der Pfreimd oder die großmächtige Trausnitz über Landshut, der wittelsbachischen Herzogsresidenz, in der sich St. Martin, das Weltwunder des Mittelalters mit dem »höchsten Backsteinturm der Welt«, zur Himmelfahrt einer Kathedrale anschickt.
Was den überlebenden Landbildern der Kathedralen und Burgen weggebrochen wurde, sind die Mühlen im Tal. Mühlen über Mühlen, sterblich hölzerne Wind- und Wassermühlen, unzähliger als Burgen, Schlösser und Kirchen allesamt; denn Rittersmann, Gottesmann, Bauer und Knappe mußten leben, und die Mühlen mahlten unermüdlich für ihr karg bemessenes Brot. Mühlen gehören zu Burgen untrennbar wie Sancho Pansa zu Don Quichotte, Müller haben um sich soviele Kobolde und Esel wie Ritter weiße Ahnfrauen und Rosse. Bis in die technokratische Vorspukzeit der Drahtziehmühlen (eine der modernsten malte sogleich Albrecht Dürer) sind Müller die Industriellen unserer Morgenröte. Der reiche Müller zieht Räuber und Landsknechte so magnetisch an wie der fahrende Kaufherr Schnapphähne im Harnisch.
»Sag mir, wo die Mühlen sind...« — in Liedern, Märchen und Freilichtmuseen finden wir sie noch vielfältiger als in der freien Natur. Wo sie steinern oder wehrhaft wurden, blieben sie am Leben wie in Amorbach die gotische Klostermühle oder die Dinkelsbühler Stadtmühle am Nördlinger Tor. Pegnitz, Rednitz, Regnitz und Wiesent waren durch Jahrhunderte Antreiber von Wasserschöpfrädern, die für Müller, Schleifer und Hammerschmiede alle Schaufeln voll zu tun hatten. Sie bevölkerten und beherrschten die Landschaft, im Rednitztal haben einige ihre Vergangenheit überlebt.
Wasserburgen brüten amphibisch zwischen Mühlen- und Felsburgschauern, verschanzt hinter Gewässern wie das fränkischböhmische Wenzelschlößchen bei Lauf rechts und links der Pegnitz, die Lust-Wasserburg »Monrepos« bei Ludwigsburg, die Gespensterschönheit Mespelbrunn im Spessartsee oder die turmbewehrte Zwingerburg Sommersdorf in Mittelfranken. Auch sie sind ausstrahlende Gefäße alter Sagen, rasselnder Gespenster und nachhallender Entsetzensschreie, auch in ihnen gingen Mordplan und Minne wie in den Hochburgen um. Zwiespältig war die Burg — als Erpresserin gefürchtet von Bauern, Hörigen und Städtern, bot sie wasserbefestigt in langen Jahrhunderten der Friedlosigkeit den sichersten Schutz. Unnahbar, unverwechselbar gab sie ihrer Landschaft den starken Heimatakzent, eine weithin gehißte Symbolgestalt. In einem Lied, das fahrende Sänger als sentimentales Evergreen von Burg zu Burg schmetterten, bekannte einer der hart herangewachsenen Ritter: »Stünde ich mit einem Fuß im Paradies und mit dem andern in meiner Burg, so zöge ich den ersten aus dem Paradies zurück und setzte ihn zu dem anderen.« Kein Lied schlug zündender ein, in den Burgen wie unter ihnen im Burgbann.
Wenn wir guten Leute mit einer »langen Geschichte im Rücken« Schwärmerei und Ergriffenheit vor hochgemuten Burgen glücklich abgeschüttelt haben, beschwichtigt Ortega y Gasset, so sprechen sie weniger befremdlich zu uns, sondern öffnen uns einen Schatz an Ideen, die mit den tiefsten Bedürfnissen unserer eigenen Seelen übereinstimmen. Denn in irgendwelchen unterirdischen Wurzeln unserer Persönlichkeit widerstrebt uns das vollständige Aufgehen im Kollektiv der Polis oder Civitas. Burgen und Kathedralen, weggewischt mitsamt der zivilisierten Menschheit aus Geographie und Geologie, würde der Ethologe hinzufügen, begännen ebenso wieder »von vorn« wie Revier und Hierarchie. Der spanische Burgenfahrer sieht diese Programmierung, ohne den Erduntergang zu bemühen, vergeistigter: »Die geplante Burgengestalt hat zugleich menschliche Bedeutung. Ihre Anwesenheit steigert die Landschaft und verwandelt sie zur Szenerie. Der Stein hört nicht auf, Stein zu sein, aber er ist geladen mit geistiger Spannung. Dieser Synthese wird immer die heimliche Vorliebe aller jener Seelen gehören, die nicht in einem engen Rationalismus erstarrt sind. Im Grund empfindet der Mensch für seine Vernunft, wenn er sie von innen betrachtet, in ihrem täglichen, bürgerlichen Gebrauch, nicht viel Achtung.«
Doch selbst sie mag hier dabei sein. Der »Bürger« kommt von der Burg, wenn auch aus komfortableren Stadtburgen, die aus wehrbereiten Mauern und Tortürmen um sich knurrten und Unliebsame gleichfalls in Faultürme warfen. Wie unentrinnbar

leuchtete goldgelb unter den Krönungsweinen der Queen Elizabeth II.
Am Schwanberg gibt es Steppenheiden wie am Schwarzmeerufer und Rebenzeilen »wie Lettern in einem Meßbuch Gottes« längs der Schwanleite. Das Flüßchen im Ehegrund heißt spätparadiesisch Ehe; dem Schwanberg, auf dem nach uralter Sage die Götter einen Würfel verloren, liegen die Dächer von Iphofen, Rödelsee und Abtswind zu Füßen, dem Steigerwald noch näher liegt Castell mit dem fürstlichen Weinschlößchen. Steinern steht Pippin der Kurze vor Schloß Schwanberg. Seine Schwester Hadla, die heilige Adelheid, eilte von ihrem Schwanbergschloß herab, um den ersten Weinstock in Franken zu pflanzen, denn die rebensetzenden Römer kamen über die Altmühl nicht hinaus.
Iphofens großer Nachbar Kitzingen am Main liegt nach einem alten Chronistenwort »an einem ziemlich lustigen, gesunden und fruchtbaren Ort und Boden«, wo sich unter den Wahrzeichen des kannenschlürfenden »Kitzinger Kätherles« und der verrutschten Spitzhaube des Falterturms früh neben Würzburg ein Imperium des fränkischen Weinhandels auszubreiten begann. Breitschalige Mainschelche wurden beladen von Ufer zu Ufer gestochen, fässerrumpelnde Rollwagen polterten über die alte Mainbrücke, die Kitzingen in seinem Wappen festhielt. Die Turmlaternen der früheren Kirche des um 750 gegründeten Benediktinerklosters grüßen mainüber nach Etwashausen, dessen Kuppelkapelle von Meister Balthasar Neumann »gantz allein besorget« wurde.

40 Kloster Ebrach   Seite 82
Wie das Zisterzienserkloster Maulbronn wurde die drittälteste deutsche Zisterze Ebrach auf dem gerodeten Grund einer Sumpfmulde gegründet. Von Bamberg und Würzburg gleich weit entfernt entwickelte sich die Abtei des mit Bernhard von Clairvaux verbündeten Abtes Adam in der Steigerwaldstille »geradezu zum sakralen Mittelpunkt des staufischen Oberfranken«. Von Ebrach aus wirkten die religiösen und kulturellen Initiativen der Zisterziensermission in den deutschen Osten. Reisende, die sechshundert Jahre später vor der Ebracher Klosterpforte anhielten, entdeckten staunend eine weitläufige Schlösserstadt mit Park und Orangerie, eine fürstliche Kavaliersresidenz in abgelegener Waldeinsamkeit. Aus den Ebracher Innenhöfen, Flügelgebäuden, Prälatensalons und Stuckplafonds sprach nicht die Armut eines ehemaligen Reformklosters, sondern viel Überfluß und Pracht. Kein Kenner der bürokratischen Grazie wird erstaunt sein, daß die Klostertrakte der barocken Schloßanlage 1851 als Zuchthaus weiterdienten. Heute ist Ebrach Bayerns Jugendstrafanstalt.
Bis zur Sequenz von Größe, Glanz und Erniedrigung wurde dem Kloster, das Architekturkenner als bräutliche Waldgefährtin des Bamberger Doms empfanden, noch zweierlei Unbill zuteil: Erstens verlor es seine Urgestalt im demolierenden Bauernkrieg, zweitens durchkreuzte das Hochstift Würzburg nach langem Prozessieren das Ebracher Streben nach Reichsunmittelbarkeit. Allerdings kamen

aus der Höhe der Würzburger Residenz Leonhard Dientzenhofers und Balthasar Neumanns Pläne zur irdisch-überirdischen Neuanlage; von 1687 bis 1735 wurde an diesem Klosterreich gebaut. Die balustradengesäumte doppelte Treppe, ein intimes Nachbild der Pommersfelder Kaiserstiege, der grandiose Ehrenhof, die Karyatiden, die ornamentierten Erker und der verschwenderisch stuckierte Kaisersaal waren fürstlicher Luxus, der den einfältig rodenden Zisterziensern der Frühzeit selbst im Himmel unwahrscheinlich erschienen wäre. Aus ihren Jahren unberührt erhalten blieb nur die spätromanische Michaelskapelle.

41 Schloß Pommersfelden — Fassade am Ehrenhof   Seite 83

Auf ihren Streifzügen durch das fränkische Barock entdeckten die malenden Münchner Wandergesellen Eduard Schleich und Carl Spitzweg im Schönbornschen Schloß Weißenstein die Galerie niederländischer Meister. Dieser Fund zog sie magnetisch mehrmals nach Pommersfelden zurück zu den dort gesammelten Werken Dürers, Cranachs, Rembrandts, Elsheimers und der großen Italiener. 1849 verschanzten sie sich in Pommersfelden ein halbes Jahr, skizzierend und kopierend, und beinahe alljährlich bis 1855 verbrachte Spitzweg in Pommersfelden eine ferienschöne »Copier- und Studienzeit«.

An dem Juwel der barocken Palaiskünste, das sich schlicht Weißenstein nannte, arbeiteten die Meister Lukas von Hildebrandt, Johann Dientzenhofer und Maximilian Welsch gute sieben Jahre, in denen an Marmor, Spiegeln, Fresken, fürstlichen Marstallanlagen, Wasserspielreizen im Barockpark und vor allem an Prunksälen für Lothar von Schönborns weltberühmte Gemäldesammlung nicht gespart wurde.

Nobel vorgewölbt, schlanke Doppelsäulen präsentierend, empfängt der Mittelrisalit nach den barocken Festgästen heute die innerlich barock und modern durchwirkten Besucher der Pommersfelder Musikwochen. Der dreigeschossig ansteigende — und sich herablassende — Stufenauftritt im geradezu weltallgroßen, weltallfestlichen Treppenhaus ist das unvergleichliche Architektur- und Raumereignis des Schlosses, der erste Auftritt der Wiener »Kaiserstiege« in Deutschland. Als 1718 das große Werk getan war, fand der großmütige, verständige, bauwütige und sehr urteilsfähige Fürstbischof das Palais und den Marmorsaal nach seiner Invention vollkommen, noch mehr, es war seinem »gusto nach was ganz Besonderes«.

42 Bamberg — Rathaus   Seite 85

Die himmelstürmenden Vergleiche überwältigter Besucher flogen der von St. Kunigund in allen Fährnissen beschützenden Bischofs- und Bürgerstadt Bamberg spontan zu allen Zeiten zu. Der Humanist Albrecht von Eyb verstieg sich zu dem Ausruf: »Wenn Nürnberg mein wäre, wollt ich's in Bamberg verzehren«, Herder erblickte Bamberg in der »schönsten Gegend der Welt«. Manche verglichen es mit Prag, Immermann fand es mit Raritäten gefüllt »wie die Commode einer alten Großmama«. Fast einstimmig wurde die mauergesäumte Freiung vor dem Reichen Tor der

sich der bürgerliche Sinn in Burgen eingenistet hat, enthüllt das englische »My home is my castle«. Castle, Château, Castrum, Kastell: viele Burgen, Kathedralen und Residenzen stehen auf römischen Kastellmauern. Das ausgegrabene und wiedererbaute Limeskastell Saalburg im Hochtaunus demonstriert die römische Militärburg. Der Deutsche, wo immer er einen Streifen Seestrand erreicht, tätschelt sich Burgen aus feuchtem Sand. Sie blicken so egozentrisch wie das englische Castle-Wort um sich, ihre Sandburgritter werden unleidlich, wenn ein anderer achtlos hineintritt. Und alle Welt stellt Burgen nach, besichtigt Burgen mit knipsender Leidenschaft; mindestens die Hälfte aller Welt besteigt über gewendelte Holztreppen ihre Söller, und schaut besitzergreifend rundum. Und manche aus aller Welt schätzen es über alles, in Hotelburgen wie der Sababurg an der Weser, im Rabenstein in der Fränkischen Schweiz oder in der Hotelburg Stetten am Kocher zu residieren. Auf dem »alliierten Olymp« des Petersbergs bei Bonn thront ihr Rangoberster, der eine respektable Basaltkuppenkarriere vom vorgeschichtlichen Ringwall zur gastronomischen Bergfeste hinter sich hat. Alle Welt spricht auch weiterhin von »Hochburgen«, seien es »Hochburgen der Maffia« oder stillere wie etwa Schifferstadt, die »Hochburg der Ringer«; als früher fränkischer Königshof und Fundort des »Goldenen Hutes« geriet es dabei fast aus dem Periskop.

Zahl- und namenlose Burgen teilten schon im frühgotischen Frühling das Schicksal ihrer aussterbenden Herren. Im staufischen Helldunkel war an der Weltbühne gezimmert worden, auf der die Franken als »Architekten der Gesellschaft Alteuropas« hervortraten. Brockig lagen die großen Worte, noch brockiger die großen, infamen, geistlichen, blutigen und rodenden Taten, geschnörkelt die Insignien des Kommenden auf dem Burgenweg, die Wappen, Städtesiegel, Familiennamen. Die Zeit, in der die Nürnberger Burg entsteht, ist ein Mosaik, aus dem das Spiel vom Antichrist, die ersten Liedstrophen der Minnesänger, kreuzzugrüstende Ritter, bürgerliche Handwerkerrüstigkeit und das Aufziehen des stiftsfähigen Adels im Urwald Franken und der hohenzollerschen Burggrafen über Nürnberg nachblitzen. Viele der verwegenen Falken waren himmelhoch aufgestiegen, nicht wenige verbluteten in der Lombardei und in Palästina, namhafte schieden nachkommenlos mit geistlicher Macht aus dem Streit um den Brückenschlag in die östlichen Reichsgebiete aus. Mit ihrem Aussterben ließ im 13. Jahrhundert das Roden und Ackern nach. Die auf der Plassenburg eingenisteten Grafen von Andechs-Meran, bis zu ihrem Erlöschen mächtig nicht nur in Bayreuth und im Bamberger Bistum, fanden bis 1248 größeres Regentenglück in Burgund und Aquileja. Dem fürstlichen Splittergeist rückte Barbarossa das Bistum Würzburg als geistliches Herzogtum Franken verquer. Das reichsfürstliche Bamberg, seit 1007 von Heinrich II. gegen den Widerstand Würzburgs und Eichstätts das deutsche Rom, wachte für das Königtum im östlichen Franken. Der »Bamberger Reiter«, das erste und berühmteste Reiterstandbild der Deutschen, bewahrt wie Frau Uta von Naumburg berührende Allgegenwart durch jegliche Unruhe hindurch. Stellt der strengschöne Ritter den Gründer des Bistums Bamberg, Kaiser Heinrich, dar? Ist es der große Konstantin, der heilige Stephan von Ungarn, der zupackende Grübler Friedrich II.? Ist es Konrad III., Philipp von Schwaben, ist er einfach der namenlose Jüngling ohne Weltfurcht, einer der heute Unbegreiflichen, die beritten auszogen, um den Gral zu finden — die vollendete Selbstdarstellung staufischen Rittertums? Kommt man durch Franken, so scheint es hie und da, als sei vom Hufschlag des Bamberger Reiters irgendein Spritzer auf den Menschenschlag gefallen, der dort lebt, schwer zu sagen, wohin und wieso, aber denn doch —

Von den ältesten Geschlechtern blieb in Franken eine Handvoll übrig — die Henneberg, Castell, Hohenlohe, Wertheim, Rieneck, die seit 1191 über Nürnberg festgekrallten Burggrafen.

Nürnberg — aus hunderttausend Dokumenten seiner Kaiserburg- und Bürgerstadtmagie nur im Vorübergehen zwei Motive, die wenigen bekannt sind. In der Romantik verspann sich im Nürnbergischen der Maler Johann Jakob Kirchner so altdeutsch, daß er sich in einer verkehrten Welt fühlte. Er war ein geringer Maler, aber ein großer Wiedergänger, der wie die Künstler der Dürerzeit lebte, und vor seinem Häuschen in Schedels »Weltchronik« von 1493 wie in neuesten Nachrichten blätterte. Die Großen der verkehrten Welt Brentano, Cornelius, Friedrich Rückert und durchreisende Gelehrte baten ihn, ihnen Burg und Stadt nach seiner Kenntnis aufzuschließen.

Im Gefängnis erinnerte sich 1917 Rosa Luxemburg an das magnetische Kraftfeld Nürnberg, das ihre bisher nebelhafte Vorstellung plötzlich erhellte — ein bewegendes Briefbekenntnis: »Es war Ende September, die Stadt im bläulichen Herbstduft, aus dem die grünbewachsene Burg am Graben und die spitzen Dächer und Kirchen ganz phantastisch-bunt, mittelalterlich ragten, und über allem lag ein dunkelroter Schein des scheidenden Tages,

Hofhaltung und dem fürstbischöflichen Barockpalast als »Deutschlands schönster Platz« gerühmt. Und ein alter Spruch faßt zusammen: »Reben, Meßgeläut und Main / Und Bamberg, das ist Franken.«

Zwischen Bischofspfalz und Regnitz entfaltete sich das Gassengewinkel der nicht immer fügsamen Bürgerstadt. Die Inselstadt mit Markt, Brücken-Rathaus und dem Blick auf die Fischerhäuschen von Klein-Venedig liegt im Rauschen der beiden Regnitzarme. Die Flußfassaden des zwischen geistlicher und bürgerlicher Stadt eigenwillig plazierten Alten Rathauses mit der luftigen Turmlaterne malte Johann Anwander zum Freskenbilderbuch aus. Dehio nannte das originelle Insel- und Brückengebäude ein »Architekturstück ersten Ranges«. An der Oberen Brücke steht nah der Nepomukstatue Leonhard Goldwitzers steinwuchtige Kreuzigungsgruppe, an der Unteren Brücke Peter Benkerts gekrönte, mild und riesinnenhaft auf die Passanten herablächelnde Kunigund.

Aus schelmenbreiten Vollmondrund lächelt dagegen der bronzene Türknopf, der E. T. A. Hoffmann zu seinem Apfelweib im Märchen vom Goldenen Topf inspirierte. Der romantische Dichter lebte und musizierte bei den Bamberger Zwiebeltretern von 1809 bis 1813. Aus dem Dachstübchen seines »musikalisch-poetischen Laboratoriums« am Schillerplatz blickte er in gespenstischer Puppengestalt auf das gegenüberliegende Theater, in dem er Kapellmeister war.

43 Bamberg — Vierkirchenblick   Seite 86/87
Von Bamberg aus begann Albrecht Dürer die Mainfahrt seiner Reise in die Niederlande. Stein um Stein abkonterfeit, zeigt sein Tucheraltar das gehügelte »Caput mundi«: den viertürmig geblockten Dom St. Peter, die gotische Pfarrkirche und das Benediktinerkloster auf dem Michelsberg. Dürers Altarbild »Apostelabschied« bildet die aus der Regnitzniederung aufsteigende Siebenhügelstadt in ihrer irdischen und spirituellen Erhabenheit um 1500 ab. Die starke Veste Altenburg, erst Fliehburg, dann bischöfliche Residenz mit Bergfried und Bärenzwinger, ist heute Ausflugs- und Aussichtsberg der Bamberger, umsummt wie die volkstümlichen Bierkeller oben auf dem Stephans- und Kaulberg.

Die 1007 zum Bischofssitz erhobene Kirchenstadt im Kranz der Jura- und Steigerwaldhöhen war die Morgengabe des mönchischen Kaisers Heinrich II. an seine junge Gemahlin Kunigunde. Aus diesem Geschenk wurde das »deutsche Rom«, das Herz des Reiches, die geistige und politische »Hauptstadt des Erdkreises«. Um die Mitte des 11. Jahrhunderts übertraf die Bamberger Dom- und Diplomatenschule alle Klosterschulen Deutschlands. Der Bamberger Vierkirchenblick läßt die vier grünspanbehelmten Türme des Kaiserdoms vor den Spitztürmen der Abteikirche auf dem Michelsberg zweitürmig erscheinen. Dom und Abtei teilen sich in den Mittelalterruhm einer »fränkischen Akropolis«. Unter Kaiser Otto II. wurde das Benediktinerkloster zur fernwirkenden Reichszelle der Wissenschaften und Künste. Der heilige Otto von Bamberg, der Apostel der Pommern, ließ die 1117 durch ein während sich unten in den Gäßchen und Winkeln dämmrige Schatten verdichteten. Ganz wunderbar ist die Vision jener Stunde, die mir geblieben ist, zumal der Kontrast der göttlichen Ruhe und Schönheit draußen, gleichsam auf dem Hintergrund des gleichmäßigen Pferdegetrappels, nach dem zerrissenen Gewirr und der marternden Geschmacklosigkeit im Parteilokal... Ich will unbedingt noch einmal nach Nürnberg, aber ohne Versammlung und Parteitag, dafür mit einem Band Möricke oder Goethe...«

Unter renaissancefrischem und barockem Ansporn wandelte sich manche Mittelalterburg zum hohen Schloß, etliche wurden wie die Willibald-Hochburg der Eichstätter Fürstbischöfe vorübergehend zur landregierenden Residenz. Die ursprünglich meranische Cadolzburg, Zollernsitz im Nürnberger Kirschblütenland, Trutzfeste der brandenburgischen Kurfürsten gegen die Freie Reichsstadt und Residenz des Markgrafen Albrecht Achilles, wurde 1945 tapfer zerbombt. Die Cadolzburg, eine der »großartigsten Dynastenburgen des Mittelalters« ging so bildgetreu in Dürers Aquarelle ein wie das gestochene Konterfei der Nürnberger Burg in sein »Meerwunder«.

Die Veste Rosenberg über der »urbs crana« erweiterte sich unter Daniel Engelhardts Meisterregie zur dritten Residenz im Hochstift Bamberg, auf die talgelegene Veste Forchheim war mehr frommer Verlaß. Die Löwen im Portalgiebel vor der Rosenberg sind keine bayrischen, sondern Wappenraubtiere des Barockbischofs Valentin Voit von Rieneck. Kleine Stadtbürgerschaften unter so breiten Tatzen igelten sich frühzeitig selbst hinter Gräben und Mauerwerk ein, fest burgaufwärts geschmiegt. Das ansteigende Gewinkel der Kronacher Fachwerkzwerge unter den Schindelkapuzen umgürtete sich mit Turmfelsquadern und schickte sich an, mit seinen Einschnürungen schlecht und recht zu leben. Darin wurde der Barockbaumeister Maximilian Welsch geboren, mainzischer General und Hofgartenschöpfer, und nach der Lobrhythmik eines Humanisten »Lukas, den das unter leuchtendem Himmel gelegene Franken, den Kronach gebar«. Lukas Cranachs dramatisch gekräuselter Malstil, seine Liebe zu windzerzausten Tannen, altersgrauen Burgen, Mühlen und strohgedeckten Hütten fließen aus fichtelgebirgsnahen Jugenderinnerungen — noch das »Urteil des Paris« setzt er in eine verwunschene Waldfelslandschaft unweit von Kirchlein und Burg, schöner und hellenischer konnten es Paris und die nackten Schönen sonst nirgendwo antreffen.

In der wittelsbachischen Residenzzeile Sulzbach-Rosenberg, Amberg, Regensburg und Landshut liegt kilometerlang die aus dem Hochmittelalter herangewachsene Burgenstadt Burghausen an der Salzach, die größte, längste und höfereichste Burganlage Deutschlands. Zwischen Wöhrsee und aufsteigender Alpenkette ruht Burghausen, die Bayernburg, wie ein gestreckter Panther über der Straßenzeile von Burghausen, der Stadt. Eine seltsame Stadt, verwundert sich Adalbert Stifter, wie »aus einem altdeutschen Gemälde herausgeschnitten und hierher gestellt«, seinem Blick zuerst so verrätselt, daß er auf dem Feld eine große Kuppel mit einem Turmkreuz sah, »als wäre ein Kathedralturm bis auf die Kuppel in die Erde gesunken«. Das gab sich, als ihm zu Füßen eine Schlucht und in derselben die Stadt lag — eines der vielen Vexierbilder aus Stadt und altem Festungsgemäuer auf der Bergzunge. In diesem zollschaufelnden Salzbollwerk der Landshuter Herzöge gegen Habsburg wohnte als Prinzenerzieher der bayrische Geschichtsschreiber Johannes Thurmayer, genannt Aventinus.

Brandfackeln und Stückkugeln reduzierten unzählige Burgen zu Ruinen — nicht umsonst hatten sie herausfordernd gestarrt. Die raffendsten Ruinenbaumeister waren 1525 die »hellen, lichten Haufen«, in Franken ein Vierteljahrhundert danach die von Albrecht Alkibiades entfesselte Landverwüstung, im Dreißigjährigen Krieg das Sengen und Brennen zwischen Tilly und den Schweden — scharenweise sanken hochgemute Burgen ins Ruinen-Elend.

Von beiderseits üblen Erfahrungen gewitzigt, rückten manche Ritter- und Stadtburgen tunlichst voneinander ab. Anfangs baumten sich um die reiche Salzstadt Schwäbisch-Hall, aus deren Münze der Silberpfennig ›Heller‹ hervorging, sieben Ritterburgen auf wie passende Geier. Als die Schenken von Limburg ihr zugreifendes Aufpassen übertrieben, vermauerten ihnen die Haller das Stadttor zur Limpurg und schnitten die Schenken damit von der Außenwelt ab. Kaiser Sigismund beschied die Schenkenklage gegen die Freie Reichsstadt so fröhlich wie lässig: »Meinetwegen mögen meine lieben Söhne zu Hall alle ihre Tore zumauern und mit Leitern über die Mauern steigen!« Zähneknirschend verkauften die Limpurger den Hallern ihren Burghorst und verzogen sich nach Gaildorf. Die Haller hinwiederum ruinierten die eingekaufte Burg mit soviel handwerkstüchtiger Sorgfalt, daß sich künftig dort keiner mehr einrichten und über sie erheben konnte.

Erdbeben zerstörte Kirche als dreischiffige Pfeilerbasilika neu errichten; sie wurde später zur Grabkirche der Bamberger Bischöfe. Von ihrer riesigen Terrassenanlage geht der Blick an sonnenhellen Tagen bis zur Rhön, zu den Staffelbergen und ins Thüringer Waldland.

*44 Wallfahrtskirche Vierzehnheiligen
  mit Blick zum Schloß Banz*   Seite 90/91

Im blühenden Maintal zwischen Vierzehnheiligen und Schloß Banz ruhen altfränkisch Staffelstein zu Füßen des Staffelbergs und Lichtenfels, das Korbmacherstädtchen im lichten Felsen. Unterm Burgberg von Banz öffnet sich das Langheimer Tal, aus dessen Zisterzienserkloster der hundertjährige Kalender und das jahrhundertelange Beharren hervorgingen, auf der Anhöhe der Klosterschäferei eine Propstei und Wallfahrtsstätte zu errichten. Denn dort war einem ihrer Hirten 1445 der Jesusknabe und übers Jahr die heilige Schar der vierzehn Nothelfer erschienen. Die schlichte Pilgerkapelle zerstörte der Bauernkrieg; erst 1743 wurde der Grundstein der doppeltürmigen Basilika Vierzehnheiligen gelegt; 1772 war das nach irrationalen und geometrischen Zahlenschlüsseln erbaute Meisterwerk Balthasar Neumanns beendet. Neben seinem steinernen Dreifaltigkeitsjubel in Gößweinstein wurde es Frankens schönste und berühmteste Wallfahrerkirche, das »fränkische Mekka«. Dem warmgoldenen Klosterschloß der Brüder Dientzenhofer auf dem Waldberg Banz steht Vierzehnheiligen im goldgetönten Sandstein der Landschaft gegenüber, ein Fels- und Sonnenwunder. Unter die hymnisch wogenden Wölbungen komponierte Michael Küchel die sprühende Gold- und Rokokogrotte des freistehenden Gnadenaltars.

Das vormals benediktinische Banz wurde 1814 die Sommerresidenz der Herzöge von Bayern. Nach 1933 zogen in das aufgeklärte Benediktinische Bibliotheks- und Rosenkloster die Patres von den heiligen Engeln ein.

Bergan zur Felsbastion des Staffelsteins fühlte Victor von Scheffel die Leichtigkeit des fahrenden Scholaren, dem die Strophen des Frankenliedes »Wohlan, die Luft geht frisch und rein« vom Maiwind zugetragen wurden:

Zum heiligen Veit von Staffelstein
komm ich emporgestiegen
und seh die Lande um den Main
zu meinen Füßen liegen:

Von Bamberg bis zum Grabfeldgau
umrahmen Berg und Hügel
die breite, stromdurchglänzte Au,
ich wollt, mir wüchsen Flügel!

Es gab hochmächtige und landpflegende Burgherren, es gab allüberall Ritter Landplage, modernen Bankbanditen und Geiselerpressern bis in den Vorwand artverwandt, Spießbürgern und Geldsäcken Mores beizubringen. Im sozialrebellischen Vorfeld der ritterbürtigen Bauernhidalgos Florian Geyer und Götz rührten sich früh die Urahnen des edlen Räuberhauptmanns Rinaldo Rinaldini. Eppelein von Gailingen, im 14. Jahrhundert freiraubender Herr von Illesheim, Gailnau und Drameysel in der Fränkischen Schweiz, befehdete als aufgebrachter Wegelagerer die reichen Nürnberger Pfeffersäcke, wie die Kapitalisten damals bildhaft genannt wurden. Die argwöhnische Freie Reichsstadt machte es ihren Schnapphähnen zwischen Pegnitz und Wiesent zu keiner Zeit leicht; Nürnbergs Territorium war größer als ein starkes Fürstentum, seine versippten Welthandels-Aristokraten führten ein strenges Regiment und pflanzten überall im Land ihre festen Patrizierschlösser. Den kleinen Landleuten gefiel es nicht übel, daß diesen gewappelten Kaufherren überfallartig am Zeug geflickt wurde, und Eppelein besorgte es mit Witz. Die Schwankchronik schmunzelt im Felsland um Nürnberg bis heute dem schlauen Eppele beifällig nach. Unter Buchen dämmert unweit von Gößweinstein das Geröll der Zwergburg Gailenreuth, die mit dem Gailinger nur den Namenshauch gemein hat. Desungeachtet bewahrt die Burgschenke goliathdicke Reliquien des verklärten Raubritters, der den Nürnbergern beim legendären Fluchtsprung über ihren Burggraben eine lange Nase drehte: »Die Nürnberger hängen keinen, sie hätten ihn denn!« In den nachgekratzten Hufdruck seines abspringenden Pferdes kann jeder die Hand legen, in der Gailenreuther »Eppeleinsecke« hängt Eppeleins viertelmeterlanger Rasierpinsel und sein siebenpfündiger Lindenholzstock mit dem Schnitzdatum 1381, dem Jahr, in dem er gerädert wurde — wie ein Gargantua wuchs der beliebte Schnapphahn aus dem 14. ins 20. Jahrhundert!

Im Huckepack trug Burg Weibertreu bei Weinsberg ihre Anekdote in die weite Welt: »Durch treue Weiber, Wein und Sang / Hat Weinsberg einen guten Klang.« Der Auszug der männerschleppenden Schwäbinnen aus der belagerten Burg ging nicht unter sommerlichem Schwitzen vor sich, sondern als Kraftstück kurz vor Weihnachten. Nachdem am 21. Dezember 1140 die Schlacht bei Winsperg entschieden war, erlaubte Konrad III. den Weibern, von ihrer liebsten Habe mitzunehmen, was sie eben tragen konnten — und »als der frühe Morgen von Osten hat gegraut«, reimte Chamisso wispernd, »da hat ein seltnes Schauspiel vom Lager man geschaut — es öffnet leise, leise sich das bedrängte Tor, es schwankt ein Zug von Weibern mit schwerem Schritt hervor...« Die Story von der Weibertreu belebte Maler, Dramatiker und Balladendichter ungemein, und in Weinsberg empfing der schwäbische Arzt, Poet und Geisterseher Justinus Kerner alle Welt in seinem gastlichen Spukhaus, in dem die »Seherin von Prevorst« mit Okkultem niederkam. Wer nach dem Besuch des Kernerhauses und des alten »Geisterturms« im Garten den Abstieg der Weinsberger Weiber vom Rebenkegel der 1525 ruinierten Burg nachprüfen will, entdeckt in den Ruinengelassen die Kritzelautographien der spuklüsternen Kernergäste, die allesamt der Literatur- und Musikgeschichte des 19. Jahrhunderts angehörten.

Ruinen sind mit ihrem Geflecht farbiger Sagen und Geschichtsgerüchte die Würzkörner jeder burgenromantischen Fahrt. Der verbreitete Geschmack am denkwürdigen Verfall würde Ruinen sogar einen Wettstreit zugestehen, der unter verwitterten Ladies gewiß undenkbar wäre: »Wer ist die ruinöseste Schönste im ganzen Land?« In der Provence taten sich die Schönen, grandios von Louis-XIII demoliert, in Les Baux zusammen, bei uns fällt die Entscheidung weit verstreut. Ist die pompöseste Tragödin die Heidelberger Schloßruine über dem Neckartal, ist es die dunkelrot schweigende Wertheim-Ruine über Main und Tauber, ist es die quarzweiß leuchtende Klapperruine Weißenstein neben der Herrlichkeit des Barockschlosses Weißenstein in Pommersfelden? Gänzlich verschwundene Ruinen, zweifellos oft die interessantesten, verdienten sogar einen hohen Unsichtbarkeitspreis. Betrachten wir, wenigstens im Geiste, die im 16. Jahrhundert lautlos eingegangene Burg Breitenstein bei Velden: von ihr blieb nur noch die Burgzisterne und eine zweistöckige romanische Doppelkapelle trutzquadrig im Kranz lodernder Dolomitfelsen — eine der seltensten oberpfälzischen Burgkapellen, die sich am abschüssigen Fels als Wehrhähnchen selbst genug ist und scharf hinspäht über Hersbrucker und Sulzbacher Jura, die Amberger Bergwälder und die Fränkische Schweiz. Aus jener und dieser Welt verschwunden ist auch die Vogelsburg vor Escherndorf; sie schwebte als königshöfische »Fugalespurc« über der Mainschleife, was ihre Karmeliterreste heute noch tun. Aber der schreckliche Drache, den sie früher anlockte, möchte zwischen ihren gutgekämmten Weinterrassen und Kastanienkandelabern kaum noch hausen. In den Hackerörtchen des muschelkalkigen Maindreiecks jedoch auf Schritt und Tritt das Gefühl, in Vineta-

---

45 Coburg — Blick zur Veste   Seite 93
Lukas Cranachs Erasmus-Holzschnitt zeigt den Fürstenbau der »Fränkischen Krone« über dem Itzgrund weit starriger als unser beruhigtes Bild. Blaugrün verschwingend um die Coburger Veste, um den Kranz der Burgen und Schlösser, der sie umringt, schweigen Thüringer Wald, Frankenwald und Fichtelgebirge, dunkel in sich versunken. Im Westen dehnen sich die Haßberge, etwas ferner gerückt, blaßgrün die Rhön, im Süden die Fränkische Schweiz.
In seiner Vaterstadt Coburg und im benachbarten Neuses lebte Friedrich Rückert, der Dichter und Orientalist, vierzig Jahre. In der Frühgeschichte des Itzgrundes siedelte Gustav Freytag seine »Ahnen« an. 1530 wurde die hochgelegte Veste, über die das Schieferdach des »Hohen Hauses« ragt, Luthers Versteck nach dem Reichstag von Speyer, ein so naiv verheimlichtes Versteck, daß er Coburg in seinen Briefen als »Grubok« chiffrierte.
In den Zeiten der sächsischen Kurfürsten und Herzöge war das Land um Coburg »sächsisches Ortland in Franken«. Blicken die Coburger in ihre Geschichte zurück, die sich seit König Leopold von Belgien und Queen Victorias Prinzgemahl Albert in die europäischen Dynastien rankte, so wird ihnen thüringisch, blicken sie in sich selbst, fränkisch zumut. 1919 stimmten sie für den Anschluß an Bayern; doch wenn sie aus ihrer Ehrenburg-Residenz zu den Kronachern oder nach Bamberg aufbrechen, so fahren sie »hinüber nach Bayern«. Ihre ererbte Gewißheit, in der Zirkelspitzenmitte Deutschlands zu liegen, übertrug sich sogar auf Königin Victoria, die nach ihren Coburger Familienbesuchen eingestand: »Mein Gott! Wie schrecklich sehne ich mich nach allem, was deutsch ist! Waren doch mein Mann und meine Mutter deutsch aus demselben Orte!«

46 Veste Plassenburg über Kulmbach S. 94/95
Schnee verhüllt die bierbrauende Tüchtigkeit der markgräflichen Residenz Kulmbach. Aus einem im Winter versehentlich draußen gelassenen Faß soll das Kulmbacher Frostbier vorgegangen sein, das später als »Bayrisch Gfrornes« der weißblauen Bierchronik einverleibt wurde. Obzwar sich bis 1850 traubenschwere Reben an der Ködnitzer Weinleite rankten, zapften die Kulmbacher aus ihrer Buntsandsteinbarre schon im Frühzeitalter ihrer regierenden Dynastie von Diessen-Andechs-Meranien kalkfreies Wasser für ihre Biere, die 1349 aktenkundig wurden.
Nach dem Aussterben der Meranier wurden die selbst bald aussterbenden Grafen von Orlamünde Herren der Plassenburg, seit 1340 die Hohenzollern. Der »Schöne Hof« in der Burg auf dem Plassenberg entstand erst gegen Ende des 16. Jahrhunderts unter dem bildhauernden Festungsarchitekten Caspar Fischer, der auch am Heidelberger Schloßbau mitgezaubert hat. Der unvergleichliche Renaissance-Turnierhof erregt mit seinen reliefsatten Arkadengeschossen und Bogengängen seit 300 Jahren das Staunen der Welt.
In der Plassenburg wurde Otto der Ältere als Bruder der heiligen Hedwig, als Onkel der heiligen Elisabeth und als Barbarossas Schwiegersohn chronikwürdig. Von hier aus spukt

mauern und Düreraquarellen zu stecken, in der Mainschleife das Drehen der Rebhänge über Escherndorf, Nordheim, Fahr und Sommerach, vorüber an Turmziegeln und pürzelnden Entchen. Die melodramatischen Ruinen zogen wie Katzen und Hunde eigene Malergilden an, Spitzweg war mit ganzer Seele dabei. Vielgestaltig sind die Ruinenalpträume; blitzgefällte Burgen und umsichtig von erbosten Zünften niedergemachte wie die Landskron über Oppenheim, die hoffnungsvoll als Reichsfeste aufwuchs, träumen verdüstert mit. Die Riesin Plassenburg über Kulmbach, eine diamantene Burg Caspar Fischers und Daniel Engelhardts mit zugefügtem Ruinenschliff, schwoll nach ihrer Zerstörung im Markgräflerkrieg zu einem derart protzenden Bollwerkwunder an, daß das Schleifen ihrer Bastion allein 550 Männer Napoleons ein Vierteljahr in Atem hielt.

Der äußerste Charme einer verstorbenen Burg ist der einer Ausflugsruine. Wie ein Sandstein-Schachtturm ragt über Baumkronen die Wallburg bei Eltheim, ihre Zinnenlücken reißen mainbeleuchtete Luginslandblicke zu den Haßbergen und zum Steigerwald auf. Im Haßbergbann öffnet sich ein von Latschen umarmter Ausblick über das Königsberg des Regiomontanus, nicht weit vom Schweinfurter Schlößchen Mainberg auf der Mainleite — Weinfurt, nicht hundsgemein Schweinfurt hätte es heißen müssen, beschwerte sich Rückert, vielleicht auch Nachtigallenfurt, denn vor den Kugellagern war es als Zentrum der lärmendsten Nachtigallen Europas bekannt: »Zeitweilige Belästigung, da Nachtigallen oft lauter als Lastzüge«, lautete eine Reisenotiz, fern der Minnesängerzeit. Vom Turmfenster eines vom hellen Haufen ruinierten Wasserschlosses bei der Burgruine Rotenhan hält der »Bartele von Eyrichshof« Ausschau, das hölzerne Abbild eines ritterlichen Notnickels, der mit dem Holzkopf durchsetzen wollte, daß den Knechten das Gefühl seiner Aufsicht nie abhanden kam. Gelegt wurde Barteles Schloß von einem Huhn — die Burgherrin Luitgard lebte im Keller der zerstörten Rotenhan so wundersam vom täglichen Ei einer mitversteckten Henne, daß nach Luitgards Befreiung die neue Burg dort erbaut wurde, wo die davongackernde Henne das nächste Ei legte — so entstand »Ey«-burg. Wo seit alters der Reim »Frankenwein-Krankenwein« umgeht, wo die Alten mit gutem Gedächtnis lange leben und beim Wein lang erzählen, gehen die Geschichten neben der Geschichte skurril und lebendig einher.

Im Sichtfeld der edlen althennebergischen Burgreste des Minnesängers Otto von Bodenlaube sah Ludwig Bechstein um sich: »Nordwärts schließt das Rhöngebirge mit dem hohen Kreuzberge die Fernsicht ab, im Süden wird die stattliche Trimburg erblickt, neben den Schlössern und Burgen Saaleck, Sodenberg, Reusenberg, Schildeck, Kloster Aura nebst Dörfern und Meierhöfen ...« — ein wie aus kaiserlichem Würfelbecher hingeschüttetes Kloster- und Burgenland zwischen Würzburg, Bad Kissingen und Schweinfurt. Kaiser Karl soll seiner Fastrada die herzförmig um ein Kirchlein gelegte Salzstadt im Saalegrund gezeigt haben, worauf sie einfältig ausrief: »Die nennen wir Neustadt!« Von den Burgen stolz und kühn, die an der Saale hellem Strande stehen, war Karl Martells Königshof Obersalza mit der Salzburgruine die allerstolzeste und größte rhönische Bergfeste. Um Brend, Streu und Saale grünte der Buchenwald Salzforst der Kaiserpfalz Salz, der von »manndickem Laubstreupelz« bedeckte Jagdgrund der frühen deutschen Kaiser.

Eine rotweißgrüne Forellenlandschaft, von Fluß- und Zenithblau ununterbrochen durchhuscht, im Norden ein basaltdunkles Ländchen Thule gegen Thüringen. Keuper, Muschelkalk und Buntsandstein, im Süden Sonnenkessel, blaugeschichtete Steigerwaldstille im Osten, ein Katzenbuckel gegen Winde, Odenwald, Spessart und Taunus im Westen. Immerzu durchklopft der Puls des Mains jeden Seitenpfad. Schattengrüne Weltverlorenheit der Sinn- und Schondratälchen, von Bachstelzen durchwippt, von Gänsen beschnattert, bis zur Scherenburgruine über Gemünden vor dem Mainviereck, bis zu den Jugendburgen »Castrum Rienecke« über Rieneck und Bergrothenfels über Rothenfels, das mit Betzenstein in der Fränkischen Schweiz sich mit wechselnden Geburtenzahlen um die Ehre turniert, Bayerns »kleinste Stadt« zu sein. Überall Burgschenken und hochgerückte Altane, unter denen Grünbrandungen, weizengelb durchflackert vor Waldbergen verschäumen — Tilman Riemenschneiders Gottesgarten der Marienbildstöcke, in dem vom Barock an die Heiligen unter Baldachinen zerbröseln, die Madonnengewänder vom Weinduft gebauscht über die Holperpflaster wehen und die Residenzlust der »Schönbornzeiten« neue Sonnen aufgehen ließ.

Residenzen waren zu Hoheiten avancierte Burganlagen; die saturierten waren meist so durchlaucht, daß sie es kaum mehr nötig hatten, mit einem »Feurio!« oder »Feindio!« brüllenden Bergfried um Hilfe zu rufen. Viele fühlten sich so sakrosankt, daß sie sich despektierliches Rauchen in nächster Umgebung verbaten. Lustburgen gab es nie, doch Lustschlösser wurden von Krumm-

das Gespenst der langen Agnes von Orlamünde, die sich verbrecherisch nach dem Nürnberger Burggrafensohn Albrecht dem Schönen verzehrte, als Weiße Frau der Hohenzollern durchs Land der Franken. Und schlimmer noch, von hier aus versuchte Markgraf Albrecht Alcibiades von Brandenburg-Kulmbach, die Raubpläne seines Großvaters Albrecht Achilles, ein geschlossenes Großreich Franken zu erzwingen, als Mordbrenner durchzusetzen. Nach der Belagerung durch die verbündeten fränkischen Reichsstädte und Fürsten wurde der Wüterich 1553 besiegt und die Plassenburg erobert. Das wird im Götzenturm heute noch von den Zinnsoldaten der riesigen Plassenburger Zinnfigurensammlung nachvollzogen.

47 Festung Rosenberg über Kronach   Seite 96
In Kronach, der fürstlichen Hauptstadt des Bamberger Hochstiftes, wurde 1472 im Haus »Scharfes Eck« Lukas Sünder geboren, Sohn eines Frankenwälder Malers. Er wurde kurfürstlicher Hofmaler in Wittenberg und nannte sich fortan Lukas Cranach; das »Cranach« über seiner lavierten Federzeichnung des Kronacher Hinandrängens zur Feste Rosenberg (um 1540) läßt offen, ob sich da Stadt oder Künstler namentlich vorstellen. Aus allen zahllosen Gemälden und Stichen des »deutschesten« unter den deutschen Meistern der Renaissance« geht hervor, daß das fränkisch-thüringische Spitzgiebelnde, das Waldwilde und Burgenschroffe ständig wie Tagträume neben ihm einhergingen; nicht einmal Lukrezia ließ er sterben, ohne ihr die Veste Coburg über die nackte Schulter zu heben.

Die oberfränkische Flößersiedlung im dreifachen Talbecken der Mainzuflüsse Haßlach, Kronach und Rodach klimmt treppengestaffelt über Unter-, Alt- und Oberstadt zur Festung Rosenberg empor, der vielbelagerten, zu der Goethe kopfschüttelnd hochblickte: »Man sagt, daß sie noch eine Jumpfer sei, dieses will nämlich so viel heißen, daß sie noch nie von einem Feind eingenommen worden.« Malter nennt sie ein Musterbeispiel der Wehrtechnik vergangener Jahrhunderte. Hinter Wolfschlucht und Graben türmt und rottet sich alles, was zum herabschmetternden Kriegsschach unerläßlich war: Wallmauern, Bergfried, vierflügeliges Kernwerk, barocke Bastionen, Pulver- und Salzturm, Schneckentreppentürme, Zeughaus mit Hof und Brunnen, Pulvermagazin und eine aus dem steingepanzerten Festungsfünfeck über Waldhügel und Flußspiegel starrende Bastei. Und all dies ging aus einem Turm hervor, den der Bischof Otto von Bamberg, ein Heiliger, um 1180 vorsorglich auf den Bergsporn stellte.

48 Bayreuth — Eremitage   Seite 98/99
Die Eremitage blitzt wie ein abgerücktes Rokokokrönchen über dem Tropfsteinhöhlenreich der Fränkischen Schweiz; in Spaziergangnähe fand Jean Paul seine schlichteste Einsiedelei bei der Rollwenzelwirtin. Inwendig ist der Pavillon des Sonnentempels ganz und gar mit bayreuthischem Marmor und allerhand Farben ausgeschmückt, verwunderte sich Wackenroder; die Pilaster haben vergoldete Basen und Kapitele.

In der Eremitage schrieb Wilhelmine von Bay-

stäben und Miniaturzeptern weltlicher Fürsten als Residenzhybriden aus dem Boden gestampft. Sie waren reale Wolkenkuckucksheime, in denen sich das himmlische Paradies im Spiegel der Erde besah. Überwältigt von der empfangenden Säulenhalle in Pommersfelden sonnte sich Carus, der Landschaftsmaler und Europareisende, im Spiegelkabinett, das die flachhügelige Landschaft vor dem Steigerwald von der Abendsonne vergoldet aus goldbelegten Spiegeln zurückstrahlte, gold in gold. Im Treppenhaus von Pommersfelden stand 1724 der Architekt de Boffrand aus Versailles und staunte empor: »Ich bin sprachlos vor Überraschung, man sieht in ganz Frankreich nichts so Großes und Prächtiges!« — »Diese geistlichen Fürsten«, vertraute Carus einem kleinen Bergkristall-Löwen an, »wußten gar wohl, die Pracht der Erde mit den Gütern des Himmels zu vereinen.« Wie ein Pfauenauge flattert dieser Lustseufzer in Franken von Residenz zu Residenz. Es läßt die weltlichen dabei nicht aus, es flattert von Schloßklöstern wie Banz auf dem Berg, wie St. Benedikt dies liebte, zu Klosterschlössern wie Ebrach im Tal, wie St. Bernhard dies liebte.

Vom gestaffelten Bergmassiv des Staffelbergs umfaßt der Blick das vom sonnefarbenen Main umspielte Land bis Kulmbach mainauf, bis Bamberg und zum Steigerwald mainab, über die laternchengekrönten Turmzwiebeln von Banz zur Coburger Veste vor dem Thüringer Wald, über Vierzehnheiligen und Lichtenfels zu den Frankenwald- und Fichtelgebirgshöhen. Lichtenfels und Banz haben die versteinerten Wirklichkeiten der einheimischen Drachensagen gesammelt, dort schrieb der petrefaktische Sänger Victor von Scheffel seinen Bericht vom Meerdrachen und das trinkfeste Kommerslied vom Ichthyosaurus. Außer reptilischen Fossilien verwahrt das Staffelsteiner Scheffel-Museum steinalte Eremitenporträts aus der heimischen Einsiedelei, das erste Rechenbuch des 1492 in seinen befestigten Mauern geborenen Adam Riese und Scheffels Handschrift des Frankenliedes mit dem Refrain: »Valeri valera, ins Land der Franken fahren ...«

Von elegischer Sehnsucht nach der verlorenen Unschuld des einfachen Lebens erfüllt, belebten die Residenzen des 18. Jahrhunderts ihre Heckenbosketts mit Strohhütten, gotischen Kapellen, Mühlen, brüchigen Einsiedeleien und künstlichen Burgruinen. Römische Ruinen hatten die Italiener den Göttern ihrer Renaissancegärten schon um 1500 zugemutet; mit Manierismus und Barock nistete sich die Grotte, aus der das Groteske schlüpfte, im europäischen Parkleben ein. Im theaterlustigen Barock und im tändelnden Rokoko (in Veitshöchheim bläst ein Parkmusikus seelenvergnügt ein lachendes Krokodil als Flöte) steckte der große Parkauftritt ruinöser Architektur zwischen Wasserspielen und Nymphäen epidemisch an. Landgraf Wilhelm IX. ließ in Kassel unter Wilhelmshöhe neben Pansgrotten, Wasserorgel und Kaskaden ein »Urbild der romantischen, vom Grabeshauch der Vergangenheit umwitterten Ritterburgen« brüten, in Nymphenburg leistete sich der beschaulich gewordene Kurfürst Max Emanuel eine grottierte Klause mit Einsturzsymptomen, Friedrichs des Großen »Sanssouci« stellte eine Ruinenmauer zur Schau, und nichts fand sein bewegliches Schwesterchen Wilhelmine in Bayreuth anheimelnder als die heroisch stimulierende Staffage vor der Nürnberger Burggrafen-Veste im Ohnegleichen-Felsenhain »Sanspareil«: »Véritable, c'était sans pareil!«

Frankens Schloßgärten lagen im Herzen des Reichs, begnadet von einer naturhaften Gartenlandschaft, in der Ludwig Tieck das deutsche Universum hübsch im Kleinen abgebildet fand: »Hier sind wir nun wieder in der sandigen Mark Brandenburg, Tirol im Kleinen ist nicht fern, der Rhein und die Donau werden von dem artigen Mainstrom recht hübsch gespielt und Schwaben und Bayern liegen in den fruchtbaren und heiteren Landesarten dieses Kreises, in welchem die Physiognomie der Natur immer so schnell wechselt.« Launig hingesagt, doch szenisch in der »erlustierenden Augenweide« der fränkischen Residenzgärten durchgespielt, abzulauschen den Baugedanken der fürstbischöflichen Hochstifte und der fränkischen Brandenburger. Französisch gezirkelt inspiriert waren die Lustgärten der Hohenloher Fürsten in den schwäbisch-fränkischen Flußauen, nun ja, mokierte sich der in Langenburg geborene Spötter Carl Julius Weber, es gab zudem in Hohenlohe Gärtnerdynastien, die ihre Genealogie so weit zurückführen konnten wie die residierenden Fürsten. Zum antiken Ergötzen im Schloßpark von Weikersheim kam der karikierende Übermut, Hofgesinde und Bauern porträtgemeißelt hinter Rosenbusch und Spiräen zu verulken; hofnärrische Sandsteinzwerge schickten sich damals neben wasserpustenden Putten an, bizarr weiterfabrizierte Kitschgenerationen von Gartenzwergen anzustiften.

Gartenkompositionen und Architektur durchdrangen sich unlöslich, vom Stil der Mode lockernd oder närrisch mitgelenkt. Im sandigen Föhrenland, das Tieck bis ins Ansbachische und ins Erlanger Markgrafentum als »Klein-Brandenburg« apostrophierte, entstanden nach holländisch-französisierenden Vorbil-

reuth, die Lieblingsschwester Friedrichs des Großen, ihre berühmten Denkwürdigkeiten. Darin gesteht sie, daß sie närrischer sei als die ganze Menschheit, ihre Liebhabereien seien eben schöne Bücher, schöne Gemälde und schöne Musik, was sich leider nur mit kostbarem Metall, der Liebhaberei der meisten, anschaffen ließe. Weit kostspieliger war die Bauliebhaberei dieser sprudelnden Hohenzollerin, die mit »Bruder Voltaire« angeregt parlierte, am Cembalo konzertierte, Singspiele dichtete, Chinoiserien und japanische Lackarbeiten imitierte und den französischen Baumeister Saint-Pierre in Atem hielt. Er baute ihr das goldstrotzende Markgräfliche Opernhaus, dessen Ruhm als größtes deutsches Theater Richard Wagner auf Bayreuth aufmerksam machte, und das Prachtstück des Neuen Schlosses. Die Eremitage, die sie einzigartig nannte, schenkte ihr Markgraf Friedrich, und in ihren Memoiren erklärt sie, sie so verschönert zu haben, daß sie jetzt »eine der schönsten Orte in Deutschland ist.«

Ihre Verschönerungen riefen den Sonnentempel, künstliche Grotten, Einsiedeleien, Ruinen, Springbrunnen und einen Rokokopark ins Leben, der unter allen Gärten des galanten Jahrhunderts insofern einmalig war, als sein Spieltrieb dem Wald zwischen Eremitage und bäuerlichem Kornfeld nicht zuleibe rückte.

49 Burg und Dorf Hohenstein   Seite 101
Wie ein Alptraum aus Tropfsteingrotten, der den Jurakalk durchbrochen hat, lagert die Burgruine Hohenstein weitum sichtbar über der Dolomitlandschaft der Frankenalb. Hohenstaufen, Bamberger Bischöfe, Bayernherzöge und das mächtige Nürnberg haben um diese hoffnungsvolle Schöpfung des 12. Jahrhunderts so lange mit wechselndem Glück gespielt, bis ihr der wüste Markgraf Albrecht Alkibiades den Garaus machte. 1804 schlug in den hohen Bergfried auch noch der Blitz. Die zerklüfteten, bisweilen festungsartig vorspringenden, wie bizarre Säulenrotten durch die Bäume starrenden Jurastrünke strahlen die doppeldeutige Idee dolomitverwachsener Burgen und Ruinen nach ihrem Ebenbild geradezu unwiderstehlich aus. Alle Horste, die sich davon anregen ließen, kamen entsprechend zerfressen in der Neuzeit an. Veldenstein, die als »Neues Haus« errichtete Burg der Bamberger Fürstbischöfe, trat dem Markt Neuhaus an der Pegnitz ihren Namen ab und wurde bös in Mitleidenschaft gezogen, als im Dreißigjährigen Krieg ein bayerischer General ihre gesamte Nürnberger Besatzung niedermachte. In ihr Pulvermagazin fuhr der Blitz sogar ein Jahrhundert früher als in den Turm der leidgeprüften Burg Hohenstein, die dem Wanderer aus allen sechs Waldtälern der Hersbrucker Alb von der Höhe her plötzlich entgegenspäht.

50 Forchheim Seite 102

Das oberfränkische Forchheim (an der Erlanger Torseite in die Fränkische Schweiz) sicherte seine karolingisch-kaiserpfälzliche Herrlichkeit mit Wällen und Gräben. Im Stadtwappen führt die »zweite Residenz« des früheren Bistums Bamberg die aus Wiesent und Regnitz herangeschnalzte Forelle. Forchheims Ursprungsnamen suchen Etymologen bei foraha, der sandbödenstrebigen Föhre.

Das »Steinerne Haus« der späteren Bischofsburg in der Pfalz, das erhaltene Nürnberger Tor — eine getreue Portalkopie der Kronacher Veste Rosenberg —, das fachwerkgebälkte Giebelrathaus von 1491 mit dem schmalen Uhrtürmchen, eine der schönsten »Böchtämastä«-(Bürgermeister)-Residenzen Frankens, die Sandsteinquader von St. Martin und das 1328 gestiftete Katharinenhospital sind Edelsteine zwischen verwinkelter Alt-Forchheimer Heimseligkeit, erdgeschichtlicher Versteinerungsvielfalt und folkloristischer Rarität im Pfalzmuseum.

Die Forchheimer zählen zu ihren herumgekommenen Söhnen den Landpfleger Pontius Pilatus: Nach einer Klosterchronik des 14. Jahrhunderts wurde er an der Wiesent geboren, von Mutter Pila und Ato, dem mutmaßlichen Vater, woraus Pilatus entstand. Dies kündet auch der Gedenkspruch in der ungern abgetragenen Festungsmauer: »Vorchemii natus est Pontius ille Pilatus / Teutonicae gentis, crucificor omnipotentis« (in Forchheim wurde jener deutschstämmige Pontius Pilatus geboren, der den Allmächtigen kreuzigen ließ). Gerade weil den Forchheimern ihre Königshof-Vergangenheit rühmlicher vorkommt als die Blutsverwandtschaft mit Pilatus, müssen sie von nachtragenden Uzern bis heute allerlei einstecken. Mit der Zeit entstand in eindeutiger Abwehr der Forchheimer Pontius-Gruß: »Der Götz-vo-Berlichinga-Gruß / der haaßt in Forchem Pontius.«

*51 Nürnberg — Inneres der
St. Lorenzkirche* Seite 103

Zur rotsandsteinernen Sakralmauer rückt das Dämmern der Kirchenschiffsäulen der Lorenzkirche in der Perspektive zusammen. An ihrem Ende klettert Adam Kraffts Sakramentshäuschen gewölbewärts; in den knieenden Trägergestalten hat sich der Meister zwischen seinen Gesellen selbstporträtiert. Aufgeklärten Geistern erschien die Lorenzkirche mit ihrer unvergleichlichen Steinrosette als »gotisches Gemächte«. Einer der kunstverständigen Bildungsreisenden, den die Welle der Reiselust nach den Freiheitskriegen in dieses gottes- und kraftbewußte Steinschiff verschlug, verglich das Sakramentshäuschen Adam Kraffts mit einer seltsamen Pflanze voller Knospen, voller »sich entfaltender, nicht von menschlichen Händen hervorgebrachter Blätter, ein durch innere Lebensfülle gewachsenes Naturerzeugnis«. Der Romantiker Wilhelm Heinrich Wackenroder ärgerte sich, daß in jener »ehrwürdigsten, antikesten und abenteuerlichsten Kirche, die ich kenne«, der Englische Gruß des Bildschnitzers Veit Stoß in einem grünen Sack vom Chorgewölbe hing. Daß die musizierenden Engel um den marianischen Rosenkranz das letzte, das schönste Marienlied des Mittelalters ertö-

nen ließen, erkannte man erst spät, nachdem endlich der Sack gefallen war.
Wie St. Sebald unter der Burg ist St. Lorenz auf der Lorenzer Pegnitzseite eine Pfarrkirche, gebaut aus der Initiative von Bürgern, die sich frühauf von keinem Kirchenfürsten dreinreden lassen wollten. Der Chor von St. Lorenz, in dem sich die raumschöpferische Sehnsucht der deutschen Gotik erfüllt, »ist der Dom, den sich die Reichstadt schließlich doch noch errichtet hat«, meint der Nürnberger Kunsthistoriker Kriegbaum. Kirchenpolitisch war der Bürgerrepublik die Kathedrale versagt, der Chor, zu dem die Säulenmauer hinführt, wurde Nürnbergs Kathedrale.

52 Nürnberg — Partie am Henkersteg.
  Blick zur St. Lorenzkirche Seite 104
Der vom Henkersteg zu den Lorenzturmspitzen gestaffelte Bildausschnitt wirkt so burgenbürgerlich geschlossen wie der vom Dürerhaus hochgleitende Blick zum Vestnerturm. Seit Kaiser Friedrichs II. Großem Freiheitsbrief von 1219 trägt die stolze Noris, die weder Weinberge noch Schiffahrt betrieb, »vielmehr auf einem sehr hartem Boden« lag, den Königskopfadler im Ratswappen. Als Alleinherrin des riesigen Reichswaldes fühlte sie sich so freiherrlich hinter ihren unbezwinglichen Türmen, daß sie sogar so frei war, den ungern ertragenen Hohenzollern, die in die Kaiserburg luchsten, aus einem stadtbürgerlichen Luginsland ihrerseits scharf in die burggräfliche Veste zu spähen. In der gewaltigen, unter Barbarossa begonnenen Kaiserburg auf dem steilen Keuperfels hielt Rudolf von Habsburg 1274 den ersten Hoftag ab. Die Goldene Bulle Karls IV. legte 1356 fest, daß fortan jeder in Aachen gekrönte König oder Kaiser seinen ersten Hoftag in Nürnberg abzuhalten habe.
Der Blick von der Burgfreiung reicht weit über Nürnbergs Türme, Gassenschluchten und Rotdächer. In das gotische, von der Renaissance verbrämte Gepräge der alten Handwerker- und Patrizierstadt griffen weder das baulustige Barock, noch das 19. Jahrhundert verändernd ein; erst der Bombenkrieg schlug der Stadt, die den Humanisten Philipp Melanchthon an die hochberühmten Metropolen des Altertums gemahnte, klaffende Wunden. Die Alt-Nürnberger Patrizierwohnungen kamen Konrad Celtis wie »Residenzen von Königen und Fürsten« vor. Aeneas Silvius Piccolomini, der vom »wahrhaft majestätischen Glanze Nürnbergs« schon aus der Ferne angezogen wurde, notierte fünfzig Jahre vorher: »... die kaiserliche Burg blickt fest und stolz herab, und die Bürgerhäuser scheinen für Fürsten erbaut. Wahrlich, die Könige von Schottland würden wünschen, so gut wie die Durchschnittsbürger von Nürnberg zu wohnen!«

53 Kloster Heilsbronn —
  Begräbnisstätte der Hohenzollern S. 105
Als Wackenroder seine Reise von Ansbach nach Nürnberg in Heilsbronn kurz unterbrach,

fand er das klösterliche Münster wegen seines Reichtums an Antiquitäten sehr merkwürdig. Eine betende weibliche Altarfigur reizte ihn am meisten, schwer zu sagen, welche und warum, da die meisten Bildnisse hier mit Beten oder ewiger Ruhe beschäftigt sind. Vierundzwanzig Begräbnisstätten von Ansbacher Markgrafen fielen ihm noch auf, vielfach erhebend bronzen oder steinern geschmückt. Kein Wort über die wuchtigen Hochgräber der Zollernschen Burggrafen und Burggräfinnen von Nürnberg, auch nicht über die Grablege des fränkischen Adels in der Ritterkapelle und das hohe Grabmonument über dem »Heilsbronn«, das Kurfürstin Anna lang vor ihrem Tod im Jahr 1512 vorbereitete.

Errichtet wurde die ehemalige Zisterzienser-Abtei in »Haholdsbronn« — später »fons salutis« — schon 1132 unter dem Bamberger Bischof Otto I. Während der Reformationszeit machte einer ihrer Äbte den ökumenischen Versuch, Protestantismus und katholische Liturgie am Altar zu verschmelzen. Nürnberger Bildschnitzer und Tafelmaler, darunter der »Meister des Heilsbronner Hochaltars«, beleben dieses monumentale Mortuarium der fränkischen Hohenzollern über Todesengel und Epitaph-Reliefs hinaus mit Herrgotts- und Marienfrömmigkeit. Der viel- und tiefgegliederte Raum zwischen den kurzstämmigen Säulen gibt bei Bachschen Choral- und Konzertklängen zu erkennen, wie wahlverwandt dieses Musizieren seiner evangelischen und brandenburgischen Herkunft entspricht.

54 Die Komburg
bei Schwäbisch-Hall Seite 106/107

Von Schwäbisch-Hall führt der Hallsteig am Kochersteilufer hinan zur Hoch-Komburg; unscheinbar liegt auf der anderen Talseite das vorübergehend zum Gefängnis abgesunkene Benediktinerinnenkloster Klein-Komburg. Die dreitorige Komburg begann ihr benediktinisches Leben als ritterliche Klosterburg auf hoher Warte, ein Jahrhundert früher als die wehrhaft hochgelegene oberpfälzische Klosterburg Kastl. Über die Komburg wachten die hochfreien Grafen von Rothenburg-Komburg, die sich im Gebiet der Tauber, Kocher, Jagst und Maulach allgewaltig bewegten; im frühen 12. Jahrhundert starben sie aus. Doch aus dem Ritterstift, das Graf Richard 1078 so beherrschend gesetzt hatte, schauten hinter dem romanischen Portal alsbald feste romanische Türme den rondellgepanzerten Ringmauern über die Schultern. Um 1500 residierten um das sechseckige Schatzhaus Chorstiftsherren aus reichem Ritteradel.

Die dreitürmige Stiftskirche St. Nikolaus, die jesuitisch-barock aus dem romanischen Münster hervorging, verwahrt ein kostbares, byzantinisch geprägtes Antependium. In der Vierung hängt ein riesiger, um 1130 in der Klosterwerkstatt geschmiedeter Kronleuchter; sein durchbrochener Reif mit dem Rundlauf kupfergeschlagener Torhäuschen stellt das zwölftürmige Himmlische Jerusalem dar. Neben Barbarossas Jerusalem-Radleuchter im Aachener Dom und Bischof Herzilos Hildesheimer Domleuchter ist der Kronreif der Komburg das überragende Kunst- und Frömmigkeitswerk. Und, muß man hinzufügen, über-

ragend auch an Abenteuerlichkeit: In der Verwüstungszeit der Bauernkriege wurde der blinkende Reif, der 16 Meter im Umfang mißt, eingeschwärzt und vergraben. Hinterher, als alles vorbei war, ereignete sich etwas, was wir menschliches Versagen nennen: er wurde total vergessen. Zufällig wurde er von einigen Schweinen, denen das vorgelockerte Erdreich unter die Rüssel kam, in seiner klebrigen Schwärze wieder zutage gewühlt.

55 Schloß Neuenstein Seite 108
Im welligen Burgen- und Bauernland Hohenlohe, das im nördlichen Württemberg dort liegt, wo die »Franke schwäbisch schwätze«, träumt am Wasser das Oehringer Residenzschloß Neuenstein, einen gemächlichen Spaziergang vom langen Schiffsbug der Schloßstadt entfernt. Im Schloßpark von Oehringen befindet sich »oberhalb der Ohrn« das selbstbewußte Renaissancepalais, in der Stiftskirche des Fachwerkstädtchens die Grablage der Hohenloher und, in geziemender Entfernung davon, das barocke Lustschlößchen Friedrichsruh.
Der 1767 in Langenburg geborene Hohenloher Carl Julius Weber mokierte sich darüber, daß die Oehringer auf die anderen Hohenloher herabblickten wie die Pariser auf die übrigen Franzosen. An Originalität übertrifft das aus gotischem Wasserburgbrüten erlöste, ansehnlich überzüchtete Prunkschloß seinen Namen Neuenstein bedeutend. Das Neue setzte nicht nur eine französisierende Renaissance mit pompösem Brückentor, Flankentürmen und Pavillonkronen auf die uralten Grundmauern; das frühe 20. Jahrhundert gab als Neuestes ein mit Schmuckgiebeln kandiertes Stockwerk hinzu, das der Renaissance solcherart niemals eingefallen wäre. Dem Haus Hohenlohe dient das wohledle Residenzschloß jetzt als Archiv- und Museumsburg. Drüben in Langenburg über dem Jagsttal füllen PS-Klepper die Stallungen des Turnierhofs, die sich ihr Gnadenbrot als Oldtimer verdient haben.

Das schöne graziöse Schlösserland nannte sich nach der Hohenloher Keimburg Holloch bei Uffenheim. In seinen ausufernden Tälerlandschaften um Kocher, Gottlach, Jagst und Tauber gab sich bald jedes Halbwegsstädtchen als Residenz. Als der Hoheiten säende hohenlohische Linienreichtum daheim nicht mehr hinreichend Platz fand, durchrankte er ganz Europa; schon früh wunderte sich der Chronist Pastorius, in wie großer Anzahl die Hohenlohe »in Teutschland floriret« hätten.

56 Bad Wimpfen am Berg Seite 109
»Schwarz vor dem lichten Himmel steht unabänderlich, unvergeßbar in der Höhe der Schattenriß einer türmigen Stadt. Das ist Wimpfen am Berg. Der Neckar strömt hier nicht mehr im engen Tal, sondern in der Ebene, richtiger: an der Ebene...« So beginnt Werner Bergengruen vor seiner Radfahrt hinab zum gotischen Ritterstift St. Peter und zur Benediktinerabtei Grüsau in Wimpfen im Tal. Zwischen dem blausteinernen »Blauen Turm«, in dem heute noch ein Türmer wohnt, und dem »Roten Turm« erstreckt sich in Bad Wimpfen am Berg die Ruine der hohen staufischen Kaiserpfalz mit den romanischen Arkaden. Sie zeigt dem Neckartal die »schönste deutsche Stadtsilhouette«, wofür ihm die Neckarhalde einen der klobigsten neudeutschen Monotonblöcke in Medusenbeton entgegenhält, dessen Bild nur noch ein grüner Schuttberg mit aufgepflanzten Napoleonspappeln mildern könnte. Das um 1200 errichtete »Steinhaus« mit dem gotisch aufgestaffelten Giebel ist unter den erhaltenen romanischen Wohnhäusern Deutschlands das größte. An die Palas-Ruine des Lichtgadens schließt sich die Pfalzkapelle mit der Königsempore an — die alten deutschen Könige reisten als Römische Kaiser von Pfalz zu Pfalz. Die lange Saalkirche des Dominikanerklosters hätte die gesamte Bevölkerung der seit 1250 Freien Reichsstadt Wimpfen unterbringen können; die Klosterchronik des tüchtigen Bettelordens nennt das Pfarrhaus noch »Kaiserhaus«, weil durchreisende Majestäten nach dem Verfall der Pfalz darin wohnten. Zu den vielen Schätzen dieser geräumigen Barbarossa-Pfalz, in der des Rotbarts Enkel Friedrich II., begleitet von Sarazenen und exotischen Raubtieren, und König Heinrich VII. Hof hielten, gehören der fachwerkbestückte Altstadtwinkel am Hohenstaufentor, der Löwen- und Adlerbrunnen, die gotische Hallenkirche mit dem unvergleichlichen Gewölbenetzwerk. Vorbei am Römerkastell in Wimpfen im Tal ging nah der Mündung von Kocher und Jagst in den Neckar die Straße vom Rhein zur Donau — nicht von ungefähr richtete das wachsame Wormser Bistum neben der großen Zehntscheune einen bischöflichen Amtssitz ein, den so gut wie das älteste Bürgerhaus in der Schwibbogengasse erhaltenen »Wormser Hof«.

dern die Parkschöpfungen der markgräflichen Lustschlösser. Über das architektonische Schlösser- und Parkbühnenleben der Kulmbach-Bayreuther Markgrafen, gekrönt von der musischen Grazie der Wilhelmine von Bayreuth, blickte mittelalterlich ernst die Stammburg der edelfreien Walpoten von Zwernitz. Mit dem chinesisch-gotischen Stil, einer Mode, die in England bis in die Speisehäuser eindrang, mit den Wasserspielwitzen, die im salzburgischen Hellbrunn von Markus Sittikus so schallend belacht wurden wie am Versailler Hof, vertrugen sich Orangerien, Menagerien und Klausner in ruinenhaften Eremitagen ohne Bedenken. Die Katholischen vergnügten sich ovidisch, die Evangelischen hielten vergnügliche Einkehr in Mönchsklausen — vor Neugier brennend schrieb Fürstbischof Franz Lothar 1718: »Man bauet zu Bareith ein dolles eremitage!« In »Sanspareil« klitterten die Grottiermeister ein noch tolleres Grottentheater — besaß nicht Kurfürstin Sophie in Herrenhausen ein Heckentheater ohnegleichen? Neben den Tuffsteinhöhlen der Einsiedeleien kam die Grottenszenerie der Phantasie, die mit »Natürlichkeit« und »Einsamkeit« schon geraume Zeit vor Rousseaus »Zurück zur Natur« kokettierte, mit wildem Charme entgegen. Abgebrochene Säulen, blitzzerfetzte Stämme, künstliche Seen — liliputanische Modeparkanlagen baten, sie nicht von Hunden aussaufen zu lassen — die parkherzigen Archetypen der Inseln, Hügel und Labyrinthe, versteckt hinter Kugelakazien und breit absteigenden Terrassen: das war die höfischzollerische Lustschloßszene. Auf ihr wurde gespielt, was die kulturtragende Gesellschaft durcheinander bewegte — festliche Gravität, rauschende Geselligkeit, Natursehnsucht, revolutionäres Ausbrechen aus höfischer Grandezza, rückblickendes Schauern vor primitiver Ruinendürftigkeit. Zur »allgemeinen Wirkung der Ruinen« zählte ein zeitgenössischer Gartenkünstler ein gewisses, mit Melancholie vermischtes Gefühl des Bedauerns — »man lebt für Momente wieder in den Jahrhunderten der Barbarey und der Fehde, aber auch der Stärke und Tapferkeit, in den Jahrhunderten des Aberglaubens, aber auch der Andacht...« Der moderne Mensch, der vor Schutt-Vernissagen das Gruseln vor sich selber sucht, begreift die Ruinenandacht der »Alten« am Puls einer untergangslustigen Nostalgie.

Der modrige Hauch, der Ruinen in halbaufgeklärten Lustgärten zu sentimentaler Auferstehung verhalf, haftete den aufgeklärten Gärten der Empfindsamen noch eine Weile an, so enschieden das englische Gartenideal auch der Landschaft »im Geschmack der Natur und Vernunft« entgegenwuchert. Eines der amüsantesten Miniaturexempel in Franken führen Garten, Schloß und Tafelrunde Bettenburg am Haßbergkamm vor. Nach der Bettenburgzerstörung durch den Bildhäuser Haufen entstand das Ministrialenschloß der Truchsesse von Wetzenheim in gotisierender Renaissance neu. Zu Beginn des 19. Jahrhunderts legte der schöngeistige Christian Truchseß von Wetzhausen, ein Kirschbaumzüchter von japanischer Intensität, einen englischen Landschaftsgarten an und erhob sein Schloß zum fränkischen Musenhof. Jean Paul, Friedrich Rückert, der Undineritter de la Motte-Fouqué, Gustav Schwab, der »Eutiner Leu« Johann Heinrich Voß kehrten bei dem weltkundigen Schloßherrn und »letzten fränkischen Ritter« ein, und unten im Landschaftspark gesellten sich zum sentimentalen Stelldichein künstlicher Ruinen ritterromantisch, aber nobel antifeudal, die Statuen Ulrich von Huttens und Götz von Berlichingens.

Der von antiken Funden weit mehr als von alten Franken entzückte Bayernkönig Ludwig I. aber machte seinem »bayrischen Nizza« am Aschaffenburger Mainufer das ockergelbe Altertumsgeschenk des »Pompejanums« nach Friedrich Gärtners gebildeten Plänen. Überfällige Festungsgräben vor dem Palais Johannisberg schafften die Schönthalanlagen mit unverhoffter Schönheit aus der Welt. Die St. Johannisburg, der rotrobuste, zuerst von Albrecht Alkibiades, dann von Bomben beschädigte Renaissancepalast, war ein Meisterwerk des Straßburgers Georg Ridinger und des fränkischen Steinmetz-Bildhauers Hans Junckers, errichtet unter Schweikard von Kronberg auf dem kurmainzischen St. Johannisberg, in dem der kurfürstliche Despot Albrecht von Brandenburg residierte. Ridinger baute den Palast — Frankens erstes Wohnschloß — in der Manier einer hofumschließenden Wasserburg des Mittelalters, mit vier quadratisch vorspringenden Turmwuchten. In der Aufklärungsepoche verbreitete das milde Regiment der Krummstäbe von Würzburg und Kurmainz unter den Erzkanzlern Erthal und Dalberg mehr inneres Freiheits- und Geistesleuchten, als die freigeistige Säkularisierung des Illuminaten Graf Montgelas sie jemals einräumte. Unter Fürstbischof Erthal entstand Sckells und d'Herigoyens landschaftsgärtnerische Spessartidylle Schönbusch und das einsame Lustschlößchen, das die bayrischen Könige seit 1814 als Wald-Eremitage ihres »bayrischen Nizza« ins Herz schlossen.

Wer die Reise von Kaiserpfalz zu Burg zu Ruine zu Schloß und Residenz mit Besuchen in Goethes Geburtshaus, im Dürerhaus

57 Hornberg am Neckar, die Stammburg des Götz von Berlichingen Seite 110
Schwer zu entscheiden, was mehr beeindruckt: plötzlich Götz von Berlichingens Waldhorst über Neckarzimmern auf einem der vielen Halbdunkelpfade zu erspähen, oder von Turm und Terrasse neckartalwärts über den Rebenhang des »Götzenbergers« zu schauen — drüben ragt das Falknerschloß Guttenberg, das mit dem Sitz der fränkischen Reichsritter von und zu Guttenberg im Frankenwald nichts zu tun hat.
Auf Hornberg, der Burg am Berghorn, saß der alternde Götz sein letztes Lebensdrittel in Burgbannhaft ab; allhier schrieb er als 80-jähriger die Rechtfertigung seiner landsknechtischen Ritterrebellionen, bieder erbittert, wie es dem Goethe der Sturm- und Drangzeit wohlgefiel, und treuherzig verlogen, wie die mehrfältiger Akten kundige Geschichtsforschung herausfand. Böse Menschen gaben nach Götzens Selbstzeugnis all seinen Taten eine schlechte Auslegung; nichts war reichsfreundlicher als seine Mitwirkung an den Aufständen der Bauern. 1562 starb er auf Hornberg, nachdem er die Nürnberger, Bamberger und Kölner nicht nur aus purer Entrüstung, sondern zu Nutz und Frommen seines raubritterlichen Schnappsacks befehdet hatte. Er kam als Kampfhahn des wilden Ulrich von Württemberg in den Kerker von Heilbronn, saß nach dem Scheitern der Bauernkriege in Augsburg seine Haft als Reichsgefangener ab und mußte Urfehde schwören, bevor er 1530 wieder freikam. Da er überall, wo es Unruhe zu stiften und dabei etwas einzustecken gab, vornan sein mußte, verlor er seine rechte Hand weitab vor Landshut; die Landshuter Plattner ersetzten sie ihm mit einer vielbestaunten eisernen Prothese. Sein Spießgeselle Selbitz verlor ein Bein, was den kaiserlichen Ausruf nach sich zog: »Itzo hat der eine nur ein Bein und der ander nur ein Händ, was, wenn sie zwei Beine und zween Händ hätten!«
In der Götzenburg von Jagsthausen wurde Götz 1480 geboren. Jagsthausen feiert ihn samt seinem Krautheimer Kraftzitat in Burgfestspielen und zeigt im Schloßmuseum seine eiserne Rechte. In den Verließen der Götzenburg Hornberg, die für die Nürnberger Pfeffersack-Geiseln zum Schmachten eingerichtet waren, ist die moderne Höhlenromantik einer Champignonzucht eingezogen.

58 Blick über den Neckar auf Hirschhorn Seite 111
Dem auslugenden Bergfried von Burg Hirschhorn, die heute als befriedetes Burghotel weiterlebt, ist nicht mehr anzusehen, daß dort oben vor dem wilden Tann des Odenwalds die Erbtruchsesse der Pfalz die Stadtsteuern von Heilbronn und Wimpfen in ihre Eichentruhen kassierten. Die mit Mauern, Gräben und Türmen kräftig ans Ufer der Neckarschleife angepreßten Hirschhorner hatten mit ihren hohen Herren oft ihre liebe Not. Die Chronik erzählt, daß die Junker und Fräulein vom Schloß oft schier fachwerksprengend im Rathaus an der Wassermauer »herumbdanzten«, weshalb der Rat des Fischernestchens fürsichtig Tanz und anderen Trubel in den seit 1578 bestehenden »Schwan« verwies.

113

unter der Nürnberger Burg und in Mozarts Salzburg verbindet, wird in der Aschaffenburger Stiftskirche Station machen vor Mathias Grünewalds »Beweinung Christi«. Mathis Gothart alias Nithart, der Meister des Kolmarer »Isenheimer Altars«, verbrachte sein erregtes und dunkles Leben zwischen Mainz, Frankfurt, Seligenstadt, Aschaffenburg, Würzburg und Halle. Er ist, so sagte Sandrart 1675 in seiner Teutschen Akademie der edlen Künste, »ein ungemeiner Mensch gewest, bei dem Natur und Geist Wunder getan«, ein ausbündig gotischer, aufsässiger, zerrissener Franke im vielfältigen Zwiespalt von Mystik, Bauernaufstand, Ingenieurwesen und »Lutherischen Scharteken«, die er vor seinem gestrengen Mäzen Albrecht von Brandenburg in einer vernagelten Lade unter Verschluß hielt.

Im mainischen Marienland musizierten die orchestralen Schloß- und Parkparadiese von Würzburg, Veitshöchheim, Seehof bei Bamberg, die heute verblühten Parkhimmelreiche von Pommersfelden, Gaibach, Wiesentheid, der entzauberten Schlösser Werneck und der »Favorite« bei Mainz. Drei leidenschaftliche Bau-Bischöfe, die »Erzbaumeister« Johann Philipp von Schönborn und seine Nachfolger Lothar Franz und Friedrich Karl ließen Frankens »Schönbornzeiten« erblühen. Je berückender Lustschloß und Residenz, desto verrankter waren die Baugespräche zwischen den fürstbischöflichen Auftraggebern, denen wie Lothar Franz schon beim Studieren von Bau- und Gartenprojekten »das Wasser im Maule« zusammenlief, ihren hexenden »Baudirigierungs-Göttern« und den Malern, Bildhauern, Stukkateuren und Installateuren. Vielsprachig, bewegt von einem neuen, sich weitenden Lebensgefühl Europas, rankten sie ineinander. Den wanddurchbrechenden Willen, »die Lichtheit des Raumes in ein geheimnisvolles Lichtströmen zu verwandeln«, begleiteten weltabspiegelnde Gedanken und kopierende Gelüste. Adam von Seinsheim komponierte im Rokoko an Schöpfungen nach altitalienischen Parkpartituren und Grandezzen aus Prinz-Eugen-Schlössern weiter; ein »leichtsinniger, überbeweglicher Rokokogeist«, wie Dehio Ferdinand Dietz fast stirnrunzelnd charakterisierte, konnte sich ohne Stilbruch darin nach Herzenslust tummeln.

Der vom »Bauwurm« wie vom »Malerwurm« immerfort geplagte Lothar Franz von Schönborn gestand als beinahe 70jähriger mit souveräner Familienironie: »Das Bauen ist ein Teufelsding, denn wenn man einmal angefangen hat, kann man nicht mehr aufhören.« Ein Teufelsmensch von Gottesgnaden, der nicht mehr aufhören konnte, war dazu der dirigierende Baudirektor Balthasar Neumann, dem die Schlösser, Schloßgärten, Manufakturen, das gesamte Brücken-, Straßen- und Tiefbauwesen des Fürstbistums samt der Anlage der Würzburger Wasserleitung unterstand; noch obendrein bürdeten die Schönbornbischöfe von Trier und Mainz das Unmaß ihrer Bau- und Inspektionsaufgaben auf seine Schultern. Auch »unser rotes Käppel«, wie die Schönbornfürsten den sparsamen Kardinal Hugo Damian von Schönborn familiär bewitzelten, wollte nach seinem Wahlspruch »Mauern und Sitten bilden« ein eigenes Lustschloß haben, über die Maßen herrlich und nicht zu teuer. Welsch eilte mit Plänen nach Bruchsal, Neumann staunte beim Ausbau dieses Gesamtkunstwerks aus Bauherrengeist und Künstlergenie über Hugo Damians Schönbornpassion, »bei allem und selbst in den Rissen« dabeizusein. Bei aller Prachtverzückung war in ganz Franken der barocke Bauherrenspruch am Hofheimer »Fränkischen Hof« landsässig: »Bauen ist eine schöne Lust / Bauen hab ich gemust / Aber ich hab nicht gewust / Wie das Bauen so viel kust.« Auch beim aufwendigen Bau der Bayreuther Eremitage kam die preußisch-höfische Sparsamkeit mit der altfränkischen überein, die geldverspritzenden Wasserspiele aus sprödem Sandboden nur minutenweise erstrahlen zu lassen.

Residenz der säkularen Bauherrschaft Balthasar Neumanns war und blieb Würzburg. Bei der Erschaffung des Hofgartens schwebten dem Baumeister der erweiterten Fortifikationen um die Reichsveste Marienburg nicht Einsiedeleien sondern grüne Festungsbastionen vor — Rampen und Treppen führen mählich zur ulmenbeschatteten Wallganghöhe. Hinter dem Rankenwerk der mächtigen Schmiedeeisentore findet Mozarts Musik, die an Sommerabenden bei Rosenglühen und Fackellicht über die Parkterrassen weht, in Balthasar Neumanns Residenzgrandezza seelenverwandte Resonanz. Gleich einer Rose im tiefgrünen Laub, ins Tal eingeschnitten wie ein irdisches Paradies sah Gottfried von Viterbo das glückliche Herbipolis bereits im 12. Jahrhundert. Sieben Jahrhunderte später trank Karl Immermann Frankenweine in einer kleinen verräucherten Kneipe, wo er Regierungsräte, Professoren und ganz geringe Leute an einer Tafel fand, wie es heute noch so ist. Am andern Morgen erwachte er, frisch, ohne Kopfweh, Säure, Beschwerde, lobte Gott den Herrn für den Steinwein und sah aus dem Fenster. »Da lag Würzburg vor mir im goldenen Frühlicht mit seinen Kuppeln und Türmen, und die Rebenhügel blickten über die Straßen herein.«

Oberhalb von Hirschhorn liegt das älteste Neckar-Gotteshäuschen, die gotische Kapelle von Ersheim. Am Fuß des 646 Meter hohen Katzenbuckels — höher geht es im Odenwald nicht mehr — die staufische Burgruine von Eberbach, das im Wappen ein borstiges Wildschwein hat. Von dem staufisch und reichsstädtisch geprägten Kurort Eberbach führt ein Bogenbrückchen über Neckarwimmersbach und Ruine Stolzeneck — wenn man will — in die bäuerliche Löß- und Burgenlandschaft des Kraichgaus. Dort liegen im Dreieck Schloß Bruchsal, Kloster Maulbronn und Heilbronn am Neckar die Eppinger Stadtjuwelen der Reichen Gasse und des Fachwerk-Riesen »Judenschule«, in die sich die Heidelberger Universität in den Jahren 1564/65 vor der wiederum ausgebrochenen Pest zurückzog.

In Schloß Zwingenberg, das sich zwischen Eberbach und Neckargerach mit dem reizvollen kurpfälzischen Marktbrunnen von 1600 im Naturschutzgebiet »Reiherhorst« am Steilfels auftürmt, hoch über Wolfs- und Margarethenschlucht, trifft sich heute noch Europas Hochadel. An der Elz, die aus dem Madonnenreich des »Baulandes« bei Neckarelz (darin der altfränkische Herrensitz des Tempelhauses aus dem Jahr 976) in den Neckar mündet, liegt vor dem Odenwald fachwerkversponnen das alte Reichsstädchen Mosbach.

59 Heidelberg — Blick über den Neckar auf Altstadt und Schloß   Seite 114/115

Obersheim, ein hübsches Weiberörtchen mitten im Sande, Heidelberg, so recht das Adlernest von einem klugen Pfalzgrafen, notierte sich Wilhelm Heinse hinter Mannheim. Sein Entzücken störte sich wenig an dem feurigen Ritterschlag, mit dem 1764 ein Blitz das herrliche Rotsandsteinschloß in eine grandiose Ruine verwandelt hatte. Diese gigantische, schicksalskundige, schwer in das Tal hängende Burg, die Hölderlin ergriff, hatte danach die schlimmste Schicksalskunde empfangen — aber die leer hochragende Renaissancefassaden zeigten Heinse den immer noch »menschlichsten Ruheplatz« mit der anmutigsten Aussicht über die lebendige Flut des Neckars, begrenzt von hohen, blauen, nebligen Gebirgen, in weite Ebenen voll Fruchtbarkeit, »wo da und dort der Rhein das Licht des Himmels her blinkt«. Grüngetigerte Platanen, Fichten, Föhren, palmfingrige Edelkastanien, zärtlich emporgepinselte Lärchen sind die Hügel- und Waldgespielen der großen Ruinenlandschaft über der Alten Brücke. Jede Jahres-, Tages- und Wetterzeit durchdämmert, überlichtet und koloriert sie geradezu rauschend. In ihrem rötlich violetten Dunst fand Wilhelm Hausenstein die Stadt an der Berglehne des odenwäldischen Königsstuhls so berückend wie das schöne Meran, in der sinkenden Sonne unvergeßlich, aus sich selbst leuchtend »gleich brennenden Lüsterkerzen und unfaßbar in ihrer alljährlichen Offenbarlichkeit, die keinem Menschenauge und Menschenherzen etwas Gewohntes werden mag, so oft sie auch immer erlebt worden ist...«

Weinstraßen: Mosel — Rhein — Pfalz

Oft bewunderst du selbst zum nämlichen Orte die Rückkehr.
Strömt auch dein Fluß in gewöhnlichem Lauf —
du meinst zu verweilen.

Aus Ausonius »Mosella«

Von Trier aus — wie eine pollenbestäubte Biene mit altem Rom und noch älteren Treverern befrachtet — über Koblenz, Bacharach und Worms nach Bergzabern, welche Reise! Zwei Dutzend Flaschen Mosel, darin als Flaschengeister der Esprit des Rieslings und das zärtliche Landschaftslächeln, einige erlesene Kreszenzen aus dem Rheingau, hiernach mehrere Hektoliterfässer aus dem pfälzischen Rebenmeer: das könnte die ausschweifende Weintraumreise in ihren Proportionen ungefähr abstecken. Im Groben und höchst weinmateriell, wie sich versteht, was sich ohnehin schnell ins Spirituelle verflüchtigt. Unterwegs spiegeln sich das römische Relief des »Fröhlichen Steuermanns« im Neumagener Weinschiff, Burg Stahleck über Bacharach, der Dom von Speyer, der waldumbrodelte Trifels vielleicht im Glase, aber die seelischen Gemächer statten sie ein Leben lang aus. Immer haftet daran der Duft einer Reise an Deutschlands weltberühmten Weinstraßen, eine Weinreise, zwei, drei und mehr, begleitet von aromatischen Visionen: im Mosel Blume, witzige Frische und Würze; im Rheinwein vom Bopparder Hamm bis zum Rauchgeschmack von Lorch schieferfülliger Atem; im roten Rheingauer burgundernder Mandelton, im weißen weichfruchtiges Bukett; im Rheinhessischen saftige Reife und im pfälzischen Rieslingrasse, Sylvanermilde, Traminerfeuer, in der Kehle »wie Öl oder wie eine Elle Samt«, um es der Bilderfreude der Weinkenner nachzutun.

In Weinbeeren ausgedrückt werden die schlaraffischen Flaschen- und Faßproportionen zwischen Mosel und Pfalz weitaus anschaulicher. Danach bestünde die Moseltraube aus 224 Beeren, die Rheingautraube aus 29, die der Pfalz aus prallen 450, was der biblischen Kanaantraube ziemlich nahe käme, käme am Rebstock so etwas vor. Doch über dem uferlosen Weingarten der 200 Millionen pfälzischen Rebstöcke hängt sie nur als kleiner Gedächtnisschnörkel.

Die vergleichende Beerenlese hat sich um die sonnigen Trauben des Saar- und Ruwertales, die rheinmoselzwittrigen der Nahe, die roten der Ahr und die badisch verlobten an der Bergstraße nicht gekümmert, was zu weinbesprenkelten Seitensprüngen in Seitentäler spontan anstacheln sollte. Was sind vorgezählte Beeren neben der klostergeschöpften Winzerweisheit, daß der beste Wein dort wächst, wo die Glocken den schönsten Klang haben? Dort wuchsen auch die wildesten Burgen jener Ritter und Gegenritter, die sich ein höheres Leben ohne Wein nicht vorstellen konnten. Auf der rotliegenden Hanglinie von Oppenheim vertraute mir ein brot- und weinkauender Winzer unter dem Schallen von St. Katharina an, daß es Glockenklang allein nicht schafft: »E Rhoiwoi, wo de Rhoi net sieht, isch koi Rhoiwoi«, kaute er mit weiter Handbewegung zu den herrlichen Rebenhügeln landeinwärts, auf denen die Trauben den Sonnenblitz aus dem Strom nicht mehr gedoppelt mitbekommen. Doch dreifach, machte ich Old-Bröterkau aufmerksam, trifft die Sonne dafür die Trauben aus rückblitzenden Schiefer- und Flußspiegeln in der rheinischen Schieferschlucht und an der Mosel.

Wer vor Trier übersieht, wie leichtfüßig die »kleine Maas« Moselle am römischen Obelisk bei Igel vorbei um die Ecke schlüpft, könnte die stille Saar zwischen Mettlach, Serrig und Wiltingen leicht für die zuständige Mosel halten. Mit demselben Vergnügen, mit dem die Saar die pfingstlichen Oleanderkübel ihrer Uferdörfer umkreisst, dreht die Mosel ihre Runden im rheinischen Schiefergebirge weiter. Der aufmerksame Goethe, der sich auf einem Matratzenboot über die ziehenden Schleifen steuern ließ, bewunderte weniger ihre Vergnügtheit als die bohrende Beharrlichkeit, mit der sie sich durch »schikanöses gebirgiges Terrain« umwegfindig durchschlängelt. Mehr geologisch als dichterisch interessiert verfolgte er die Gewandtheit des Fährmeisters, der das Boot an Steilfelsen und Kiesbänken vorbeimanövrierte; unsereiner genießt vom Deck der weißen Moselschiffe mehr das Schachtgefühl in den rauschenden Staustufen.

In dieser steinalten Ferchnerlandschaft wurde das »Hol über!« der Ponte am anderen Mosella-Ufer lateinisch zugerufen. Pünderich, das sein faxenverschnitztes Fährhaus als Altertümchen bewahrt hat, ging aus der römischen Fährstation Pontariacum hervor. Nur das bescheidene Ensch, das sich auf Mensch reimt, was keinem Ding so fein in unserer Sprache glückt, scheint den Römern entgangen zu sein. Es liegt mit seinen kleinen Tischweinen hinter dem Kakaduschnabel von Pölich, der halbinsel-

60 Moselschleife bei Bremm Seite 118/119
Bremm und seine gotische Hallenkirche haben sich friedfertig zwischen Sturzfelsen und Weinhängen in die Moselschwinge vor der Klosterruine Stuben geschmiegt. Hinter Bremm in dunkel getuschten Bergfalten Bad Bertrich, im weiterschwingenden Schieferkuppenland die kindlichen Beuren: Kindbeuren, umstellt von Bengel, Bonsbeuren am Kondelwald, Hetzdorf und Kloster Springiersbach, wie abgeguckt aus einem lustigen Bilderbuch. Bei Eller öffnet der mehr als vier Kilometer lange Bahntunnel durch den Cochemer Krampen seinen schwarzen Schlund. Zum halbinselgerahmten Petersberg hinüber führt ein Viadukt, Ruine Stuben ruht im Nußbaumschatten aus. Moselaufwärts von Bremm die romanische Kirche von St. Aldegund, unter Prinzenkopf und Burg Arras Alf am Alfbach. Der »Vier-Seen-Blick« von der Marienburg ins Immerrundherum der Mosel um die Weinberge, um Pünderich, Zell, Merl unter der Merler Hecke und Bullay wird von Wipfelbuckeln zerschnitten, die dazwischen kreiseln. Über Bullays Campinglager führen die Wanderwege in den Hunsrück und in den Ernst der Eifel. Ausgreifend schleifend zieht der Flußringelreihen hinter Traben-Trarbach und Kröv weiter, vorbei am Korbflechterdörfchen Kindl, an Ürzig, Rachtig, Zeltingen und Wehlen, gern und ungern, lieber wieder zurück als voran. Das zögernde Umkehren der Mosel, neben dem Fußwanderungen zu einer Art Bussardkreiseln auf dem Erdboden werden, bemitleidete Justinus Kerner in drei Zeilen: »Was krümmt die Mosel sich so sehr? / Oh weh, sie muß zum Rhein, zum Meer / Und möcht daheim nur bleiben.«

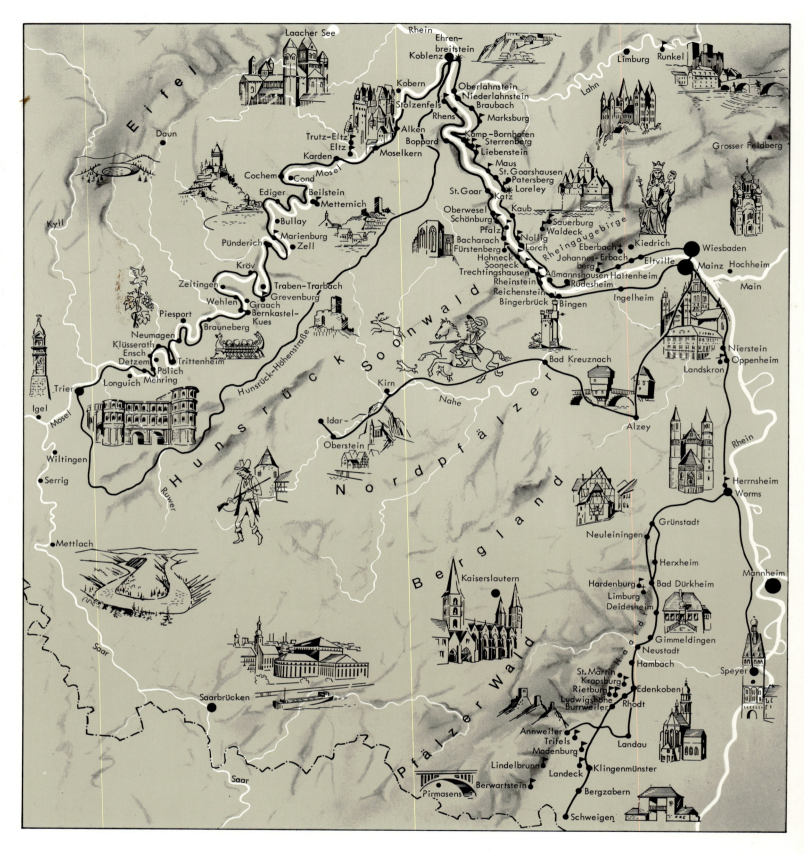

61 Trier — Porta Nigra   Seite 121

Eine so starke Portalburg wie die Porta Nigra besaß das große Rom nie, erst recht keine so starke Inschrift wie über dem Rothe-Haus-Torbogen: »Ante Roman Treveris Stetit Annis Mille Trecentes« — Vor Rom stand Trier 1300 Jahre. Auf dem langen Weg von Ur-Trier nach Kur-Trier machten zunächst die Römer 500 Jahre Station. Trier wurde Augusta Treverorum, etwa 15 vor Christus. Das schwarzquadrige Wahrzeichen dieser ältesten deutschen Stadt hält erst seit dem 4. Jahrhundert Imperatorenwache. Über diesen furchteinflößenden Porta-Nigra-Koloß erfuhr der Dhrontaljunge Stefan Andres, daß dieser fast so alt wie der Herrgott sei, der dem Kaiser Konstantin auf dem Berg Kron erschienen war. Erschrocken sprudelte er dem Ungeheuer entgegen: »Oh, en Biest! En Massik! En Bommerombomm!« Das ist es, was dazu zu sagen wäre; aber danach war er doch besorgt, die mit so dicken Worten gereizte Porta Nigra könnte aus ihrer uralten Ruhe plötzlich einen zornigen Tritt tun, um ihm nachzulaufen.

Triers römische Moseltal- und Legionärsgeschichte reicht von der Römerbrücke bis zum 9 vor Christus an die Moselmündung gesetzten Castellum apud Confluentes, aus dem Koblenz wurde. Das kanalfeuchte Ruinenlabyrinth der Kaiser-Thermen, in deren Warmbadesaal die Porta Nigra bequem zum Abwaschen Platz fände, hat die richtigen Proportionen, ganze Völkerscharen von Touristen wie Lappalien zu verschlucken. Die Backstein-Basilika, die Konstantin eigentlich als Thronsaal bauen ließ, ist evangelische Kirche geworden. Aus dem gigantischen Römer-Trier, in dem von 286 bis 395 die Cäsaren des westlichen Imperiums residierten, ging das kleinere Heilige Trier hervor. Die heilige Konstantin-Mutter Helena soll in seinem römischen Kerngehäuse gewohnt haben.

krumm in die Mosel hackt, und dem Dorflängsel Klüsserath, das intim als Moselmaß: »So lang wie Klüsserath« bekannt wurde, und weltläufig durch die Weinlage »Klüsserather Bruderschaft«.

Flußüber von Ensch liegt vor einer kleinen Mosella-Insel Detzem ad decem lapidum, von dem es heißt: In Detzem, am zehnten Meilenstein / pflanzten die Römer schon Moselwein.

Moselanische Fährmannstüchtigkeit zu neuen Ufern wird dem heiligen »Komm-holl-mich« in Klausen zugetraut, der 1535 als potenter Ritter nah dem Schiefermassiv der »Mosel-Loreley« die Augen schloß. In der Klausener Wallfahrerkirche steht er als riesiger Sandsteinritter, ihm zu Füßen beten aus der Pilgerinnenschar »ältere Landmädchen um einen guten Mann und berühren dabei den Grabstein mit der Hand, vermutlich an den Genitalien«, wie die Volkskunde des alttrierischen Bistumsraums wissend hinzufügt, da sich die Volkskanonisation so schnell keinen dringenden Wunsch versagt. Ähnlichen, doch sublimeren Herzenswünschen entsprang Rudolf Bindings »Moselfahrt aus Liebeskummer«. Der literarische Weinhauch heilender Paradieskräfte, der von dieser Lovestory der dreißiger Jahre ausging, überzog Bernkastel, Beilstein, Cochem und das romantische Liesertal mit nicht abreißenden Pilgerscharen, die nachsehen wollten, was es an der Mosel zu sehen, zu trinken, zu lieben, knipsen, lachen und ertränken gibt. Immer noch ist dort die Fülle, da die Idyllenstille überraschender als erträumt. In dieser laubgrünen oder herbstverfärbten Flußschlinge, die Leicht- und Tiefsinnige lächelnd auseinanderhält und durcheinanderkeltert, gibt es zwischen der Longuicher Madonna mit der Traube, der Vogelliedeinsamkeit des Hochlands »Im Hamm«, dem Ediger »Christus in der Kelter« und der seligmachenden Blume des »Graacher Himmelreichs« alles Verklärende dieser armgewordenen Erde. Was nicht zu finden ist, ist allein der Piesporter Michelsberg, wenigstens nicht als Berg, sonst aber ist die Mosel weinehrlicher als ihr gepanschtes Bild, auch als ihr vorgefaßtes »aus dem romantischen Auge einer vergangenen Zeit«, wie Binding im Weingespräch bemerkt. Ihr Zauber, ihre Schönheit sind wirklich die der Natur in Verbindung mit dem menschlichen Leben, und so ist es bis ins Moselcamping geblieben: »Köstlicher und wahrer sprechen Land und Fluß, sprechen die Menschen zu uns; und wir wollen sie so zu uns sprechen lassen.« Keiner, der nicht dazugehört, hält sich im Moseltal, fast seit Olims Zeiten, und wir tun gut daran, uns Olim hier so treverisch und wettergegerbt, so keltisch-germanisch-moselrömisch und moselfränkisch durchwachsen, so zugänglich, alert und winzerbescheiden wie möglich vorzustellen. Der ansässige Winzeradel der Zenz, Laux und Fellenz beispielsweise ist bis ins 12. Jahrhundert nachweisbar, wo Weinhändler mit den Rittern gleichzogen, aber was ist in dieser zephirsüdlichen Rebenwelt unter dem Basalt- und Kraterseenland der Eifel und dem rauhbeinigen Hunsrück schon das 12. Jahrhundert! »In Cond kommst du mit einem Winzer ins Gespräch, der Laux heißt, schön«, erzählt mir ein Kölner Moselliebhaber, »ein wunderlicher Name. Ein zweiter Winzer heißt genau so, beim dritten Laux wirst du neugierig. Du erfährst, daß es im kleinen Cond über 80 Einheimische gibt, die so urmoselanisch heißen, angeblich sind sie nicht einmal alle untereinander verwandt. Auch die Hieronimi sind aus altem Moselgeschlecht, sie haben sich wie die Laux, was von Lukas kommt, wie Fellenz von Valentinus und Zenz von Vinzenz, als ebenso schollengebundene wie mobile Weinritter bis Koblenz und Trier verbreitet.«

Bevor die Linienbusse über die Moselbrücke und an blaugrünen Rebenslaloms entlang fuhren, schnaufte das romantische Gaudium des »Saufbähnchens« als weinselig fahrende Trinkstube von Trier bis Bullay. Zu dieser 103 Kilometer langen Schlaufenreise brauchte es vier unterhaltsame Stunden, weil es keine erreichbare Perle der Moselweinschnur ausließ. Sein Fahrplan mit den Haltestellen Mehring, Trittenheim, Brauneberg — das sein Leben als Dusemond alias süßer Berg, dulcis mons begann — Bernkastel, Graach, Wehlen, Zeltingen, Trarbach und Zell war eine blauschieferrebgrün kolorierte Weinkarte für Moseltramper, die in freier Weinlagennatur Prominenzen wie »Trittenheimer Altärchen«, »Brauneberger Juffer«, »Bernkastler Doktor«, »Wehlener Sonnenuhr« und »Zeller Schwarze Katz« in Zell unter der Machtburg der Trierer Bischöfe vor Augen führte. Von der Lokomotive nur freudig angepifft lag Cröv im engmaschigen Fachwerk abseits in der weiten Moselwiege über Traben, und so liegt es noch, in seinen Werkeltagen unberührt, mit dem jokosen Weltruf seines zweiten Gesichts »Cröver Nacktarsch« und dem verschollenen als Streitsitz des »Kaiserlich freien Cröver Reiches«. Im Jahrhundertschlummer ruht Kues, wo der große Nikolaus Cusanus, als Sohn des armen Moselfischers Krebs geboren wurde, dem summenden Bernkastel gegenüber — »Bärekässel«, das mit silbernen Weinglocken lockt und läutet, wie Will Hermanns eine Gassen-Weinprobe hinter den verstrebten

62 Ruine Metternich über der Mosel Seite 122/123

Der über Reben verwitternde Ruinenstock von Burg Metternich stand in seinen mittelalterlichen Jugendjahren als feste Reichsburg über der 22 Kilometer langen Moselschlinge um den Ellerberg. Kahl und kantig überragt er Bruttig, das als römisches »Brutecho« schwerlich schon den ›Bruttiger Rathausberg‹ kelterte. Hinter dem Briedern-Bug steckt Mesenich in seligen Walnußgärten, um seine neunhundertjährige Nikolauskirche reifen Mandeln und Feigen. Eine Mauer verbindet Ruine Metternich mit Beilstein, dessen alte Winzerhäuschen neben den 108 Treppenstufen zum Kloster einherklettern. Das leider weder von Carl Spitzweg noch von Ludwig Richter aufgespürte Beilstein verdankt seinem engen, aus dem Fels gehauenen Marktplatz den Wanderkosenamen »Dornröschen«; doch weit dornröschenschüchterner liegt das zeitlos zwischen Flaumbachtal und Mosel in sich gekehrte Fankel unter dem Kloster Engelport. Gegenüber am katzenbuckeligen Krampenufer liegen Ellenz und das Weindorf Pottersberg, das seit 1532 über den unlauteren Eingriff der Kalenderreform des Papstes Gregor in die Weinlese den Kopf schüttelt. Seit dieser Kalenderreform fehlen den Pottendorfern rundweg zehn gestrichene Oktobertage. Auf der Nasenspitze des Cochemer Krampen sitzt das an Walnüssen, Reinetten und Jonasäpfeln überreiche Obstdorf Ernst, heiter und fast halbinsular. Seine Winzerfamilien teilen sich mit den gegenüberliegenden Valwigern in den Herrenberg, dem Weine mit dem galoppierenden Spitznamen »Trakehner im Glase« entsprungen sind.

Der europäische Staatsmann und Lebenskünstler Klemens Fürst von Metternich wurde vor 200 Jahren am 15. Mai 1773 bei Koblenz geboren. Das Ziel seiner gegenrevolutionären und antinapoleonischen Politik war das der Habsburgischen Monarchie, der er bis 1848 diente. Auf dem Wiener Kongreß von 1814/15, der als »tanzender Kongreß« in die Wiener Ballgeschichte einging, suchte er das Gleichgewicht zwischen den europäischen Mächten wiederherzustellen; die deutschen Staaten wurden zum »Deutschen Bund« vereinigt, in dem der Habsburgische Kaiserstaat neben Preußen die erste Geige spielte. Die Stammsitze des rheinischen Uradels Metternich in Winneburg und Beilstein kamen unter den Hammer der Französischen Revolution, deren Auswüchse Metternich als Student in Straßburg und Mainz aus nächster Nähe erleben und studieren konnte.

Schwebegiebeln am engen Markt verklärt, »mit dem Doktor, der Lay, dem Graben, dem Olk, dem Rosenberg, der Badstube ... Der alte Brunnen plätschert dem Pranger und dem Rathaus zu. Droben vom Schloßberg aber dräut der zinnengekrönte Rundturm der Burgruine Landshut aus Rebenhängen nieder ins Tal ...«

In Bullay, am »Tor der Mittelmosel«, kehrte das Saufbähnchen um. Im Rittertal der unteren Mosel umzingeln Bergfriede, Ruinen und burgenwachsame Nebentäler die Fahrt von Cochem nach Koblenz. Zwischen Kobern unter der Nieder- und Altenburg und Alken mit der doppeltürmigen Welfenburg Thurant, die orientromantisch an Thyrsus hinklingen wollte, liegt die Mosel-Flußburg Gondorf, das Stammschloß der Fürsten von der Leyen.

Von den Ockerzinnen der Burg Stolzenfels, die Friedrich Wilhelm IV. von Schinkel über die kurtrierische Zollfeste obenaufzacken ließ, kreist der Blick sperberhaft über die hingestrichelte Mosel, über Eifel, Hunsrück, Westerwald, Taunus und Rhein. Zur altersschwachen Ruine Lahneck hin, zum felsgestaffelten Ehrenbreitstein; über Braubach die Marksburg mit den starken Steinbatterien, ein rheinischer Burgenglückspilz, den sogar der architektonische Gartenzwergsinn des 19. Jahrhunderts in Ruhe ließ. Das Gekreisch der Raubvögel um den Adjutantenturm hebt wolkennah über die Söller und Zinnen hinaus, mit denen der »Romantiker auf dem Königsthron« verdeutlichen wollte, wie sich das alles stolzenfelsig hochmauern ließ; das Mittelalterliche, das Ritterliche, das Fürstliche, das Sehenswerte, das hochherrschaftlich Rheinromantische des historisierenden Jahrhunderts. Pappeln, geplattete Schieferhelme, Schiffstuten vom Rhein her, schmalfingrige Edelkastanien, Käutzchenschreie in sphärischer Entrücktheit. Am Rauhen Turm schwingt eine Serpentine zum Rheinhöhenweg, der von Bingen bis Bonn durch vereinsamten Mischwald führt.

Bis die Eisenbahnbrücke den Rhein unvermeidlich vor die abgewandte Stadtnase von Koblenz rückte, fühlte sich die alte Kastellfeste am Römerbrückenkopf als Moseltochter, die Kurtrier mit ihrem Glockengeläut leidenschaftlich entgegenwinkte. Drei Brücken spannte sie über die Mosel, was rheinüber lag, überließ sie einer Schiffsbrücke, den Fähren und den Möven. Nach dem Einmarsch der Preußen in der Neujahrsnacht 1814 wurde Koblenz Hauptstadt der Rheinprovinz, nach seiner Erhebung zur Residenzstadt im Jahr 1897 machte es am Rhein die Honneurs vor anlegenden Schiffen und Besuchern, die zum Denkmal am Deutschen Eck strömten — wollte einer das »Tor zum Weinland der Mosel und zum romantischen Rhein« so recht von innen her verstehen, so führte es ihn an der vergilbten Deutsch-Ordenskomturei vorüber in die romanische Tiefe von St. Castor, das sich zunächst mit dem uralten St. Castor in Karden verständigt, an dem die Mosel vorbeikommt.

Auf der spitzen Landzunge zwischen Mosel und Rhein der dünne Rosenglanz der Morgensonne. Auf dem Deck des schwarzen Kohlenschleppers hinter Boppard flattern Hemden und Socken an der Wäscheleine. Unter den »feindlichen Brüdern« Sterrenberg und Liebenstein, deren unritterliche Ritterbrüder auf die extrem barbarische Idee kamen, zwischen ihren Schlössern eine Spießermauer zu errichten, bauschen sich die weißrosa Polster unerschrocken blühender Obstbäume. Der Rhein hat die bald verschleierte, bald stählerne Farbe einer Felsentaube. Im Jahrhundert der Arndt, Brentano, Ludwig Tieck, Max von Schenkendorff, Achim von Arnim und Simrock trug er die Traumboote der deutschen Romantik. Der 23jährige Goethe bereiste ihn zum allererstenmal, Görres gab 1815 die Jünglingslosung aus: »Dieser Rhein fließt wie Blut in unseren Adern, und ich selbst gedeihe nicht recht, wo ich seine Luft nicht wittere.« Wilhelm Grimm sprach noch von smaragdgrünen Wassern; smaragden oder befleckt, der Rhein selber träumt zwischen seinen Riffen nur selten. Mit der geschwinden Ruhe der großen Gewaltsamen bricht er seine Wege, mit der Ruhe der unaufhaltsam Gegenwärtigen schlugen die Winzer das Blut des Weins aus den Felsen, zwängten Baumeister die Kirchen, Klöster, Burgen auf die äußersten Schroffen, in die schmalsten Uferwinkel, Idyllen im Leuchten der Sterne. Aber furchtlos blitzt die vererbte Zähigkeit der Rheinmenschen wieder auf, wenn Unwetter und Hochfluten die Abziehbilder der zugeschleppten Rheinliedseligkeit von den Silhouetten der Ruinen, Weinbergschrunden und Felskapellen abwischen.

Ein Lichtband zwischen St. Goarshausen und St. Goar — aus keiner größeren Heiligkeit als aus Sandgewerr ging die klippige Fährnispforte Sanctgoar hervor. Auf einer Rheinterrasse fliegt mir ein Ehegeplänkel zu — dort oben ist der Katz, drüben der Maus — genau umgehrt, meine Liebe — kann ja nicht wahr sein, der Katz ist natürlich größer als der Maus — sag doch wenigstens die Maus, die Burg Maus und Katz heißt das, wie? — nein, man sagt der Burg Maus, der Burg Katz — aber wie denn, Burg

---

63 Cochem an der Mosel Seite 126/127
Kein Taucherentchen am Moselweg ließ der römische Idyllyriker Ausonius aus, aber Cochem erwähnte er nicht. Nachdenkliche folgerten daraus, daß dort oben zur Römerzeit nichts als eine der Legionärskantinen lag, die in den Straußwirtschaften der Moselwinzer fortlebten. Lang nach Ausonius setzte Pfalzgraf Etzo über den Weinberg an der Moselschleife eine Burgkrone, und nachdem Cochem eine lustige, schieferblau schimmernde Stadt geworden war, empfand es sogar der Blick des Struwwelpeter-Hoffmann als das »schönste fertige Bild« an der Mosel. Cochem besitzt unzählig viel — neben dem »Cochemer Christenberg« die Weinlage »In der Hos« und den Schildbürgerspürsinn für frohe »Stückelchen«; die moselumspannende Aussicht auf den Hang der Brauseley über Cond, das die Moselbrücke mit dem Cochemer Kirschenparadies Sehl verschwägert; das Weinfest des »Knippmontags«, eines von vielen, an dem der umgehangene Tonkrug »Bummes« mitfeiert. Eine Cochemer Weinstube ist benannt nach dem Titel des Ritterromans »Der Landsknecht von Cochem«, Joseph von Lauff holte sich seine »Brixiade«, eine literarische Moselberühmtheit wie Bindings »Moselfahrt aus Liebeskummer«, aus dem runden Weinweltall des Cochemer Krampen. Smaragdeidechsen in den Weinbergmauern, Fischreiherschwingen über unzugänglichen Waldbergen, Oleander vor den Häusern der Krampendörfer, die in einem »von der Natur selbst ausgesuchten«, vom großen Verkehr abgeriegelten Schutzpark liegen. Über blühenden Bibernellrosen, Ligustern und Felsenbirnen wuchert an den Krampenhängen der wilde Palm, ein Mitbringel des heiligen Castor aus seiner französischen Heimat.

64 Burg Eltz bei Moselkern   Seite 128

Burg Eltz im lauschigen Eltztal hinter Moselkern wirkt wie eine Fatamorgana des heilgebliebenen Mittelalters. Seit 1157 führt das hochfahrend über Bach und Fels getürmte Wehrschloß das vitale Kunststück eines unruinierten Überlebens vor; bis heute blieb es im Besitz der Herren von Eltz. Kein Wunder, daß dieser Märchenanblick viel Uhugewölle der deutschen Orakelsprache gelockert hat — die Eltz ist die Traumburg an sich, sie ist die Urburg der Ritterromantik, die unsere Fünfhundert-Mark-Scheine schmückt. Im 15. Jahrhundert streckte sich die Eltz noch kühner in den Hunsrückwind und bot der drohenden trierischen Bischofsburg Trutz-Eltz gelassen die Stirn. Als die lauernde Trutz-Eltz mürbe und Ruine wurde, stülpte die Eltz übermütig die Lustbarkeit moseldörfischer Fachwerktürmchen obenauf. Pech ereilte in diesem Glücksschloß allerdings ein emanzipiertes Ritterfräulein von Eltz, das sich eines Freiers ritterlich zu entledigen suchte. Sie bekämpfte ihn im Harnisch und erfuhr dabei, daß der ungeliebte Fant dem Fortschritt des unritterlichen Schießpulvers anhing — heute noch verwahrt die Burg ihren Brustpanzer mit dem hineingelöcherten Herzfleck.

Das Winzerdörfchen Moselkern macht sich mehr aus seinem hohen Druidenstein und einem merowingischen Kreuz aus dem 7. Jahrhundert. 1562 errichteten die von Eltz noch ein Burghaus mit festem Turm im kurtrierischen Stiftstädtchen Karden, in dem der Dom St. Castor auf dem Fundament eines alten Römerlagers in guter romanisch-gotischer Gesellschaft vor den Rebenhängen ruht.

65 Burg Katz am Rhein   Seite 129

Die Katze ist erstaunlich vielen deutschen Wein- und Ortsnamen auf die Schulter gesprungen — im Postleitzahl-Büchlein füllen die Katzbach, Katzental und Katzwinkel gut eine halbe Spalte. Auch die Burg Katz der mächtigen Grafen von Katzenellenbogen, hoch über den Weinhängen von St. Goarshausen, ist unter den Katzenburgen keine einsame Raubkatze: in der Nähe von Neresheim liegt die Burgruine Katzenstein der Ritter von Cazzenstein, die seit 1589 den Grafen Oettingen gehörte: sie duckt sich »wie eine Katze in das Gestein des Berges«, skizziert ein Reisetagebuch ihre Silhouette, sie sieht »in der Abenddämmerung gespenstig sprungbereit aus«.

Burg Katz im Winkel der früheren Wacht am Rhein duckt sich nicht auf den Hühnenbergfelsen, sondern hockt als versteinerte, ungemein selbstsichere Katze über den Rheinwindungen. Das Prestigegefühl ihrer Katzenellenbogener Herren erhob sich schon früh und spöttisch über die stolze Burg Thurnberg zu Häupten des Winzerdörfchens Wellmich — sie nannten die schlagkräftige Rheinburg des wenig friedfertigen Trierer Erzbischofs von Falkenstein einfach »Maus«. Das saß. Die Maus fühlte sich zwar nicht als solche, aber der Spitzname blieb ihr bis zum heutigen Tag, und Rheinzoll wie Salmfang verblieben allein der kralligen Katz. 1804 wurde sie entmachtet und zerstört, nicht lange danach verschwanden die Rheinzölle sowieso, und Salmon, der Springer, Salmon der Lachs, der kristallklare

Gewässer liebt, begann sich in unserem Jahrhundert der Flußbefleckung immer mehr vom Rhein zurückzuziehen — Goarshausener Rheinsalm war und ist noch eine gastronomische Prominenz. Uralt an der Katz ist nur noch der runde Bergfried; das Burggebäude hinter der Aussichtsgaststätte Katz wurde nach alten Aufrissen wiederhergestellt.
Hinter dem Buckel der Katz liegen unvergeßliche Tourenwege durch das Nocherner-, Hasenbach- und Schweizer-Tal zur Loreley, rings um die Feste Reichenberg öffnen sich vielumschwärmte Dreiburgen- und Fünfseenblicke. Die wiederaufgebaute Reichenberg über dem Hansental erschien dem Burgenforscher Bodo Ebhardt als einer der »baulich rätselhaftesten Rittersitze in deutschen Landen«. Auf dem Höhenstrich von Kamp-Bornhofen nach Kaub entsteht die »Loreley-Burgen-Straße« zwischen Taunus- und Rheingold-Straße.

66 Lorchhausen am Rhein Seite 130/131
Lorchhausen, das talgeschmiegte Schwesterchen der uralten Winzersiedlung Lorch, ist keine der weit herumgereichten Rheinschönheiten. Umso nachhaltiger ruht der von Burgruinen geschärfte Blick auf dem hochgespachtelten Block der Weinlagen. Das Ringelgrün der Reben hat der Spätherbst fortgewischt; die Trauben des Rheingaus — so heißt das rechte Rheinufergelände von der Mündung der Walluf bis zur Wisper — bekommen ihre reife Süße von den nachts aufsteigenden Nebeln, den zur Edelfäule hindrängenden »Traubendrückern«. Vom Taunus herab streichen allnächtlich die Wisperwinde: »Den Wisperwind, den Wisperwind, den kennt im Rheingau jedes Kind.« Im kühlen Nordost des Wispertalwindes führten die Lorcher Edelleute »ein Leben wie im Paradiese«. Die Winzer dieser Burgenlandschaft an »Teutschlands hochschlagender Pulsader« — nichts Geringeres fiel Joseph Görres an den Rheinufern ein — harkten das Paradies aus dem Fels.
Das Weinstädtchen Lorchhausen liegt im Rheingau am nördlichsten, über seine Schieferdächer und Karren recken sich am anderen Ufer die Burgen Rheinstein, Falkenburg, Sooneck und Fürstenberg hoch hinaus, greisenhaft oder nachgemauert. Die wie hochgemeißelte, in sich ruhende Weinwürde des alten Winzerbergs hat sie überlebt.

67 Steuerleute am Pfalzgrafenstein bei Kaub Seite 132
Unter dem Unikum der vorübergehend mit Vorbedacht zur Ruine herabfrisierten Burg Gutenfels verengt sich das Rheinbett, um die Schiffer der boshaft schönen Loreley in die Arme zu treiben. Die Riff- und Strudelerfahrung der »Steuerleute«, die sich hier am Geländer erholen, weiß, was das bedeuten soll — sie lotsen aller Tücken kundig an der Felsensirene vorbei. Aus dem »steinernen Schiff«, das die Natur obendrein im engen Flußbett verankerte, machte der Mensch unverzüglich das Schlechteste. Die Herzöge von Bayern errichteten darauf den Zolltower Pfalzgrafenstein, der sich über seinen romanischen Bogenfriesen später mit barocken Schieferhäubchen wunderschön ausnahm. Der nach Frankreich marschierende Blücher fand in der Neujahrs-

ist doch so weiblich wie nur was! — eigentlich schon, aber ganz eigentlich denken sie an den Berg, wo sie drauf sind, die sagen doch so, nicht wir ... Ruine Rheinfels hört sich das an, mit aufgerissenen Löchern. Der Rhein quirlt und zwinkert. An den fahlen Schroffen der Loreley rinnt das Sonnenlicht ins Flußperlmutt. Die graue Sirene mit dem Kamm hat sich einen unausmerzbaren Schiefersplitter eingezogen — die »Leie« ist Schiefer, und »Leiendecker«, der an Mittelrhein und Mosel häufige Name, war die Zunftbezeichnung für die dächerklopfenden Schieferplattendecker.

Insel Taubenwerth, hüben Kaub mit der hohen Gutenfels, drüben überaus befestigt das schiffsförmige Schifferstädtchen Oberwesel. In den Häuserherden die lichte Gotik der Liebfrauenkirche — Freiligrath kannte keinen schöneren Zufluchtsort der Romantik am Rhein. Von Trier, nicht von Köln wie die Gotik von Bacharach, kam die unverspielte, raumkarge Gotik des kurtrierischen Reichsstädtchens Oberwesel. Türme und Gemäuer sprossen aus der Ackerfurche zwischen Rhein und Weinberg, als hätte das gotische Gebild zwischen der Roten und der Weißen Kirche zuvor in tausend schiefrigen Saatkörnern unter der Erde geruht und wäre in altgriechischer Weise erweckt worden mit Erztrompeten und Fanfaren — excitare muros sagt noch der Römer. Jede andere Stadt konnte auch noch anders werden, als sie sich heute darbietet: Oberwesel mußte Oberwesel werden.

Auf der Handvoll Inselfels Kauberwerth liegt das pralle vielzipfelige Getürm der Rheinpfalz, wie ein Klosterturm, der bis zum Hals versank. Dahinter harte Felsfalten, perlgrau, leuchtweiß, pechschwarz. Über den Weinbergen von Bacharach, Lorchhausen und Lorch die Mittagssonne, die viel aufeinmal überstrahlt: Bacharacherwerth und Lorcherwerth in den Wellen, die gewaltige Stahleck, die Filigranruine der Wernerkapelle neben dem Gnomenhut St. Peters, die Ruinen Fürstenberg, Hohneck und Sonneck, schartig an der Soonwaldspitze. In der Luft ein Bussard. Auf Schieferzacken Burgruine Nollich; bißchen viel Ruinen.

Auf dem Merianstich, der die Einnahme Bacharachs durch die Schweden im Jahr 1632 aus Pulverdampf und Rebenringeln kratzte, speit Burg Stahleck Gewölk aus Turm und Schloßleib, auf einem Vorsprung des Kühlbergs steht ein schwedischer Kanonier und feuert gegen die flammenspuckende Burgmauer. Achtmal wurde das wittelsbachische Bacharach im Dreißigjährigen Krieg geplündert. Neben Köln war es der Hauptstapelplatz der Rheingauweine, und seiner dunkelgelben Weine wegen in einem Trinkgesang von 1628 neben den Frankenweinen hochbesungen: »Zu Klingenberg am Maine / Zu Würzburg an dem Steine / Zu Bacharach am Rheine / Soll'n sein die besten Weine.« Nicht eben durstlöschend brütet die Mittagssonne auf dem Laubbesen einer Straußwirtschaft. Zu Häupten des Mäuseturms hockt im Gefalt der Weinbergmauern über Rüdesheim Ruine Ehrenfels, am Ufer blinkt aus eulenäugigen Butzenscheiben die rotweingetaufte »Krone« von Aßmannshausen, eine der ältesten Rheinwirtschaften. Am Rand des Binger Lochs wäscht sich ein Radfahrer unverfroren die Füße. Pappelborsten verschatten das goldgleißende Schieferblau der Binger Dächer, obenauf Burg Klopp und die Rochuskapelle, unglaublich, daß sich der junge Goethe dort als heiliger Rochus porträtierte —

Gegenüber dem rotweinrealen Ingelheim mit dem Kaiserpfalzschemen erhebt sich die altmönchische Wein-Eminenz Schloß Johannisberg über dem Weinberg lobesam, den Napoleon für seinen General Kellermann als edelstes Rheinstück einstecken wollte. Nach Napoleons Sturz wollten Blücher und Gneisenau den berühmten Weinberg haben, doch Metternich setzte sich als lachender Dritter drauf und kredenzte dem Wiener Hof dafür alljährlich einen Zehnten Johannisberger.

Bei Hochheim, wo der Main betrübt im Rhein verschwindet, wächst der weichherzige letzte Rheingauer »Hoc« oder »Hock«, wie in England jedweder Rheinwein lange signiert wurde. Der 1848er Hochheimer soll so herrlich gewesen sein, daß darüber jeder Zecher die Revolution vergaß und nur »von dem« zu trinken begehrte. Daraufhin druckten die Wirte Schnörkeletiketten, auf denen teils »VON DEM«, teils lateinisch »HOC« stand, was andere Wirte solange anderen Weine zukommen ließen, bis »Hock« im viktorianischen England zu populärem Ansehen und bei rheinischen Pokalzechern in Verruf geraten war.

»Glückliche Zeiten — Rheinstrom« steht touristen-lateinisch auf einem Bleimedaillon, das jemand im vierten Jahrhundert bei Lyon verlor; die Vorderseite des rheinromantischen Römerschmucks zeigt ein Mainz, wie es seit 16 Jahrhunderten keiner mehr kennt. Noch flechten im Wonnegau zwischen Bingen und Worms, darin das goldene Mainz als sandsteinrote Maßwerkrose liegt, Rebe und Rose ihre Ranken ineinander. Die Sonne über der rosenblättrigen Livrée der Centifolienstadt Eltville hat die Gestalt einer reifen Weinbeere. Den Rotsandstein des Mainzer Doms und der Adelspaläste schleppten Schiffe und Ochsen

nacht 1813/14 den freigelassenen Bug der Felsbank als Brückenkopf über den Rein noch viel schöner. Die gotische Schloßruine von Stahleck über Bacharach und Oberwesels Schönburg sahen abgeklärt zu. Victor Hugo hinwiederum freute sich, daß von den Wölbungen des verödeten Zollpalastes kein »souveränes Plärren« mehr widerhallte und daß der Felsbrunnen immer noch Wasser hergab: »Ein Tropfen Wasser, der durch einen Felsen sickert, vertrocknet nicht annähernd so schnell wie ein ganzes Fürstengeschlecht.« Erst die Mannheimer Schiffahrtsakte von 1868 setzte rheinzollfreie Fahrt für alle durch.

Kaub trägt im Wappen eine Kufe; in ihr steht St. Theonest, den die Mainzer, grausam darin verpackt, in den Rhein warfen. Statt bei Kaub zu zerschellen, trieb er dort an Land und machte sich nützlich bis zu diesem Tag: »Er pflanzte mit dem Christenglauben / In Caub die ersten süßen Trauben / In seiner Kufe preßt er sie / Ihr Cauber, das vergeßt ihm nie.« Sie vergaßen es nie, schürften aber aus ihren Schieferstollen noch die blauen Ziegel für die Dächer hinzu, auf denen die Schornsteine rauchen sollten.

68 Worms — Der Kaiserdom   Seite 133
Alter Chronik nach wurde Borbetomagus Civitas Vangionum Wormsatia, das ist Worms im Vangionen- oder Wonnegau, 1942 vor Christus gegründet, das ist 1360 Jahre vor Rom, das wäre sechzig Jahre vor Trier — welcher Wettlauf um das höchste Alter!

Am Ende einer schiefen hohen Gassenschlucht steht die aufgereckte Schwarzsäule eines Turms, romanisch satanischer Wasserspeierhohn grinst hernieder — der Dom fängt an! Der viertürmige Kathedralen-Zyklop, den der königlich energische und bauleidenschaftliche Bischof Burchard im Jahre 1000 aufbaute, soll auf dem römischen Forumboden so heftig emporgewachsen sein, daß er »wie auf Wunsch plötzlich dort gestanden«. In Wahrheit wurde zweihundert Jahre daran gebaut. Doch das magische Auftauchen der Turmtonnen zwischen den schweren Achtecktürmen reizte die Nibelungendichter, die Tragödien ihrer Helden aus dem burgundischen Königreich »ze Wormze bi dem Rine« surrealistisch dort beginnen zu lassen. Auf der Portaltreppe des Doms zerstritten sich Kriemhilde und Brunhilde, vor das Laurentiuschor schleifte der einäugige Neiding Hagen den gemeuchelten Siegfried. Die nachweisbare Geschichte dieses deutschen Troja, das nach seiner vierten, abscheulichsten Zerstörung im Jahre 1689 von der Bühnenmitte der Rhein-Main-Neckar-Landschaft abtrat und als kleine Landstadt weiteragierte, überfordert jede Kurzbeschreibung: erster deutscher Königshof, Residenz der Merowinger und Karolinger, Karl der Große verbrachte dort sein halbes Leben, türmestrotzende Kaiserpfalz und Herz des gottesstaatlichen Reiches an der Kreuzung der europäischen Schicksalsstraßen, mächtiger Bischofssitz und reichsfreie, trotzrebellische Bürgerhochburg mit zwölf Stadttoren, Stadt der ältesten Synagoge, des romanischen Judenbads und des ältesten, größten Judenfriedhofs in Europa, Mutter der Reichstage, die es zuließ, daß der Mönch Martin Luther dem Kaiser Karl V. sein

aus Flörsheim, Nierstein und dem Odenwald heran. Immer noch liegen in einer Waldschräge über Miltenberg jahrtausendvergessen die roten »Heunensteine«, flußpferddicke Säulenhünen für Rheindome, von Bäumen eingepfercht. Wider Erwarten liegt in der Residenz des kurmainzischen Rades nicht das rosen- und rebenverrankte Grab Tristans und Isoldens, sondern im Gebiet des Rosengartens, irgendwo, der verscharrte Taunus- und Hunsrückräuber Schinderhannes, der 1803 in Mainz unter die funkelnagelneue Guillotine kam.

Von fast sehbarer Würze sind die Weine im »Rotliegenden« zwischen Mainz, Kreuznach, Alzey und Worms. Der Schmelz sanftmütiger Schwere ist ihrer tonroten Landschaft eigen wie ihren Winzern. Für die deutsche Schauerromantik nach 1770 war der anfeuernde »Niersteiner« der altdeutsche Ritterwein schlechthin, keinen anderen Tropfen schwenkten die rauhkehligen Strauchdiebe in ihren Zinnhumpen. Und keinen Deut scherte sich die nach Goethes Götz literarisch ausbrechende Niersteinersintflut um das Faktum, daß der gotische Raubrittertrank erst im 16. Jahrhundert zu mischblütiger Rheinweingeltung kam. Damals gruppierten sich um den Oppenheimer Weinstapel die fränkischen Wein-heime Wachenheim, Lauben-, Büden-, Nacken-, Harx-, Dien-, Als-, Metten- und Bechtheim. Nierstein, Guntersblum, Osthofen und Kreuznach waren mit im Ausschank. Auf dem Resonanzpflaster der unterkellerten Hügelstadt Oppenheim unter der Landskronruine sammelten sich die Küfer, Faßbinder, Weinhändler, Weingertsleute, Fuhrmänner, Schild- und Kranzwirte. Oppenheim feiert seine traditionellen Weinfeste »Oppenheimer Willekum« und »Küferstreich« noch heute auf dem Marktplatz mit der Syenitsäule aus dem Ingelheimer Palast Karls des Großen.

Von einer großen »Völkermühle am Rhein« sprach Carl Zuckmayer, der 1896 als Sonntagsjunge eines Weinkapselfabrikanten in Nackenheim zur Welt kam. Bei Nackenheim durchströmt der Rhein geruhsam und heftig die Landschaft kupfriger Weinberge und flacher Obsthalden seebuchtweit, ohne Burgen, Felsen oder irgendwelche Rhein-Romantik, aber auch »ohne die Schlote der Industrie«. In dieses rotrissige Kindheitsland, das den geschichtslosen mückenschwirrenden Altrheintümpel der Wildenten, der Fischreiher und Röhrichtfrösche mitumschloß, blickte Carl Zuckmayer zurück, als er Geburtsheimat ein Gesetz der Bestimmung und Vorbestimmung nannte: »... sie prägt Wachstum und Sprache, Blick und Gehör, sie beseelt die Sinne und öffnet sie dem Wehen des Geistes wie einem keimträchtigen Wind. An einem Strom geboren zu werden, im Bannkreis eines großen Flusses aufzuwachsen, ist ein besonderes Geschenk... Der Rheinstrom selber, damals noch frei von Dieselöl und von Abwässern ungetrübt, so daß es nichts machte, wenn man beim Schwimmen oder Tauchen einen Mundvoll Wasser schluckte, war unser Alltag.« Aus dem Mikrokosmos dieser Landschaft und Kindheit kam das sinnenderbe Lachen seines »Fröhlichen Weinbergs«, das 63 Theaterskandale verursachte, denn die »feuerfesten Dogmen und Theorien schienen das Lachen aus den Gesichtern verbannt zu haben«, bald standen in der Liste der politischen Sakrilege Heiterkeit und Lebensfreude obenan.

Im Wormsgau, dem Mittelpunkt der Heerversammlungen und Rheinübergänge, blühte der erst mythische und geschichtliche Frühling der Deutschen.

Vor dem Domriesen von Speyer, diesem »ungeheueren Lebewesen der Geschichte«, verspürt selbst der eiligste Tourist und Sigth-seeing-Reisende, wie Rudolf Pörtner in sein »Römerreich der Deutschen« einträgt, daß er soeben eine unsichtbare Grenze zwischen zwei Welten passiert hat. In diesem »erhabensten Raum auf deutscher Erde« ging der mittelalterliche Gottesstaat im Ansturm weltherrschaftlicher Selbstsüchte unter. Die große Völkermühle am Mittelrhein weitet sich im alten Königsland Palatia Regis zur fruchtbaren und furchtbaren Völkertenne.

Die »Weinstraße« in die Weinpfalz ist keine pfadgerechte Traumstraße vor dem aufsteigenden Sandsteinplateau der Haardt und den warmblauen Wellenkämmen des Pfälzer Waldes, sondern ein ausfächerndes Uferfinden in einem Südmeer aus Weingärten, Edelkastanien, Felszacken, Pfirsichblüten, Mandeln, Aprikosen und Tabakfeldern. Dieser heiße Weingarten Eden in einem lombardischen Klima, in dem sich Feigen und Zitronen an die deutsche Sonne trauen, hat ungewöhnliche Vergleiche angeheizt — das Land mit den wechselnden Pigmenten Scharfgrün, Lindgrün, Hellbraun, Signalrot, Schwarz und Zartgelb schien Josef Nadler dasselbe für Deutschland, was die Provence für Frankreich war. Und Riehl brachte es fertig, die Pfälzer in Alluvialpfälzer, Sandsteinpfälzer und Kohlenpfälzer zu sortieren, wobei er eine vierte Sorte durchgehen ließ, »die man nicht so kurzweg auf eine Gesteinschicht« taufen kann. Der Urpfälzer, der seinen Wein am Rahmen zieht, meinte er ohne Vorahnung, daß sich der urpfälzische Palatio an der Luthra, die Westrichwelt

»Hier stehe ich, ich kann nicht anders...!« zurief.

Trümmer tropischer Städte werden vom Urwald überwuchert; in das verbrannte, von der Spitzhacke erbärmlich niedergemachte Worms, in dem so vieles noch ahnen läßt, was es einmal war, kamen die Reben zurück, ließen sich Gewann-Idyllen wie »Weg am Mondschein«, »In den Waaggärten« am Rand industrieller Rührigkeit nieder.

69 Speyer —
Dom und Heidenturm Seite 134/135
Auf dem Platz einer vierhundertjährigen Merowingerkirche legte Konrad II. 1030 in Speyer den Grundstein des mächtigen Salierdomes; im selben Jahr gründete er die Klosterkirche Limburg bei Dürkheim, heute die staunenswerte Ruine. Sein Enkel Heinrich IV. erweiterte den flachgedeckten, vom Rhein bedrohten Dom zur hochgewölbten Basilika — unser größter romanischer Kirchenbau, zweimal vernichtet, zweimal wieder aufgebaut.

Bis Pfingsten 1689 ruhten die Großen der mittelalterlichen Kaiserherrlichkeit ungestört unter der Krypta, dieser »schönsten Unterkirche der Welt«. An dem »jammervollen Verheer- und Zerstörungstag«, da auch Speyer auf Befehl des Sonnenkönigs verwüstet wurde, floß das Dachblei des Doms »wie Wasser auf der Erde herum«, Hebeisen stürzten, was noch hochstand, die Zinnsärge in der Gruft wurden zerschlagen, die »Körper aber beraubt — auf die Erde geworfen«. Die Gräber Konrads II. und Heinrichs IV. wurden durch eine meterdicke, erst 1900 entdeckte Mörtelschicht vor der Schändung bewahrt; erhalten blieb auch das um 1300 gemeißelte Epitaph-Porträt Rudolfs von Habsburg. Balthasar Neumanns Sohn ließ die starke Urgestalt der dreischiffigen Basilika 1772/84 wieder erstehen; bald nach der Französischen Revolution brach der Dom, als Steinbruch freigegeben, erneut zusammen. Das 19. Jahrhundert richtete ihn nach überlieferten Maßen wieder auf, in unseren frühen sechziger Jahren bekam er den letzten restaurierenden Schliff. Der geziegelte Heidenturm vor seinem Chor ist ein Rest der christlichen Stadtbefestigung.

Dem alten und neuen Speyer sind ein paar Wunderdinge um den ertrotzten Dom verblieben — der mehr als dreitausendjährige »Goldene Hut« in der Schatzkammer des Historischen Museums, das Judenbad aus dem 12. Jahrhundert, das kraftvolle Stadttor Altpörtel, schon 1176 die »vetus porta« der Befestigung.

70 Neuleiningen Seite 136
Neuleiningen, der namhaftere Vetter des entfernt angesiedelten Altleiningen, drängt sich auf seinem kleinen Weinberg alt genug um die verläßlichen Schultern von St. Nikolaus. Seit dem 13. Jahrhundert spähte von dort oben eine Burg über die weite Rheinebene. Ihr wehrhafter Kern zerfiel im Flammenmeer, das nach dem sonnenköniglichen Aufruf zur verbrannten Erde »Brûlez le Palatinat!« über die Pfalz hereinbrach. Der Burgkapelle blieben einige Holzapostel und eine Madonna aus spätgotischer Friedseligkeit. Mit seinen Turm- und

Mauerkronen, schwärmt ein Tourenprospekt, erhebt sich das malerische Neuleiningen wie ein toskanisches Bergdorf über die Betonkurven der Autobahn Mannheim-Saarbrücken. Näher besehen und behorcht bleibt alles beim pfälzisch Althergebrachten, was kein Schade ist — hat sich doch in der Pfalz ein Menschenschlag entwickelt, der sich durch geistige Beweglichkeit und lebfrisches Temperament vor allen Stämmen auszeichnet. Ernst von Wolzogen fühlte sich davon so angezogen, daß er hinzufügte: ». . . Man könnte die Pfälzer wohl die Gaskogner Deutschlands nennen!« Im nahen Grünstadt wird die Schauinslandbrüstung der aus Felsbrocken hochgemörtelten Mauer vom balkontragenden Portal des Schlosses Oberhof barock parodiert, ganz ohne Absicht: Unter der Schaubalustrade drängen sich Tier- und Menschenköpfe neugierig hervor, um nur ja dabeizusein.

Der Hauptsitz der Grafen von Leiningen war von der Mitte des 14. Jahrhunderts an die frühere Hohenstaufenburg Hardenburg bei Bad Dürckheim, die ihre Bewunderer heute im imposanten Vorhof als Ruine empfängt. Sie ist eine der rund dreihundert Burgen der Pfalz, die zum größten Teil als wehmütige Ruinen auf die Nachwelt kamen. Rund dreihundert — das ist auch die Anzahl der weinbauenden Winzerorte in der Pfalz, die Heinrich von Treitschke »ein wahrhaft adlig Land« nannte.

71 Burg Trifels bei Annweiler Seite 138/139
Zur Zeit des Staufenkaisers Friedrich II. galt das große Wort: »Wer den Trifels hat, hat auch das Reich.« Dem Trifels, der mit seinen Leibwächern Anebos und Scharfenberg eine argusäugige »Burgdreifaltigkeit« bildet, waren die Krönungsinsignien und der Normannenschatz anvertraut. Die Zisterzienserabtei unten im Eußertal wachte über die Reichskleinodien, am Fuß der Reichsfeste gedieh die kleine Reichsstadt Annweiler, als längst aus dem Trifels des »Reichs verlassene Burg« geworden war, wie Viktor von Scheffel klagte. Aus der im 11. Jahrhundert gegründeten Feste der Staufer, die zugleich ihre letzte war, wurde wie der Traum vom Reich eine majestätische Ruine, eine unserer berühmtesten. Die hohen Trifelsgefangenen, unter denen sich Mainzer und Kölner Erzbischöfe und normannische Edle befanden, werden aus anderen Burgfenstern geblickt haben, wenn sie nicht in tiefen Verliesen schmachteten. Auch der englische König Richard Löwenherz starrte einige Zeit als verzweifelter Trifelsgefangener in die Wälderbrandung der Hochvogesen. Auf der Plattform des Kapellenturms rief Hans von Malottki, frei und deshalb begeistert: »Das ist schon Frankreich, und die Landschaft des Trifels, der Wasgau — der alte Wasichenwald des Walthari-Lieds, das Vorland der Vogesen — ist heute Grenzland. Das Schicksal der Abseitigkeit hat ein Stück deutscher Erde getroffen, das im Mittelalter einmal Herzland und Mitte des Reichs war. So schwand auch der Trifels aus dem allgemeinen Bewußtsein, obschon die Himmel der Vergangenheit, die sich über ihm wölben, zu den größten und höchsten gehören, unter denen unsere Nation jemals gewandert ist.«

um Kaiserslautern, in ein »Luftzentrum Europas« verwandeln sollte, »schaut nur in sich hinein und findet dann, daß er sich selbst genug sei«. Und daß er schon von der bloßen Luft seiner sonnigen Hügel gescheiter wurde als andere.

Im barockwarmen Windschatten der Mittelhaardt um Neustadt liegt das pfälzische Edelweingebiet von Maikammer, Gimmeldingen, Ruppertsberg, Deidesheim, Forst, Bad Dürckheim, Ungstein und Kallstadt. Dort reifen die Mandelgarten, Freundstück, Liebesbrunnen, Wolfsdarm, Ungeheuer, Vogelsang, Jesuitengarten und Goldbächel. Im südlichen Garten Eden unter Edenkoben reifen in der Oberhaardt die Trauben von Rhodt im »ältesten deutschen Weinberg«: »Und wenn euch Gram bedroht«, singt ein altpfälzer Schoppenstecherlied, »greift rasch zum Trost von Rhodt! Gott segne ihn!«

Im Hambacher Schloß über Neustadt, der »Wiege der deutschen Demokratie«, erhob sich 1832 das halb pfingstliche, halb närrische Freiheitsbrausen der »Hambacher Bärte«. Herberge der Gerechtigkeit nannte schon Franz von Sickingen seine Ebernburg im nordpfälzischen Musikanten- und Schnurrantenland.

Endlos lang und endlos blühend verläuft über dem kurpfälzischen Meran und Weinkeller Neustadt an der Haardt das Weindörfchen Haardt, das sich den Gebirgszugnamen Haardt einfach in seine kleine Winzerhosentasche schob. Fast bis über Gimmeldingen, wo die Meerspinne in ihrem grünen Netz an der Sonne saugt, läuft die geranienlustige Mauerbrüstung der Dorfhochstraße neben der Prozession von Walmdächern, Torbogen und Fachwerk hundertreu einher. Dieses lange Haardt hat ein Nachfahre des Sloganfinders, der die Pfalz als »Weinkeller des Heiligen Römischen Reiches« ausrief, spendierfreudig als »Balkon der Pfalz« bezeichnet. Aber der ganze Haardthöhenzug besteht aus Balkonen. Vom Dahner Felsenland, von der Sesselbahnlinie zur Rietburg, vom Bismarckturm auf dem Peterskopf bis Neu-Leiningen und Bockenheim schweben allerorten Aussichtsbrüstungen über der Rebenflut. Je nach Wetterlaune und Himmelsrichtung wenden sie sich den Türmen von Heidelberg, Speyer und Worms zu, dem Hunsrück, Taunus, Odenwald, Schwarzwald, Wasgau, den Vogesen. Kehrdichannichts, Murrmirnichtviel und Schaudichnichtum heißen die Aussichtsbalkone um den Drachenfels. Zum Ausgleich für diese Weitschau sind meist die Gassen über den unterirdischen Kellern — ihre Kellermeister heißen alteingesessen Weinhold, Schenk, Schwarztrauber oder Wingarter — derart eng, daß dem Volkswitz zufolge kein Angesäuselter so schnell darin seitwärts umkippen kann.

Treppauf, treppab ließe sich über die Fernsichträusche auf pfälzischen Altanen und Ruinen-Eckzähnen Vergnügliches und Ausgepumptes erzählen, vom Wasgau bis zum Berg des Donar, der ins Nahetal hinüberschaut. »Das Herz angelt einem danach«, schöpfte Wilhelm Heinse neuen Atem, als ihm plötzlich im Queichland hinter Landau das Straßburger Münster leibhaftig erschien. Sein Herz angelte danach, »geschwind dahinzukommen, um hinaufzuklettern, wegen der unvergleichlichen Aussicht, die man hier haben muß.« Das war das Fernsehen der Romantik, an dem jeder noch teilhat, dem das Herz nach allem unerreichbar Erreichbaren angelt, nach Kaffeefahrten in kühle Forsthäuser, nach dem Schatten der Platanen, nach dem sanftgewellten Herxheimer Himmelreich, nach der walddunklen Kalmitspitze über Maikammer.

Manchmal hocken an den Nebenpfaden der Weinstraße alraunenhaft verknorzte Rebstöcke wie alte Raben rechts und links. Mit dem Vorsatz, vom »Schwarzen Hergott« am Donnersberg kilometertüchtig vorzudringen bis in die Bergtaverne »Tabernae montanus«, was endgültig »Wirtshaus am Berg« oder Bergzabern heißt, watet man in ihre Wald- und Rebenflut. Blickt man die 263 Kilometer lange Strecke zurück, so sind allgegenwärtige Rösselsprünge in einem Weinarkadien daraus geworden, zu Lande den Moselschlingen vergleichbar. Feuerwerk, Weinlesefeste, Preisbockversteigerungen, Blasmusiken und Wurstmarktereignisse wirbeln mit hindurch, was alles wunderbar aufhält — selbst Winzingen, das längst vor Neustadt dalag, alarmiert mit dem Feuerwerk seiner »Kerwe«. Seinen Kosenamen dankt es weder den Winzern noch seiner Winzigkeit, sondern Winzke, der Gemahlin des Märchenkönigs Luskus. Das fällt hier so wenig auf wie im Schwabenland der Schiller und der Hegel.

72 Dörrenbach — Altes Rathaus Seite 141

In einem »Feuer der Freundschaft« verbrannte französische und deutsche Europajugend vor Jahrzehnten die Grenzschranken zwischen dem Winzerdorf Schweigen und dem elsässischen Wissembourg, in dem Ostfried von Weißenburg sein »Evangelienbuch« schrieb. Das Weintor bei Schweigen steht diesseits der verwehten Aschenspur.

Gleich weit von Schweigen und Bergzabern entfernt liegt das geruhsam in geschnitztes Eichenfachwerk eingeflochtene Dörrenbach, das »Dornröschen der Südpfalz«. Wie vor dem Trifelser Hohenstaufensaal finden vor dem alten Rathaus, dem schönsten Fachwerkbau der Pfalz, im Sommer Freilichtspiele statt. 1050 wurde die staufische Burg Guttenberg errichtet, 1468 wurde sie zerstört, 150 Jahre nach der Schutzburg Otterbach. Deshalb errichteten die Dörrenbacher Bauern nach 1304 auf dem Weißenburger Klostergrund einen befestigten Friedhof mit einem zum Bergfried gerüsteten Kirchturm. Das um 1590 erbaute Rathaus neben der Wehrkirche begann seine Laufbahn als Halte- und Proviantstation des Herzogtums Zweibrücken. Aus dem Waldland hinter Dörrenbach führen phantastische Schleichpfade in die südpfälzische Burgen- und Felsenlandschaft. Nach einem beherzten Vergleich könnte der abenteuerlich felsige Wasgau für die Deutschen dasselbe werden wie für die Amerikaner der berühmte Göttergarten der Rocky Mountains, wüßten die Deutschen nur, daß und wo es ihn gibt. Diese Walthari-Felswildnis ist kaum einem der unter sich nicht eben verschwiegenen Pfälzer entgangen — schließlich war Falkenauge in Fenimore Coopers »Lederstrumpf« ein in Edenkoben geborener Waldläufer, der in Mohawk auf Kriegspfaden weiterpirschte.

Bad Bergzabern schart sich um das alte Zweibrücker Herzogsschloß, um den Renaissancebau des »Engel« und den finkenlustigen Böhämmerbrunnen. Die Bergzaberner wurden nach dem »Behääm«-Geschrei der Bergfinken, die sie mit langen Blasrohren wegpusteten, als »Böhämmer« verspottet; ihre Ritter gingen als geharnischte Singvogelfresser in die sonst so erhabene Pfalzgeschichte der Salier, Staufer und Wittelsbacher ein. Die Bergzaberner Gegenwart floriert zwischen Wein und Wassertreten im Kneippbad.

73 Blick von der Madenburg Seite 142/143

Das Blühweiß, die hellen Weingartenwege unter der Madenburg haben Sonne genug getrunken. Wunderbar, wenn der Himmel einen der raschen Pfalzsprühregen über das helle Grün bläst. Aus dem Winzergemäuer von Klingenmünster klingt noch astrales Klostergeläut der Benediktiner, die sich schon im 6. Jahrhundert in dieser Haardtinsel der Seligen niederließen, bis kurz vor 1500. Am Treidelkopf setzte die Fliehburg Heidenschuh vorgeschichtliche Zweifel in die Beständigkeit des Paradiesischen. Nah unter Kastanien ruht Max Slevogt, der in Neukastel das Schwirren und Flirren des Gotteslichtes suchte. Die frühmittelalterliche Burg Waldschlössel, die Trifelsdreieinigkeit, Landau, die »schöne Stadt vor blauen Bergen«, die bizarren Felsblöcke um die Münz schweben und schwingen durch die südländischen Nachtgedanken, die den Pfälzer Blaul sentimental und übermütig machten. Die blühenden, glänzenden zaubrischen Südnächte vom Comer See bis hinab zum Golf von Neapel zerrannen in seiner Erinnerung an die Sommernächte seiner Heimat: »Wenn auch nicht der vielgepriesene Orangenduft uns berauscht, so führt doch der Nachtwind den Duft der Rebenblüte über die Ebene des Rheines und den frischen Hauch unserer Wälder. Und was eine Nacht in einem großen, grünen Walde ist, das wissen nur wir.« Der Süden hat solche Nächte nicht, sagte er. Wir haben sie auch nicht, fügen die Deutschen nördlich und östlich des Pfälzerwalds hinzu, wenigstens nicht so.

Das Romantische an der Straße

In den beschwerlichen Abenteuerzeiten war die Romantische Straße die Reiche Straße, die um Augsburg herum immer reicher, um Würzburg herum immer schöner wurde. Da sie als Via Claudia aufwuchs, schlugen unkundige Auguren vor, sie anständigerweise Romanische statt Romantische Straße zu nennen, was manche Touristen mehr erschreckt als in Bann gezogen hätte. Überdies lag das Romanische auf der Reise vom barocken Würzburg durchs gotische Starren fränkischer Turmspitzen ins Blühen der »Gnadenblume der Wies« so besonders augenfällig nicht am Weg.

Zwiefach südlich kreuzt die Romantische Straße im traubenschweren Süden Frankens die Residenzenstraße und im Allgäuer Gebirgssüden die bayerische Alpenstraße. Was der Steingadener Abt Marianus II. bei der Grundsteinlegung der Wieskirche latein-diamanten ins Prälatensaalfenster ritzte, wird in jedem Winkel der Romantischen Straße insgeheim gesucht: »Hier wohnt das Glück, hier findet das Herz seine Ruhe.« Im halbdunklen Versteck des Lusamgärtleins neben den Kreuzgangbögen des Würzburger Neumünsters fand das Herz des unruhig fahrenden Walther von der Vogelweide seine Ruhe, im fernen Jahr 1230, unter dem Block mit der kleinen Tränke, die er den Vögeln testamentarisch gestiftet hatte.

Der Einfall »Romantische Straße« kam erst 1950 auf die Welt, anderthalb Jahrhunderte nach der Geburt der deutschen Romantik, die in Franken mit dem ironischen Augenaufschlag vor sich ging: »Warum verdammt ihr den Indianer nicht, daß er indianisch und nicht unsere Sprache spricht? Und doch wollt ihr das Mittelalter verdammen, daß es nicht solche Tempel baute wie Griechenland?« Im Ungefähren lag die alte Handels- und Ritterstraße zwar seit Jahrtausenden bereit, aber erst die Taufe »Romantische Straße« rief sie ins organisierte Leben, auf das es ankommt. »Gerade in der jetzigen Zeit«, fügte der Schöpfer der Romantischen Straße halb so verträumt hinzu, »brauchen wir doch alle etwas Romantik in unserem Leben.«

Gerade in der jetzigen Zeit, fahren wir 23 Jahre später fort, erweckt Romantik als Ausflucht bei Dogmatikern dieselbe Bedenklichkeit wie Idyll. Romantik und Idyll, sagen sie unverbesserlich weltverbessernd, sind im Vergangenen liegende Inseln für Menschen, die aus einer unheilen Welt zeitweilig auszubrechen versuchen, um sich im Unwirklichen zu erholen. Eine Spritze großmütterlicher Nostalgie wäre zeitgemäßer und bekäme ihnen besser.

Deshalb sagen moderne Köpfe statt Romantik lieber Nostalgie, weil diese Wortschönheit im Arztkittel aus griechisch nostos für Heimweh und algos für Schmerz hervorging und wir alle fließend griechisch denken. Doch Nostalgie, dieses waidwunde Herumlungern um Urväterkram, bei dem jeder so tut, als sei er ihm haushoch überlegen, ist keine Romantik für Menschen, die es hinaus ins Freie drängt, nicht nur um Kenntnisse zu erwerben, sondern um eine Offenbarung der Zugehörigkeit zu erleben, wie der Diplomat Carl Jakob Burckhardt dem eingeborenen Sinn für das Heimatliche näherzukommen versucht. Es ist hübsch, daneben zu erfahren, weshalb sich etwa hundert Jahre vorher der Basler Kunsthistoriker Carl Burckhardt aus der weinlosen Gegend von Nürnberg nach Bamberg und Würzburg hinübersehnte: »Solche alte Pfaffenstädte haben immer etwas Verlottertes und Fideles, wie ich es gern habe.«

Ein melancholischer Anflug nostalgischer Ironie bewegte Wilhelm Heinrich Riehl zu dem Ausspruch, die Röhn sei zu romantisch, um glücklich zu sein. Bei seinem Gang durch das Taubertal, den er einen Gang durch die deutsche Geschichte nannte, gab er in Mergentheim die oft und grell geschilderten Schwächen unserer kleinen Städte zu, bedachte aber sogleich den kostbaren Kern im schrullig Verholzten: »...allein, aus den kleinen Städten gingen unsere meisten großen Männer hervor, und die unendliche Fülle mannigfaltiger Bildungsstoffe auf engem Raum und in verjüngtem, leicht erfaßbaren Maßstab ist ein Vorzug der deutschen Kleinstädte, um welchen uns andere Nationen beneiden können...«

Welt- und Großstadtkinder macht es nicht ärmer, wenn ihren kunstsinnigen Impressionen an der Romantischen Staße daraus ein Fünkchen lebhaften Interesses zufliegt. Inter esse heißt dazwischen sein, und unterwegs gerät der Mensch oft mehr dazwischen als davor. Riehl schrieb seine »Naturgeschichte des deutschen Volkes« vor rund hundert Jahren als Vorbereitung einer Sozialpolitik, die sich mit Lebensräumen abgibt. Viel hat sich seither geändert. Aber Lebensräume, nicht bloß Landschaftsbilder und residierende Träume, durchquert die kurze Romantische Straße, die sich um herzhafte romantische Aufenthalte und Abwege verlängert, wenn sie gut werden soll.

Vor dem Würzburger Traubenkessel liegt dicht am Main Heidingsfeld, dessen »Hetzfelder Giemaul« einen Mostpokal zur Straße hin schwenkt, und Randersacker, beide winzerversippte Edelsitze seit karolingischen Tagen, wobei als Apokryph hinzugefügt sei, daß die Repperndorfer Winzer sich rühmen, Kaiser Karl habe auf ihrer Markung den Rebstock eigenhändig gepflanzt. Die erdigen Spitzenweine aus dem muschelkalkigen Wein-Uraltwinkel »villa Randeresachere« erinnerten Kennernasen der Heidingsfelder Künstlervereinigung »Hetzfelder Flößerzunft« an Heckenrosen, Pfirsiche und Schlehen. Am Würzburger Stein pflanzten Ebracher Mönche die erste Silvanerrebe, heute wandert der Steinbergkletterer zwischen den Rebenzitadellen des Juliusspitals, Bürgerspitals und Staatsweinguts bergan. Wenn die Sonne im Kalk brennt, zirpt rundum die römische Singzikade »Lauer«. Der König der fränkischen Bocksbeutelweine, der Steinwein, lächelt der weiblichen »Leiste« unter den Marienburgbastionen mainüber zu. Unter der Steinburgterrasse geistert die zaubernde Dunstschicht, die von den Mainspiegeln aufsteigt, vor dem glühenden Sonnenblitzen der Würzburger Dach- und Fensterreflexe aus violettgrauen Hügelwellen. Und weit bis in die Talwannen der Tauber stehen sandsteinerne Träubelesbilder, Heilige in Sandsteinfalten und Feldkapellen in den Rebenfluren, und unbeeindruckt von den schwäbisch zu schlotzenden Viertele reifen die Tauberweine unter dem Altspruch: »Im fruchtbaren Taubergrund / Wächst Wein stark und gesund.« Sie sind den Weinen an Saale und Main auf taubersanfte Weise franken- und seelenverwandt. In einem Seitental der Tauber, wenige Kilometer abseits von Bad Mergentheim, blüht aus dem dörflichen Stuppach Matthias Grünewalds mädchenschöne »Madonna im Garten«.

Vom Kreuzberggipfel der Rhön ist das naturgefügte Frankenland über eine Wegstrecke von 30 Stunden bis Mergentheim zu überblicken, ein Wink des Himmels, den Napoleon bei der Zuweisung des hohenlohischen Taubergrunds an den König von Württemberg überging. Die barocke Himmelskönigin von Tauberbischofsheim, die Nischen-Marien im Taubergrund und Madonnenländchen sind Fränkinnen wie Tilman Riemenschneiders Creglinger Marienkleinodien, seine zärtlich geschnitzte »Madonna im Rosenkranz«, die vor Jahren dem Volkacher Häckerkirchlein für eine Weile zeitgemäß entführt wurde. Riemenschneiders innige Lindenholzschnitzereien bewahrt das Mainfränkische Museum in den Residenzgemächern der Marienburg. Hin und wieder wird die Romantische Straße als Einfahrt in ein Museum von über 300 Kilometer Länge bezeichnet, Museums-

74 Würzburg Seite 146/147

Unter dem Pflasterhof des Marienwallfahrerkirchleins Käppele liegt Würzburg in seiner wohligen Breite. Im türmedichten Tal schimmert zinnern die Mainfurche. Würzburg ist nicht nur Kirchenstadt und Residenz, sondern Reben- und Hügellandschaft soweit das Auge reicht. Der Stationsweg zum zierlich gebauchten Käppele, das so verschiedenartige Geister wie Fischerbuben, Schafhüter, Häcker, Balthasar Neumann und Johann Peter Wagner stufenweise auf den Nikolausberg hinaufträumten, führt über diese glockenschöne Rokokoschöpfung hinaus ins Würzburger Bergländchen, in dem Max Dauthendey noch stille, altfränkische Dörfer fand, »wo die Kühe so gut und herzlich gepflegt werden wie die katholische Madonna in der Zimmerecke«. Der 1867 in Würzburg geborene Dichter wurde 1914 in seinem tropischen Sehnsuchtsland Java vom Kriegsausbruch festgehalten und starb 1918 in Malang als Internierter, gefoltert von Malaria und verzehrender Sehnsucht nach seiner fränkischen Heimat: »Ach, wenn ich doch nur schon wieder in meiner sanfteren deutschen Waldheimat im Guckelesgrabenhäuschen im Guttenbergwald bei Würzburg friedlich mit Annie in meinem Garten zur Nachtigallenstunde auf meinen Gartenbänken in meinem Hügelgarten unter meinen Obstbäumen und beim aufgehenden stillen deutschen Mond ausruhen dürfte von all dem Tropenlärm.« Kurz vor seinem Tod wurde die Qual seiner Trennung so groß, daß er schrieb: »Ich leide so sehr an Sehnsucht und Heimweh, ich möchte in den Garten stürzen, mich auf die Erde werfen, das Gras raufen und schreien, schreien, schreien.« Max Dauthendeys Versbekenntnis zum Würzburger Mainland: »Ach im Hügelland am alten Main, / In dem Rebenland im frohen Franken / Möchte ich mit beiden Füßen sein / Nicht nur mit den sehnenden Gedanken« endete mit dem verzweifelten, vom Schicksal nicht erhörten Ausbruch: »Um einen Büschel deutsches Gras zu sehen, möchte ich mir beide Füße wundrot gehen!«

Würzburg holte seinen großen Sohn Max Dauthendey 1930 heim und gab ihm eine Begräbnis- und Gedächtnisstätte im Kreuzgang vor dem Lusamgärtlein.

75 Tauberbischofsheim Seite 149

Mit dem altersgrauen Rundbehagen seines »Türmerturms«, der als einziger von 24 Stadttürmen am Leben blieb, liegt Tauberbischofsheim mit dem kurmainzischen Altstadt-Schloß in Badisch-»Sibirien«. Von der mainfränkischen Sonnenseite aus gesehen verblieb es allerdings wie Walldürn, Buchen, Amorbach und Wertheim allzeit im Madonnenländchen, erwärmt vom Würzburger Marienlächeln. Bonifatius jedenfalls fand diesen Tauberfleck für die heilige Lioba und ihre Nonnen warm und gut genug. Das war um 735, hundert Jahre bevor der Hof Bischofsheim kurmainzisch wurde; noch kein Gedanke daran, daß Liobas Klosterkirche dereinst eine barocke Schönheit werden sollte. Die grimassierenden Neidköpfe unter dem Giebel- und Erkerfachwerk, die unverblümt in Buchen und Wertheim (und in Heimatmuseen versteckt) angenehmes Groteskgrausen erregen, spuken in Tauberbischofs-

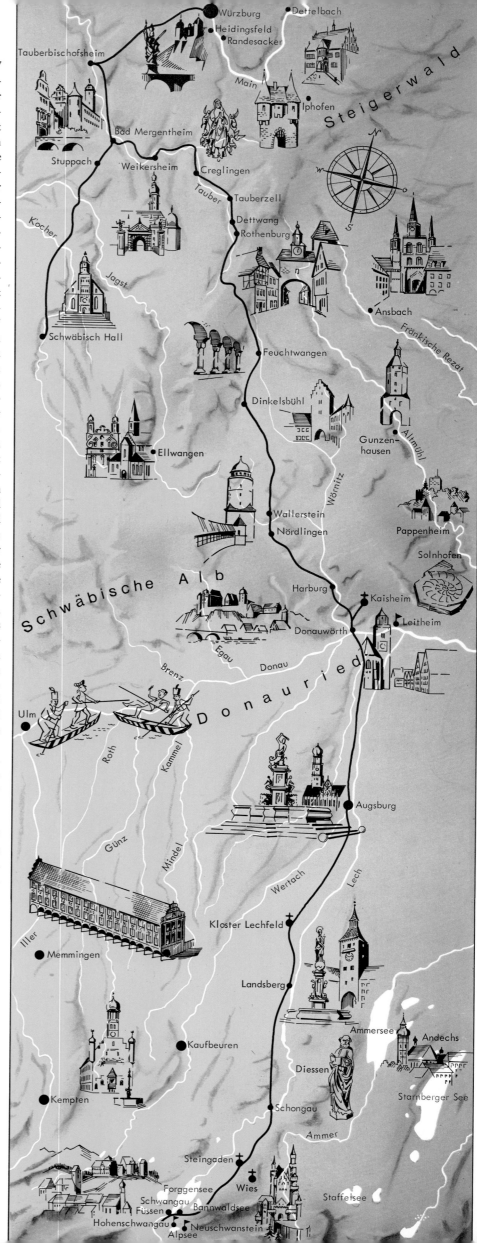

heim als Türkenköpfe. Da die Türken weder den örtlichen Weinhandel noch die mainfränkische Frömmigkeit der Elfenbeindrechsler und Altarmaler bedrängten, liegt es nahe, daß hier das Abgründige der fratzenhaften Seelenkarikaturen weit in die Türkei verschoben wurde. Alles, was Tauberbischofsheim seit alters ist, winkelt, erkert und giebelt sich patriarchalisch auf engstem Raum. Im Sommer ist die kurmainzische Stadtsilhouette unmittelbar ins Korngold der Felder hineingezaubert. Die Ölbergjünger vor der Stadtpfarrkirche sind so glücklich, ein wenig abgerückt vom Romantik- und Residenzen-Straßenstaub schlafen zu können wie St. Martins Marienaltar aus der Riemenschneider-Werkstatt. Auch Tilman Riemenschneiders in aller Welt bekannter und genannter Creglinger Schnitzaltar drüben im Taubergrund versteckt Maria und die vielen Engel in der Herrgottskirche, etwas hochgerückt am Wallfahrerhang.

76 Schloß Weikersheim — Rittersaal Seite 150/151

Die in temperamentvoller Barocklaune vorspringenden Geweihschädel im Rittersaal des Weikersheimer Schlosses legen es darauf an, von Jagdhunden verbellt zu werden. Balthasar Katzenberger, der Maler der riesigen freitragenden Kassettendeckenstrecke, mußte all dies »auf das künstlichst, feinst und frechst« inszenieren, nach niederländischen Motiven. Ein hochexotischer Elefant und ein entblößter Jägerhintern machen sich obendrein breit in der weiten Saalnatur.

Einen ähnlich pompösen, jedoch gestrengeren Rittersaal wünschten sich die Grafen von Wolfegg für ihre Allgäuer Renaissance-Residenz. In Schloß Wolfegg paradieren über Wappensockeln 22 Ritter, hoch und straff wie lebende, geschnitzt nach Hans Burgkmairs Holzschnitten aus der Truchsessenchronik.

Die Residenz der Grafen von Hohenlohe nächst Rothenburg ist dem kleinfränkischen Marktplatz zugekehrt, nach Renaissanceweise höfisch; unbeirrt mittelalterlich überblickt der Bergfried die kleine weite Tauberwelt. Und tauberwärts im Barockgarten panschen unbekümmert die Putten mit Wasserstrahlen vor dem feingliedrigen Säulenspiel der Orangerie; französisch mit Tauberwein im Stundenglas.

77 Mergentheim Seite 153

Im Herzinnersten der hochfeudalen Deutschmeister-Residenz von Bad Mergentheim versteckt sich etwas so heimatmuseal Schlichtes wie das »Haushaltungsbüchlein« Eduard Mörikes und seiner Frau Margarethe. Das schwäbische Menschenkind Mörike wohnte »mit allen Engeln und Spinnen, die ihm über die Seele krochen«, in dem »freundlichen Städtlein im Taubergrund« am Marktplatz. Nah dem Brunnen mit dem Standbild des Hochmeisters Wolfgang Schutzbar, des »Milchlings«, der den Bürgern seiner reichsfürstlichen Residenz das vornehme Rathaus mit dem Staffelgiebel hinsetzte. Das Schloß im unverkennbar gewappneten Baustil des zu Macht, deutschherrlichen Ländereien und Renaissance gelangten Ritterordens, der sich autark auf

muffeln wird angst und bang. Ein Seitenblick auf das parallele Vorzeit- und Museumstal der Altmühl zwischen Gunzenhausen, Solnhofen und Eichstätt bestärkt die ethologische Gewißheit, daß der Mensch der einzige Primat sei, der Gegenstände herstellt und verkommen läßt, um sie wieder auszugraben und in Museen aufzustellen. Doch besteht das Museale zwischen Würzburg und Steingaden nicht nur aus geborgenen Gegenständen, sondern aus gestaltwahr überkommenen Reichsstädten, aus Burgen, Schlössern und himmelstürmender Andacht zwischen Mittelalter und Rokoko.

In den Reihen der zwiespältig hochentwickelten Primaten, die Kleinodien anfertigen und sie als Vorfahrenplunder wegwerfen, damit ihre Enkel sie wieder ausgraben und bewundern können, regen sich durch Jahrhunderte die nagenden Spitzhackenprimaten, denen zu überhasteten Einbrüchen in gewachsene und geliebte Stadt- und Landschaftsgebilde heute die Planierraupe zur Verfügung steht. Um ein Haar wären den Steinbruchprimaten der Speyrer Dom, die Wies bei Steingaden, die Stadtmauern von Nürnberg, Rothenburg und Dinkelsbühl zum Opfer gefallen; der Anschlag auf Balthasar Neumanns herrliche Abtei Münster-Schwarzbach gelang bis zum letzten Stein. Da Dinkelsbühl und Rothenburg ihre Bewahrung vor auslöschender Bombardierung in letzter Minute dem Amerikaner McCloy verdankten, liegt es nicht weitab, ins Primatengehege die Erkenntnis des Engländers Winston Churchill einzubringen, daß der Mensch umso weiter vorausschauen wird, je weiter er zurückblicken kann. Wer nicht im Vorgeschichtlichen ankommen will, muß mehr und mehr Geschichte wagen. So wenig wie überkommene Städte sind Museen Rumpelkammern, in denen vergangene Wirklichkeiten als Alpträume des Geschichtlichen in uns hineingefoltert werden. Diesem Vorurteil des stumpfen Sinns gibt das Mainfränkische Museum eine märchenhafte Gelegenheit, sich selbst zu überwinden. Neben preziosenhaften Heimat- und Schloßmuseen an der Romantischen Strecke ist es das lichteste Museumsabenteuer zwischen Mainz, Worms und dem Nürnberger Germanischen Nationalmuseum, das Theodor Heuß eine »Fluchtburg der deutschen Seele« nannte.

In Dürers Nürnberg machte Heinrich Wilhelm Wackenroder, der nach seinen 1797 erschienenen »Herzensergießungen eines kunstliebenden Klosterbruders« als 25jähriger starb, die bestürzende Entdeckung, daß Kunst nicht nur unter italienischem Himmel, sondern auch »unter Spitzgewölben, kraus-verzierten Gebäuden und gotischen Türmen« entstand. Das war so unglaublich neu und verwegen, daß es vorerst »in« werden mußte, bevor es jemand begriff. Danach wurde der im Morgendämmer der Romantik aufbrechenden Jugend Alt-Nürnbergs gotische Stadtgestalt zum Symbol eines großen deutschen Kunstzeitalters. Das Mittelalter war dem Spieltrieb der jahrhundertelang humanistisch gelaunten Antik-Romantik noch zu unerquicklich benachbart, dem 19. Jahrhundert griff es ans Herz. Durchstreifen wir den Schloßgarten von Weikersheim oder die Säle des Donauwörter Klosterschlößchens Leitheim, so geraten wir in die amüsant verfremdete Gesellschaft von Nymphen, heidnischen Göttern, heiteren Amoretten und burlesken Fabelgeschöpfen. Den Veitshöchheimer Rokokogarten mit seinem fontänenbesprühten Musenpferd, den steinernen Fabeltieren La Fontaines und dem Herkules mit der Blumenkeule nannte ein zeitnaher Deuter schlechthin einen Garten nach Platons Schule und spürte dahinter altägyptische und zoroastrische Einstiege auf. Niemandem fiel dieses anspielungstrunkene, maniert gebildete und — nun ja, nostalgische Rückwärtsträumen zwischen Renaissance und Rokoko als Romantik auf, aber es war nichts anderes. Der poetischen und bildungsbeflissenen Verklärung des im Mittelalter-Helldunkel verharrenden Nürnberg folgte die malerische Verklärung des »fränkischen Jerusalems« Rothenburg ob der Tauber erst zögernd, dann überschäumend nach. Ludwig Tieck entdeckte nach Wackenroder das herbgraziöse Mädchenbild »Franken« und erlebte »in den gesegneten Fluren Frankens« seine erste große Reiseliebe, das Geständnis zwischen ihm und der Natur. Die von Schellings Naturphilosophie und Vaterland-Idealen faszinierte Jugend, die sich wie Friedrich Rückert in altdeutscher Wamstracht mit langwallenden Haaren unterm Barett altfränkisch austobte, durchschwärmte und durchlärmte das absichtslos in altfränkischer Dürftigkeit liegengebliebene Heimatland der neuen Romantik. Nur August von Platen, der Venedig einen ganzen Sonettenkranz zu Füßen legte, hielt als Ansbacher, der in der Nähe der alten Johanniskirche zur Welt gekommen war, ernüchterten Abstand — Ansbachs Rokoko war um Nuancen feiner als die Reichsstadt-Romantik vor seinen Toren. Als er 1822 über Rothenburgs Kopfsteinpflaster griesgrämig wurde, war die brandenburgische Markgrafenresidenz zwar durch Caspar Hausers Ermordung im Hofgarten noch nicht kriminalinteressant geworden, aber die Leere der Rothenburger

eigene Ordensbaumeister verließ, war im mittelalterlichen Vorleben eine Hohenlohische Wasserburg, die dem »Teutsch-Meisterhumb« nach dem Ordensbeitritt dreier Hohenloher als fürstliches Geschenk übereignet wurde. In dem schönen und mächtigen Schloßreich von Ellingen, das sein Territorium mit Reitschule und Brauerei bereicherte, residierte der Landkomtur über die fränkischen Balleien in Würzburg, Münnerstadt, Schweinfurt, Rothenburg, Virnsberg, Mergentheim und Heilbronn. 1526 wurde Mergentheim der rivalisierende Residenzsitz des Deutsch-Ordens-Hochmeisters; in Donauwörth steht das klassizistische Deutschordenshaus des 1696 formierten Hoch- und Deutschmeisterregiments. Zum wappenstrotzenden Prunkportal des Renaissance-Torturms der Mergentheimer Residenz führt eine Brücke über den alten Wasserschloßgraben. Reichtum, verwaltende Tüchtigkeit und Prachtliebe sind von Erzbischof Franz Ludwig von Pfalz-Neuburgs Schloß mit der berückenden Wendeltreppe, von Archivbau, Zwingertonne und Bläserturm weitergezogen in die Bürgerstadt, auf deren Mineralquellen salzbegierig leckende Schafe nach dem Aufhören der Deutschherrlichkeit im Oktober 1826 auffällig hinwiesen. Ihr Schäfer, Franz Gehrig, bekam ein Standbild als Entdecker der Mergentheimer Kurquellen. Und 1827 »wirkte« hier der junge Beethoven, wie eine Tafel kündet — er konzertierte im Schloß als Hofmusikus des Maria-Theresia-Sohnes Maximilian Franz, des kurfürstlichen und letzten Deutschmeisters.

78 Blick vom Toplerschlößchen auf Rothenburg Seite 154/155

Heinrich Topler, der unvergessene Bürgermeister von Rothenburg setzte seine gotische Villa »Rosental«, die heute Toplerschlößchen heißt, ins Taubertal. Vorher hatte er in der verwilderten Muschelkalkwüstenei einen Tümpel urbar machen lassen, zur Freude der Taubermüller. Die schmale Wasserburg war storchbeinig, aber wehrhaft — Topler ließ die Stubenwürfel übereinander klotzen, der Kubus unter dem Spitzgiebel kragte rundum vor. Falls berittene Kerle aufdringlich wurden, konnte die Graben-Zugbrücke hochgezogen werden und Toplers Knappe schoß durch die metertiefen Mauerschnitze. War das Pulver verschossen, so ließ sich das dichtgemachte Schießscharten-Mezzanin überfluten. Vor dem Rothenburger Burgtor und im Reichsdörfchen Dettwang überstanden zwei dieser feuerfest geschlossenen Bürgerburgen ein halbes Jahrtausend. Zur gewappneten Reichsstadt ob der Tauber blickte Toplers feste Arche turmnackig hoch und ließ Gemäuer, Burg und Türme nicht aus den Augen. So romantisch wie heute war das nicht, doch manchmal vielleicht auch lustig, wenn Topler mit dem kaiserlichen Saufaus Wenzel in der Enge seines »Kaiserstuhls« mehrmals notorisch zechte. Im Baujahr 1388 war »der hefftig Krieg zwischen Fürsten und Edlen uff einer Seit und auch allen Städten, die zusammen verbunden waren, uff die andere Seit in deutschen Landen«. 1394 schrieb der undankbare Wenzel den Rothenburgern einen krachledernen Brief, in dem er ihr Städtchen mit einer Sau verglich, die der Teufel vergebens zu scheren versuche.

Noch in der Blütezeit der Romantik trotteten Tauberesel von der damals rebenterrassierten Burghöhe zu den Talmühlen, hügelab, hügelan; davon blieb den Rothenburgern der Spitzname »Tauberesel«. Und du Tauber wohin? Unter den Bogen der mittelalterlichen Doppelbrücke vorbei am früheren Reichsdörflein Dettwang, vorbei an Tauberzell, Creglingen, Röttingen und Weikersheim, eine klare Silberader neben Wiesen, Törlein und ländlichen Fachwerkkästchen, die mit Rotkäppchensittsamkeit an der Straße stehen.

79 Wallerstein — Pestsäule von 1720 S. 156
Das große Schloß von Wallerstein auf dem schönen Süßwasserkalkfelsen rühmt der Baedeker »Süddeutschland« von 1903 vorbehaltlos. Die barocke Pestsäule des ländlichen Residenzstädtchens übergeht er mit Schweigen; uns gefällt sie schon wieder. So heiter wie das Moritzschlößchen im Park und so pathetisch wie Burnaccinis Dreifaltigkeits-Pestsäule in Wien ist dieser beinah zehn Meter hohe Gruselpfahl nicht. Graf Anton Karl zu Öttingen-Wallerstein ließ 1720 auf diese knotige Säule in der Marktstraße das wirksame Heiligen-Trio Antonius, Sebastian und Rochus meißeln, sowie ringsum kleine Engelsgravität, die zum Wolkenzug über dem Riesland der Öttingen, Waldburg und Fugger so übel gar nicht wirkt.

80 Feuchtwangen —
 Kreuzgang des Klosters Seite 157
Unter der Archivlupe nimmt sich das romantische Dreigestirn Rothenburg, Feuchtwangen und Dinkelsbühl eher brandig als funkelnd aus. Dem reichsfreien Feuchtwangen, erzählt die Chronik, schlug sein benediktinisches Königskloster und seine Lage im Schnittpunkt zweier Handelsstraßen zum Verhängnis aus, weil die Dinkelsbühler soviel nachbarliches Aufblühen nicht mitansehen konnten. 1309 und 1380 brannten sie das kleinere Feuchtwangen gnadenlos nieder. Als Vogtei, die Kaiser Karl IV. an die Nürnberger Burggrafen verpfändete, erlebte es im ansbachisch-brandenburgischen Untertanenfeld fürderhin seine eigentümliche Form weltabgeschiedener Tüchtigkeit. Heute ist schwer zu entscheiden, ob Feuchtwangen durch seinen romanischen Kreuzgang, oder der Kreuzgang durch die Freilichtspiele vor den säulengestützten Arkadenbögen, oder die Feuchtwanger Spiele durch den mittelalterlichen Kreuzgang berühmt geworden sind. Die Sympathie klösterlicher Kreuzgänge für widerhallende Worte ist längst vor dem weltlichen Festspieltreiben festzustellen — unter den Bogen des frühgotischen St.-Emmeran-Kreuzgangs von Regensburg fanden im Mittelalter mönchische Lesungen statt. Carl Spitzweg, der am 30. Juli 1858 das romantische Rothenburg bei garstigem, kalten, finsteren Regenwetter und fürchterlich heulendem Wind entdeckte, hatte vorher in Feuchtwangen übernachtet. Vor lauter Nässe verlor er kein Wort über das schöne Barockrathaus und die Stiftskirche, sondern schloß seinen erkälteten Bericht mit der Stichelei, daß Wassertrüdingen und Feuchtwangen schon durch ihre Namen ihre Reize erraten ließen. Das war ungerecht, da es außerhalb des verregneten Juli 1858 in Feuchtwangen soviele

Gassen gähnte ihn derart beklemmend an, daß er sich ängstigte, durch ein »erstorbenes Herkulanum des Mittelalters« zu wandeln. Das hohenzollersche Ansbach, das zum Rom des deutschen Protestantismus wurde, besitzt mit seinem Selbstgefühl als Regierungssitz von Mittelfranken und der tiefernsten Gotik von St. Gumbertus das »Jeder weiß von jedem alles«, das in Durchreisenden neugierige Neidgefühle auf unerreichbar gewordene Nachbartuchfühlung wachruft.

Es war 1825, als Ludwig Richter Rothenburgs Türme und Türmchen im Abenddämmer unverhofft vor sich sah. Er erkundigte sich, wie dieses Ding von Städtchen eigentlich heiße, und kaum hatte er die schiefen Gassen durchlaufen, illustrierte er den »Schatzgräber« des Musäus mit einem erker-, schindel- und fachwerkverschnörkelten Pfefferkuchenhäuschen, das ahnen läßt, was seine Nachfolger noch alles hinzuskizziert hätten, wenn in Rothenburg kein einziges Kleinod geraubt, verbrannt und vertrödelt worden wäre. Ein Vierteljahrhundert danach erschien mit Pinsel und Palette der Münchner Maler Carl Spitzweg, der längst ausgezogen war, die schwäbischen und fränkischen Kleinstadtidyllen zu entdecken. Und nach Spitzweg, der das eigentümlich Spitzwegsche in Rothenburg sogar seinen Käuzen und dem verliebten Provisor auf den Lebensweg mitgab, wurde das Rotkäppchen unter den altehrwürdigen Märchennestern mit Rötel, Öl, Aquarellfarbe, Pastell, Tusche, Feder, Scherenschnitt und Linolmesser millionenfach zerwinkelt in die weite Welt geschickt — das Fachwerkzickzack am Plönlein, das gewappnete Rödertor, das Brünnleingegitter, Schildergerank und Pflastergefleck zum Koboldzeller Tor hin, der kapuzinerkressegetüpfelte Plätscherbrunnen vor dem Markusturm, den die Maler gern etwas schiefer malen als er in die Hafengasse hängt, der holzgeschnitzte Feuerleinserker mit der Ziegelzwerghaube, das schummrige Rathausportal mit der liebtrauten Eisenlaterne — in aller Welt überbot dies Mona Lisas Rätsellächeln an pittoresker Unglaublichkeit.

So wurde Rothenburg zum vorgeburtlichen Traumstadtereignis der Menschheit, das sich jedermann nach dem Ausbruch der industriellen Pionier- und Planierzeit in der Hinterhand behalten wollte, eine Fliehburg der konservativen Seele und das Lebkuchenmärchen für das weitgereiste Kind im überentwickelten Technokraten. Alles kehrt wieder, Rothenburg gewiß nicht. »Schiffe sinken, Rothenburg und seine Geschichte nie«, schrieb der Seeteufel Graf Luckner ins Goldene Buch der Stadt. Ließen sich Rothenburgs Brünnchen, Erkerchen, Wehrmauern und Türmchen wie Dosenbier exportieren, so säßen längst zwischen New York und Neuseeland nichts als rotgezipfelte architektonische Gartenzwerge und hörten auf den Kosenamen Rothenburg. Doch die fränkischen Leute, die im türmchengespickten Idyllenland ihrer Tatkraft so einhellig die Zügel schießen lassen wie in den Neureichen taghell er Industrien, bewegen sich in ihren Very-nice-Gehäusen durchaus nicht als verwunschene Märchenkinder. Sie sind Realisten ohne Abseitsträumerei; allerdings — ihre Vorfahren haben das alles mit Selbsthärte, Liebe und Nachbarsinn aufgebaut, und sie haben die Kraft, es weiterhin auszufüllen. Ihr Hang zum altfränkischen Hausen hinter Zeit und Modeflucht, hinter dem sich unaufdringlich moderner Komfort verbirgt, ließ in Miltenberg, Wolframs-Eschenbach, Wertheim, Dinkelsbühl und Nördlingen Stadtedelsteine fast unzerschliffen stehen. Manchmal mit Problemsprüngen, die Städte unter unbemoosten Schindeln so kurios nicht kennen; sie kennen andere und vielfach härtere.

Die drei denkwürdigsten Träume, die ein deutscher Mensch träumen kann, waren für Kasimir Edschmid Rothenburg, Dinkelsbühl und das Hochstift Bamberg. Die Romantische Straße, es war naheliegend, ersetzte Bamberg im dreigestirnten Traum durch das denkwürdige Nördlingen, das 1238 von einer Feuersbrunst vom Totenberge hügelabwärts gescheucht wurde. Danach scharte es sich unten an der Wörnitz um St. Georg, und sprengte schon 1327 seinen Alten Graben so wacker, daß es die neue Umfänglichkeit in einen weiteren Wehrgürtel für beleibte Reichsfreie einzwängen mußte. Ihrer romantischen Wirkung auf Besucherscharen aus genormten Gehegen sind sich solche ehrsamen Stadtzwerge, die mit erhobener Steinfaust vor der Astronautenära stehen blieben, nur momentweise so zäh bewußt, wie ihnen ihre Romantik ständig beteuert wird. Wie im Tiefschlaf haben ihre Marktplätze, Faul- und Wehrtürme den »Verlust der Mitte« verhindert, indem sie nicht Platz machten — Pippins Dettelbach mit seinen Turm- und Giebelkonturen etwa, das in der Julius-Echter-Ära zum besuchtesten Wallfahrtsort der Mainlande wurde — die hoch oben auf dem Felskopf erstarrte Stadtburg Rothenburg — die umtümpelte Wasser-Stadtburg Dinkelsbühl —
— hinter diesen Mauerwällen wurde gebrandschatzt, geköpft, getanzt, gebetet, händeringend vor geharnischten Wichten gekniet, Vieh gezüchtet, Pestilenz verscharrt, Fürsten gehuldigt, viehisch gezecht, bildergestürmt, erhaben musiziert, gemalt und steingemeißelt, daß der Geschichte schwindlig wurde. Das ist

Sonnenstunden gibt wie in Ansbach und Dinkelsbühl. Feuchtwangen besitzt zudem, unabhängig von allen Wetterlagen, eine der interessantesten Volkskunst-Sammlungen von Bayern.

81 Dinkelsbühl —
Vor dem Rothenburger Tor Seite 158/159

Am Rothenburger Tor von Dinkelsbühl steht die Gebrauchsanweisung: »Die Rothenburger Straße am Rothenburger Tor führt nicht nach Rothenburg«, aber wenigstens liegt davor der Rothenburger Weiher — dem Wörnitz- und Nördlinger Tor neben dem Barockgiebel der befestigten Stadtmühle gevatterlich verbunden. Der Dinkelsbühler Schriftsteller und Domherr Christoph von Schmid wurde als Knabe von der »bläulichen Wernitz« ganz ungemein ergötzt; an ihrem Ufer, erzählt er, saß in grauen Tagen der Dinkel-Einödbauer, vielleicht noch vor der Stauferzeit, in der sich Ostland- und Italienweg hier schnitten. Er säte und erntete den körnigen Dinkel, der den Schwabenleuten vor dem Aufkommen der Spätzle über alles ging. »Wegen des Dinkels, der hier reichlich gedeiht, und des Bühls oder Hügels, an dem sie liegt, wurde die Stadt Dinkelsbühl genannt.« Sie führt drei goldene Dinkelähren im Wappen. Die schweren Wälle um das befestigte Handwerker- und Patrizierstädtchen mit den mehr als zwanzig hohen Türmen wurden in Gärten umgewandelt. Dahinter die gestaffelte Segringer Straße, der Stadtpark mit dem Faulturm, das romanische Turmportal vor der hehren Raum- und Säulengravität der gotischen Gotteshalle St. Georg, mit Nikolaus Eselers d. Ä. Sakramentshäuschen, der fachwerkgeschnitzte Renaissance-Schmuckkasten des »Deutschen Hauses«, der über das kriegszerstörte Hildesheimer Knochenhauer-Amtshaus zwar nicht hinwegtröstet, aber in altfränkischer Patriziernoblesse das unglückliche niedersächsische Renaissance-Gebäude stets ins Gedächtnis ruft. — Im Schrannensaal findet jeden Juli das Festspiel »Die Kinderzeche« statt. So unermüdlich wie sich Rothenburg im »Meistertrunk« an den trinkfesten Bürgermeister Nusch erinnert, der Tillys Ingrimm löschte, gedenkt Dinkelsbühl seiner zechenden Schüler, von deren Flehen sich der Schwedenobrist Sperreuth erweichen ließ. Dem Kinderbittzug dankt es seinen nur wenig verletzten Türmchen- und Mauerkranz, dem neuzeitliche Spitzhackenmissionare mehr anten als der Dreißigjährige Krieg.

82 Nördlingen — Blick vom Daniel
auf das Rathaus Seite 161

Nördlingen, mit Dinkelsbühl und Rothenburg im selben romantischen Atemzug genannt: ausgeschlüpft wie aus dem Oval eines Rieseneies, gelegt ins fruchtbare schwäbische Ries. Die spitzen Rotkämme des alten Festungs- und ehemals Freien Reichsstädtchens drängen sich hinter dem Reimlinger Tor um die mächtige Hallenkirche St. Georg mit dem siebengeschossig sich verjüngenden Turm, genannt der hohe Daniel, von dem der Wächter sein abendliches »So, Gsell, so!« hinabruft, heute noch, doch mit bayrisch eingefärbtem Bürgerstolz. Rundum die törchen- und basteiengespickte Wehrgangmauer mit dem Deininger Tor und Wall-

vorbei, und doch nicht ganz. Das Lebensfeste daran läßt sich gefahrlos besichtigen; der neue Mensch mag es inbrünstig, nachschauernd, unberührt oder belächelnd anschauen, mag er den Kopf schütteln mit Paul Valéry: »Alles, was ›historische Wahrheit‹ ist, alles, was nicht mehr ist, ist falsch«, so flüstert eine Stimme in ihm doch zwischenhinein: »Aber irgendetwas sintert aus dem Gewölbe- und Gassenmoder, und unwiderleglich strahlt es aus Riemenschneiders Rothenburger Heiligblutaltar — es ist noch, nichts daran ist falsch. Was ist falsch an uns?«

Das Hindurchtasten durch Geschichte, Kunst und Steinatmosphäre löst veränderndes Staunen aus, das nicht unentwegt romantisch stimmt. Geheim führt es weiter ins zeitlose Menschliche, das heute so, morgen anders aus den verschlossenen Steinkörpern strahlt, und auch aus uns. Das unmittelbare Anschauen da draußen legt offen, wie entscheidend die Baukunst die unentrinnbarste aller Menschenkünste ist. Dinkelsbühls architektonisches Gesamtbild nannte Georg Hager, seinerzeit Generalkonservator der Kunstdenkmäler Bayerns, eines der hervorragendsten Nationaldenkmäler in Deutschland. Darüber hinaus ist aus gestaffelter und perspektivenlebhafter Wirrnis an- und absteigender Gassen, sich verschiebender Mauerwinkel und Häuserzeilen nicht nur Spitzwegidyllik oder arabeske Willkür wie aus Kaffeesatz herauszulesen: darin siedelte, in mirakelhafter Harmonie, bindende Nachbarrücksicht mit freier Eigenständigkeit. Wo Herz um Herz für kahlen Zweck verloren geht, kommt auch Stein um Stein der Weisen abhanden, die in der gutnachbarlichen Baukultur stetig zur Hand war. Die Baukunst umfaßte in den vielgestaltigen alten Kleinstädten alle sozialen Schichten. Jedes Gebäude stellte nicht nur eine Persönlichkeit für sich allein dar, sondern wirkte so erregend wie zurücktretend in einer architektonischen Brüderschaft, die sich den Menschen und dem Naturland verbunden fühlte: »Jeder Bau hat eine Verpflichtung gegenüber seiner Umgebung, gegenüber der ganzen Stadt wie der einzelne gegen seine Familie ...« Das ist alte, für viele unwahrscheinlich neue Kunde, die jeder, ohne anderes als den menschlichen Geist in den alten Mauern ins Heute übertragen zu wollen, in panfränkischen Kuhschnappel wie in der Freien Reichs-Weltstadt Augsburg insgeheim findet. Ungestört traf Riccarda Huch sie in Dinkelsbühl noch an: »Ist Dinkelsbühl auch eine lebende und gedeihende Stadt, so bewahrt seine Gestalt doch das Vergangene und taucht dadurch in die Region der Ewigkeit.«

Unter dem frankenherzöglichen Krummstab von Würzburg hätten sich selbstherrliche Geldfürsten wie die Fugger und Welser so wenig entfalten können wie Balthasar Neumanns zyklopische »Babelgedanken der Seele« unter dem Krummstab der Augsburger Fürstbischöfe. Diese schwäbischen Kirchenfürsten mußten auf die dickschädlige Mitsprache ihrer guldenzählenden Bürgerschafe obendrein achtgeben. Sichtbarlich stand der Kaiseradler über der Stadt der zeiterschütternden Reichstage. Kein fränkischer Fürstbischof hätte dennoch von einem Handelsherrn hingenommen, was sich Karl V., dem Jacob Fugger der Reiche 300 000 Goldgulden für die Kaiserwahl vorstreckte, unter die Nase reiben lassen mußte: »Es ist wissentlich und liegt am Tage, daß Eure Majestät die Römische Krone außer mein nicht hätte erlangen können.«

Als der neugierige Herr von Montaigne, den Menschliches und Praktikables überall mehr als Romantisches interessierte, in Augsburg 1580 anhielt, war er (wie vor ihm Erasmus von Rotterdams Vater) höchlich angetan von den blitzblanken Wirtshäusern, den raffinierten Wasserkünsten, der ungemeinen Mechanikerspitzfindigkeit der Schwabenbürger, deren Betten er nachahmenswert fand. Welcher Fortschritt — die Wendeltreppe seines Gasthauses war ganz mit Leinenzeug belegt, die großen Ratten, die als Pestboten außerhalb der festen Mauern Augsburgs schon wieder überhandnahmen, waren aus der Stadt verbannt! Jeder Handwerker trug noch einen Degen, die Weber saßen waffengerüstet am Webstuhl, keiner ließ sich was gefallen. »Hier hab ich wohl den wahren deutschen Geist gefunden«, schrieb der Erasmusvater in sein Reisetagebuch, »ehrlich, freimütig, freundlich, manchmal aufbrausend, aber nicht rachsüchtig.« Auch das erste unüberhörbare Damenkränzchen erblickte in der freien Augustusstadt das Licht der Welt. Die zünftigen Metzgersgattinnen, deren Zunftherren im »Blutigen Wammes« polterten, saßen in ihrer emanzipierten Kneipe »Zur Weiberschule« zusammen, ganz unter sich, und wachten beim »Lämmerblut« des Tiroler Roten wölfisch darüber, daß kein Mannsbild sein Gesicht an die Fensterscheibe preßte.

Gottfried Keller merkte in »Kleider machen Leute« an, daß auch die Aufklärung in Augsburg noch deutlich an den Goldbuchstaben über den Haustüren abzulesen sei: Zur Bürgertugend A, Zur Bürgertugend B, Zur Alten Unabhängigkeit, Zur Neuen Unabhängigkeit — auch das ist Augsburg, läßt sich sagen, so gut wie Cottas »Allgemeine«, der hohe Glanz der Kaufherren-

bergers Löpsinger Tor zur Straße nach Öttingen, drinnen geborgen die Gerberfachwerkhäuser mit offenen Trockenböden, das selbstbewußte Rathaus mit Treppengiebeln, Erker, Freitreppe und der bemalten »Stube des Schwäbischen Bundes«, das Kürschnerhaus für »rauhe Ware«, das gotische Spital Heilig Geist, das spätgotische Brothaus am Markt, das achtstöckige »Hohe Haus«, die gestaffelte Kornschranne — mitten und mittelalterlich akkurat auf dem Punkt, wo sich im Ries die Straßen kreuzten.

Die anheimelnd geschachtelte Riesmetropole zwischen den Waldhöhen des Fränkischen und Schwäbischen Jura ist Ausgangspunkt der Schwäbischen Alb-Straße. Das aus dem altüberlieferten Scharlachrennen entstandene Nördlinger Derby, die Nördlinger Knabenkapelle und die Freilichtbühne in der Alten Bastei machen die alte Stadt der Gerber, Färber, Bierbrauer, Buchdrucker, Loden- und Leinenweber zu einer »weiterlebenden Stadt des Mittelalters«. Die »gotische Unruhe« und Gottesgewißheit der Rothenburger Jakobskirche, deren Hauptaltar der Nördlinger Friedrich Herlin malte, sowie der Dinkelsbühler und Nördlinger Georgskirchen ist das Stein- und Lichtwerk der großen Baumeister Niklas Eseler Vater und Sohn aus Alzey.

Das Heide- und Silberdistelplateau des Härtsfelds ist viel zu nah, um der Rollschuhmarotte eines zügigen musealen Straßengleitens zuliebe ausgespart zu werden — auf dem Ulrichsberg erhebt sich das ehedem reichsfreie Barockkloster Neresheim. Die schon lange umrüstete Abteikirche ist Balthasar Neumanns letztes, bedeutendstes, doch nach seinem Tod leider unzulänglich vollendetes Werk.

83 Harburg, Sitz der Fürsten Oettingen-Wallerstein Seite 162/163

Das Staufische der Herkunft und des steilen Anspruchs ist der Burganlage Harburg über dem Wörnitztal an den Mauerstirnen abzulesen. Seit 1295 gehörte dieses »Sinnbild ritterlicher Kultur« den Grafen von Oettingen, die 1774 gefürstet wurden. Bis in die Gänse- und Mühlenperspektive um die alte Wörnitzbrücke ist die Ausstrahlung der zwischen Schwäbischem und Fränkischem Jura wachenden Burggestalt zu spüren; weder Feuer noch Krieg rückten ihr zuleibe. Doch Zwingermauer, Wehrtürme und Mauerbering geben kund, wie beständig soviel beispielhafte Ritterkultur nach allen Richtungen erzbereit auf der Hut sein mußte, ob sie Stärkeren und Wilderen auch gefiel. Der buckelquadrige Bergfried wurde zum Diebsturm, Rittersaal, Burgvogtei, Münze, Hofmetzig, Marstall und Haberkasten; Bierkeller, Bräustübl und Pfisterei mit Pfisterturm verraten die lebhaften Gemütlichkeiten einer Residenz, die sich bis 1549 selbst genug war.

Die Seele dieses hohen Sitzes ist seit 1948 Oettingen-Wallersteins kostbare Sammlung altfränkischer Bildteppiche, graphischer Blätter und mittelalterlicher Kleinkunst im Fürstenbau; die Schloßbibliothek von 14 000 Bänden steht der Würde einer der »ältesten und besterhaltenen Burgen Deutschlands« besser, wenn auch nicht romantischer zu Gesicht als der barock gedeckte Faulturm.

Die Romantische Straße kann nicht umhin, sich eine kurze Strecke im Bergtunnel unter der Harburg etwas einzuschränken, bevor sie der breit ansteigenden alten Reichsstraße zwischen Augsburg und Nürnberg im Donauwörther Schlösserland begegnet.

84 Schloß Leitheim — Ausschnitt aus dem Deckenfresko   Seite 165

Überrascht es viele schon hinlänglich, in Donauwörth die Wörnitz und die Zinnengiebel eines Fuggerhauses anzutreffen, in dem sich König Gustav Adolf und Kaiser Karl VI. wohlfühlten, so steigt die Überraschung beim Aufstieg zum stillvergnügten Rokokoportal vor Schloß Leitheim ins Ungemeine: ein eigenes Weingärtnerhaus mit einem Treppentürmchen! Vor dieser Sommerresidenz der freien Reichsäbte aus dem Zisterzienserkloster Kaisheim wuchsen Reben, längst bevor das liebenswerte Lust- und Erholungsschlößchen für überanstrengte Mönche 1685 auf die Welt kam. Erwartungsvoll pflanzten schon die Römer an der Donau Reben, und zwischen 1427 und 1770 floß von der Kaisheimer Klosterleiten ein den Neckarkreszenzen verwandter Wein in Strömen über die Donautalstraße ins Rauhbayrische. Nach dem Zweiten Weltkrieg entstand am Südhang eine neue Rebanlage, Südbayerns einziger Weinberg.

Ihre einsame Rokokoblüte erfuhr die Residenz unter dem Reichsabt Cölestin Meermoos, der die Meerpferdchen seines Wappens und pralle Trauben verspielt in die Fröhlichkeit der hellblauen und ockergelben Stuckhimmel einführen ließ. Die Holz- und Schmiedekunstwerke dieser Rokokograzie wurden in klostereigenen Werkstätten gefertigt. Nur die Stuckmeister kamen aus Wessobrunn, und vom Bodensee holte sich der musische Abt den Hofmaler Gottfrid Bernhard Göz, der 1751 die Leitheimer Säle und das lichte Treppenhaus mit allegorischen und mythologischen, leichtblütig pastellkolorierten Motiven ausmalte. Unter dem Reigen flatternd dahintänzelnder Fresken der Jahreszeiten, der Temperamente und Lebensalter malte er sich selbst, möglichst nah dem hochmögenden Reichsabt und Mäzen Cölestin Meermoos. 1803 wurde das Reichsstift Kaisheim von der Säkularisation ereilt und zerpflückt. Unter seinen Inventurstücken befindet sich das Sterbekreuz der Maria Stuart und ein Bayreuther Mokkaservice, eines der ersten Porzellanerzeugnisse Europas. Alljährlich finden im Schloß Barockkonzerte statt.

85 Augsburg — Augustusbrunnen vor dem Rathaus   Seite 166

Der Augustusgründung Augusta Vindelicorum gelang unter Maximilian I., dem kaiserlichen »Bürgermeister von Augsburg« und unter den Welthandelshäusern der Fugger und Welser eine eigene, schwäbisch-römische »Augsburger Renaissance«. Die Barchentweber, Buchdrucker und Goldschmiede, der ältere Holbein, Hans Burgkmair und Jörg Breu ließen sie lebenstüchtig in die Lande leuchten. Dieser kunst- und fleißgewirkte Kulturboden bot dem genialen »Stadtwerkmeister« Elias Holl die freizügigste Chance, seine geistlich, patrizial und zünftlerisch regierte Vaterstadt nach geweiteten Raumvorstellungen neu zu erschaf-

paläste an der Maximilianstraße oder der übermütige Glanz, der im Mozarthaus von den Liebeswischen des derbdrolligen Wolfgang Amadeus ans »schöne, liebe, vernünftige, geschickte und listige« Augsburger Bäsle-Häsle ausgeht.

Das Forschen in der tiefschichtigen Lechfeldromantik kommt an schmalzgebackenen Hollerküchle-Hollunderblüten so wenig vorbei wie an den Schoppenstüble im Abendglockenklang des abgerückten Doms. Kirchengärtnerisch ist das klösterliche Zwiebeltürmchen von St. Maria Stern, das Elias Holls Vater darüber mauerte, als Augsburger Saatzwiebel ein kulturhistorisches Unikum. Denn ursprünglich war das Turmhäubchen nicht als Zwiebel gepflanzt, sondern als imitierte Leuchtkerze gemeint, an deren architektonischer Originalstilisierung im Morgenland Augsburger Kaufleute unbändg Gefallen gefunden hatten — sowas wollten sie auf christlich haben. Von Maria Stern aus, dafür sorgte der schwäbische Palladio Elias Holl bedachtsam, sprang das Flämmchen der orientromantischen Kerzenkapsel über ganz Augsburg hin, und mit angepaßtem Zwiebelturmbehagen breitete es sich danach über das Allgäu bis tief ins Bayernland aus. Doch wurden die Augsburger, die sich etwas darauf zugute taten, daß Münchens Liebfrauentürme ihre Kerzenkuppen aufsteckten, von Napoleons barschem Wort nachhaltig verärgert: »Meine Herren, Sie haben schlechtes Pflaster, ich muß Sie einem Fürsten geben!« Stracks kam Augsburg zu Bayern und giftete sich, daß seine Rathausherren unter Barbarossa so unüberlegt die Gründung Münchens durchgehen ließen.

Bert Brecht, der in Augsburg 1898 geboren wurde, war kurze Zeit Zögling der theaterfreudigen Jesuiten, deren Patres diese Weltmenschen bereits im Barock mit Schauspielkünsten vertraut machten. Der »arme B. B.« grüßte seine Vaterstadt kurz vor dem Tod über die Mauer hinweg:

Stehend an meinem Schreibpult
Sehe ich durchs Fenster im Garten den Holderschrauch
Und erkenne darin etwas Rotes und Schwarzes
Und erinnere mich plötzlich des Holders
Meiner Kindheit in Augsburg.
Mehrere Minuten erwäg ich
Ganz ernsthaft, ob ich zu Tisch gehen soll
Meine Brille holen, um wieder
Die schwarzen Beeren an den roten Zweiglein zu sehen.

Burg Falkenstein, der unvordenkliche Zufluchthochsitz, später die Pfrontner Sommerresidenz der Augsburger Bischöfe, ragte himmelhoch über das Land vor dem Bannwaldsee, der Berggeröll und Lawinen waldwuchtig in Bann hielt. Nicht nur im Allgäuer Weide- und Bergland der 107 Wald-, Wiesen-, Moor- und Alpenseen war sie der höchste Schroffen-Trotz — weit und breit in Deutschland gab es so Höchstritterliches nirgendwo. Schon im 11. Jahrhundert waren ihre Zinnen dem Himmel so nah gerückt, daß es wundernimmt, wieso dies der Blitz — der nicht einmal das arglose Vierzehnheiligen verschonte — erst 1898 mit einem Wutschlag in ihre Ruine übelnahm. 1434 hatten bereits die Augsburger, überlegter als der Blitz, die Falkenhöhe umso feuriger übelgenommen und dezimiert, nicht weil ihre Fürstbischöfe vom hohen Fels herab ihre Rollwagen jagten, sondern weil sich seit 1323 raubritterlich geschulte Falkensteinvögte auf der Reichen Straße untragbar breitmachten. Wer dieser Raublust aus unzugänglicher Gipfelhöhe mit wildromantischer Einfühlung nachspürt, durchlebt einen Fall beispielloser Räuberromantik, in der strapaziöse Bergbessenheit, mannhafter Wilderertrieb und firnklare Aussichtsentrücktheit zu vollkommener Blüte gediehen, wofür der mannhafte Augsburger Händlertrieb nichts übrig hatte. In der Seele war ihm der Raubrittertrieb hoch da oben zuwider. König Ludwig II. wollte eine traumhafte Burg Falkenstein nach Neuschwanstein geläutert in den Himmel wachsen lassen.

Traumspiele eines einsamen Königs, der am Unvereinbaren seiner Märchenmajestät mit der argen Wirklichkeit zugrunde ging, führten in eine künstliche Welt bengalisch beleuchteter Grotten und Wasserfälle.

Im Mai 1868 konnte er dem verhimmelten Freund Richard Wagner mitteilen, daß sein Wartburgtraum vor der Verwirklichung im bergeinsamen Schwangau stand:

»Ich habe die Absicht, die alte Burgruine Hohenschwangau bei der Pöllachschlucht neu aufbauen zu lassen im echten Stil der alten deutschen Ritterburgen, und muß Ihnen gestehen, daß ich mich sehr darauf freue, dort einst (in 3 Jahren) zu hausen; mehrere Gastzimmer, von wo man eine herrliche Aussicht genießt auf den hohen Säuling, die Gebirge Tirols und weithin in die Ebene, sollen wohnlich und anheimelnd dort eingerichtet werden; Sie kennen ihn, den angebeteten Gast, den ich dort beherbergen möchte; der Punkt ist einer der schönsten, die zu finden sind, heilig und unnahbar, ein würdiger Tempel für den göttlichen

fen. Sie wurde das »Pompejanum der deutschen Renaissance«, so einprägsam, daß sogar ihre feinen Rokokokünste als »Augsburger Geschmack« weltläufig wurden. Im Zweiten Weltkrieg verlor die Stadt der grünpatinierten Dächer die Kostbarkeit des »Goldenen Saals« in Elias Holls Rathaus. Aber neben Perlachturm, der palazzoschönen Stadtmetzg und Schaezlerhaus blieben ihr die Kleinodien des Herkules-, Merkur und Augustusbrunnens, alle drei tänzerisch fabulierend inszeniert im Jahrzehnt vor 1600, und dazu bestellt, augsburgischen Wasserüberfluß fontänenjubilierend himmelwärts zu sprühen. Feldherrlich weist Augustus auf das bürgerstolze Rathaus unter den Zirbelnüssen, den Fruchtbarkeits-Symbolen römischer Legionäre und Augsburger Wahrzeichen. Am Brunnenschalenrand, besprizt von Hermen und Delphinen, die Fluß-Allegorien des italienisch geschulten Niederländers Hubert Gerhard: die mühlentreibende Wertach, der nimmermüde Flößer Lech, die gärtenbewässernde Singold, der fischerfreundliche Brunnbach. Als die Lechstadt ihre Tacitus-Be-

lobung als »überaus glanzvolle Hauptstadt Raetiens« in der Renaissance jedermann bronzegegossen vor Augen führte, besaß sie längst dasselbe Goldgewicht wie Nürnberg, dem es überdies eine Handvoll Römerjahrhunderte voraus hatte. Im Grenzlandwinkel zwischen Schwaben und Altbayern, in den Italienisches immerzu einströmte, hatte sich Augsburg als »splendissima« und der Zeit immer voraus erwiesen. Jacob Fugger der Reiche gründete zwischen 1516 und 1523 die älteste Sozialsiedlung zwischen Orient und Okzident, die Fuggerei, eine Kleinstadt von 53 gefälligen Häusern und 106 Wohnungen für die Armen.

86 Schongau   Seite 167

Das oberbayrische Schongau hat sich vom Behagen seiner schwäbischen Nachbarschaft in aller Gemütlichkeit anstecken lassen und strahlt über seine Wallmauern und Wehrgänge hinweg ländliche Ruhe aus. Aufs Bergplateau über den blaugrünen Stausee und den Lech gestapelt, wirkt es eher liebenswert als wehrhaft. Übrigens, vom Stapeln wurde das Städtchen an der rührigen Via Claudia zwischen Augsburg und Norditalien auf die Dauer wohlhabend, und dies mitten im einfachen Leben. Es hatte jahrhundertelang Glück, wenigstens nach dem großen Stadtbrand von 1493; sogar sein Ballenhaus blieb sehenswert unangetastet. Im alten Schloß rastete vormals der friedlos umtriebige Bruder Albrechts IV., Christoph von Bayern, genannt »der Starke«. Die 700jährige Bergstadt ist der Eckpfeiler des Pfaffenwinkels zwischen Lech und Ammer, die Schlüsselstation zwischen Allgäu und Werdenfelser Land. Der Hohenpeißenberg, Rottenbuch, Steingaden, Weilheim, Oberammergau, Ettal, Garmisch und die Königsschlösser liegen unweit dieses Glückspilzstädtchens.

Im nahen Altenstadt steht der zwölf Meter hohe Fallschirmspringer-Turm mit der Flugzeugtür-Kulisse. Daraus springen die Lehrgangsteilnehmer der Luftlande- und Lufttransportschule zwischen »Blick frei geradeaus« und einem Klaps auf den Hintern ins bayrische Voralpenland hinab, mit ganz anderem als nur romantischem Genuß. Nach ge-

Freund, durch den einzig Heil und wahrer Segen der Welt erblühte. Auch Reminiszenzen aus ›Thannhäuser‹ (Sängersaal mit Aussicht auf die Burg im Hintergrunde), aus ›Lohengrin‹ (Burghof, offener Gang, Weg zur Kapelle) werden Sie dort finden; in jeder Beziehung schöner und wohnlicher wird diese Burg werden als das untere Hohenschwangau, das jährlich durch die Prosa meiner Mutter entweiht wird; sie werden sich rächen, die entweihten Götter, die oben weilen bei Uns auf steiler Höh, umweht von Himmelsluft.«

Es rächten sich nicht die Götter, sondern die schäbigen Realitäten. Einer der Nervenärzte der Kommission, die den König als Geisteskranken »von der höchsten Höhe in das Nichts« schleudern sollte, schilderte seinen befangenen Eindruck nach der traurigen Nebelfahrt am 10. Juli hinan zum Königsschloß: »Schwanstein selbst mit seinem aus riesigen Quadern gefügten Bau macht in dieser romantischen Waldeinsamkeit einen gewaltigen Eindruck. Aber trotz seiner Schönheit läßt es sich nicht erkennen, daß diese Unsummen von Zinnen und Türmchen Ausgeburten eines kranken Gehirns sind ...«

Anders sahen es die empörten Gebirgler, die den romantischen König und seine Schloßträume liebten. In ihrer ungefügen Art machten sie sich ihre eigenen Reime in der Ludwig-Moritat, bald nach des Köngs Tod im Starnberger See:

Auf den Bergen wohnt die Freiheit,
Auf den Bergen ist es schön,
Wo des Königs Ludwigs Zweitem
Alle seine Schlösser stehn.

Allzu früh mußt er von dannen
Man nahm fort ihn mit Gewalt.
Gleich wie Barbarn hab'ns ihn behandelt
Und ihn rausg'schleppt in den Wald.

Mit Bandasch und Chloriformen
Traten sie behendig auf,
Und sein Schloß mußt er verlassen
Und kommt nimmer mehr hinauf.

Nach Schloß Berg hams ihn geschloffen
In der letzten Lebensnacht.
Und zum Tod hams ihn verurteilt
Noch in derselben grauen Nacht.

Und geheime Meuchelmörder,
Deren Namen man nicht kennt
Hab'n ihn in den See neing'stessen
Und von hinten angerennt.

Ach, nun ruhst du, stolzer König,
In dem kühlen Erdenschoß,
Von dort oben schaust du nicht mehr
Runter auf dein stolzes Schloß.

Ach, du bautest deine Schlösser
Zu des Volkes Wohlergehn.
Und Neuschwanstein, allerschönstes,
Kann man noch in Bayern sehn!

glückter Überwindung der kreatürlichen ›Muffe‹ vor dem Abspringen aus der Altenstädter Erdnähe, die sich ihrerseits 730 Meter über dem Meeresspiegel befindet, liegen dann Fallschirmabsprünge aus einem mit 240 Kilometerstunden in 440 Meter Höhe dahinjagenden Flugzeug in erreichbarer Nähe.

87 Landsberg am Lech — Rathaus Seite 168
Drei Schönheiten hat Hans Karlinger Heinrichs des Löwen Welfenstadt Landsberg nachgesagt: die erste liegt im Lechspiegel am Brückenwehr, in dem sich das weite Bild einer türmereichen Stadtkrone fängt; die zweite im Marktplatz mit dem Marienbrunnen — »dem Herzen dieses allerschönsten Platzes in Südbayern« — vor dem zarten Rathaus-Frührokoko; die dritte im Gesamtbild dieser gotisch angelegten, barock schwelgenden und biedermeierlich gesitteten Grenzfeste mit der zweitürmigen Malteserkirche und dem gotisch massiven Bayertor von 1425. Kein schwäbisches, kein vollends bayrisches Stadtbild. Viel erinnert in seiner stubeneng geschlossenen Wohnlichkeit an die Lechstädte Füssen und Reutte, kurz — »es sind allerlei verschiedene Bausteine, die an der Seele Landsbergs gebaut haben. Vielleicht darum das Packende seiner Gestalt«. Zu den Bausteinen hat viel Bewegtheit und Zier Dominikus Zimmermann hinzugetan, der in Landsberg fünf Jahre lang Bürgermeister war. Als größter der ruhmreichen »Wessobrunner Stukatoren« hinterließ er dort die Fassade des Rathauses, patrizial abgerückt vom frühgotischen Schmalztor mit dem Schönen Turm, die Johanniskirche und die Sakristei in der Klosterkirche Hl. Kreuz. Nicht weit von hier liegt Bad Wörishofen und südöstlich das barocke Augustinerchorherrenstift Diessen a. Ammersee.

*88 Wallfahrtskirche in der Wies —
Einblick ins Chorgewölbe* Seite 169/170
Die Wies bei Steingaden, mutterseelenallein in der Einöd, hart am Gebirg, nennt Josef Hofmiller das letzte Wort des bayrischen Rokoko in kirchlicher Innenarchitektur, unübertrefflich wie Cuvilliés' Amalienburg in der weltlichen. Sie ist Meister Dominikus Zimmermanns Krönungswerk; geboren wurde der geniale Bruder des Johann Baptist 1685 bei Wessobrunn, im selben Jahr wie Johann Sebastian Bach und Georg Friedrich Händel. Zehn Jahre trieb er sein inbrünstiges Raum- und Lichtmusizieren vom Barock ins Rokokobewegte, auf dem »grünen Stück Wiese, umrandet vom dunklen Forst mit dem schwermütigen Gebirg dahinter, meilenweit einsam im hügeligen Moor- und Heideland des bayerischen Lechrains«. Pfeilerfontänen, tanzendes Licht, schwingende Farben in kreisendem Weiß und Gold. Daß dieser vom Himmel geholte Märchensaal der »Wiesherrle«-Wallfahrer von Kohlgrub, Schongau und Lechbruck die menschliche Dumpfheit überhaupt überlebte, danken wir einem Jäger: Der führte den im Trauchgebirg jagenden König Max I. Joseph in die Wies und sagte ihm, daß all diese bestaunte Herrlichkeit wegen vorgeblicher Baufälligkeit auf der Abbruchliste stünde. Und was wäre durch die Säkularisation noch alles verwüstet worden, meint Hofmiller tieferschrocken, »hätten nicht die einfachsten Leute oft mehr Gefühl fürs Schöne gezeigt als die Aktenhengste von Anno dazumal«. Verzückte Vergleiche und Empfindungen wurden in der Wies wie mit Wünschelrutenkräften zutage gefördert. Ihr Schöpfer Dominikus Zimmermann starb dort 1766. Er wurde bei Steingaden beigesetzt, irgendwo, nicht im »Eingädigen Haus von Stein«, wie das eingädige, mehrfach verheerte Prämonstratenserkloster in seiner welfischen Urzeit hieß. Seit 1525 steht in Steingaden die schöne doppeltürmige Stiftskirche mit der Welfen-Ahnentafel und der barocken Stuckierung des Wessobrunners Franz Xaver Schmuzer.

89 Schloß Neuschwanstein Seite 173
Mögen sich schwärmende und kritische Geister vor dem Opernauftritt Neuschwansteins im burgenreichen Schwanengau scheiden — der Säuling, genannt die »ruhende Löwin«, der Tegelberg über der Kapelle St. Koloman und die Tannheimer Berge schweigen auf Zinnen und Türmchen, auf Alp- und Schwansee unterm schroffen Fels unnahbar hinab. So erschütternd wie majestätisch ist und bleibt die Saga: Bayerns Märchenkönig Ludwig II. erträumte sich nach dem Besuch der Wartburg und des Versailler Schlosses im Jahr 1867 seine eigene Wartburg im Allgäu und sein bayrisches Versailles auf Herrenchiemsee. Seine wagnerianische Ritterfeste »Neu-Hohenschwangau« über den Ruinen von »Alten-Schwangau« wurde die vielzackige, unvollendet gebliebene Krone seiner Schlössertraüme; erst 1890 bekam das Schloß ohne Bergfried und Kapelle den Namen Neuschwanstein. Hoch über Pöllatschlucht und Pöllatfall liegt der marmorweiße Königstraum der raubritterlichen Ruine Falkenstein über Pfronten gegenüber. Der königliche Plan, auch Burg Falkenstein in phantastischer Gotik wiedererstehen zu lassen, wurde 1886 durch Ludwigs Gefangennahme in Neuschwanstein vereitelt. Das König-Ludwig-Museum zeigt aus dem Pläne-Nachlaß Schemen eines byzantinischen Schlosses im Graswangtal und eines Chinaschlosses am Planseeufer bei Reutte in Tirol.

Adern der Alpen

Nicht züchtig wie die Autobahn nach Salzburg, sondern in gestückelten, von Gebirgsmassiven unterbrochenen Linien führt die Queralpenstraße vom Lindauer Bodenseegarten durch die Fels- und Seentäler zwischen Lech und Isar in die Bergwelt des Sudelfelds und nach etlichen Umschlichen durch das Felsentor bei Inzell in den Rupertigau zwischen Inn und Salzach.
Vom Allgäuer Nebelhorn bis zur hohen Kanzel des Predigtstuhls und zum Jenner am Königssee schweben Seilbahnen aus allen Alpenspalten zu den felsigen Gipfeln. Skilifte schwingen im Winter hangauf hangab, in weiten Berg-Arenen treiben sie das große Skizirkusspiel von Piste zu Piste.
Von Lindau bis Berchtesgaden hupt die Alpenpost sacht durch alle alpinen Kurorte. Neue Bergstraßenträume werden zwischen Oberstaufen und Oberstdorf, Schwangau und Linderhof, durch das Mangfallgebirge vorüber an Bad Tölz im Tölzer Land, wo die Brauneck-, Herzogstand- und Blombergbahnen gipfelwärts klettern, hinaus über Rottach-Egern am Tegernsee vorbereitet, begleitet von Älplergebeten, daß kein Neu-Manhattan und keine Freizeitsynthetik mit in die Berge steigen möge. Am Tegernsee scheiden sich die Umwege zur Deutschen Alpenstraße, entweder zum seeromantischen Rösselsprung über Miesbach zum Schliersee, wo das Schlierseer Bauerntheater, der Schliersberg oder das höhergelegene Bergidyll Spitzingsee vor der Weiterfahrt nach Bayrisch-Zell erfrischend aufhalten, oder zum schnelleren Rösselsprung, der sich bei Miesbach der Autobahn zuwendet. Alpenschlüpfe weisen ins Inntal nach Brannenburg und Kufstein, abstecherweise ins Priental zur Kampenwand, oder über Bernau, Grassau, Marquartstein und Reit im Winkl. Oder, nach der Freude des Chiemsees mit seinen Alpenzacken und den Inseln Herren- und Frauenchiemsee, südwärts zur schönsten Bergpartie der Deutschen Alpenstraße um Ruhpolding.
Ludwig Thoma versuchte nach einer Julifahrt im Chiemgau seiner geliebten Maidi das Land vom Gebirg mit festen Strichen ins Herz zu zeichnen: »Hinter Miesbach bis Au die schönste Straße, die Du Dir denken kannst. Was für ein wundervolles Land ist unser Bayern! 8 km fällt es fortwährend in die fruchtbare Inn-Mangfallebene hinunter, immer am Rand der Berge, die oberhalb des Leitzachtales ganz plötzlich im schönsten Kranz sich darbieten. Vom Wendelstein bis weit hinter Salzburg. Dazu liegt links Hügelland und Ebene, ein Blick bis beinahe München, blau, duftig, Kirchturm an Kirchturm ... Auf dem Rückweg erlebte ich auf jener wunderschönen Höhe ein däftiges Gewitter. Gleich dahinter kam wieder strahlend blauer Himmel. Sowas Schönes sieht man anderswo nie. Farben, Stimmungen, gewaltig und lieblich nebeneinander. — Durch Berbling fuhr ich, wo Leibl gelebt hat. Und kam abends braun und erhitzt an, eine Dusche und dann zu Ganghofers, wo sein und ihr Geburtstag gefeiert wurde...«
Die moderne Schnellstraße der großgeplanten »Alemagna-Autobahn München-Venedig« nimmt sich vor, von der Inntal-Autobahn bei Wiesing abzweigend die Alpen zillertalwärts zu durchqueren. Von München aus geht das Bergaufschließen nicht ganz so rasant, doch hin und wieder mit so scharenweisem Brettl-Exodus, daß in schneearmen Wintern der Witz kursiert, die Skiliftbesitzer hätten einen Après-Skiläufer erschlagen, weil er eine Handvoll Schnee in den Mund schob.
Ja, wenn man bedenkt — aus dem Schneewinter 1903 erzählt Korfiz Holm, wie der vom hohen Norden herabgeschneite Olaf Gulbransson die Simplicissimus-Bohème mit den Hintergründigkeiten des Skisports vertraut machte in Finsterwald am Tegernsee, das Ludwig Thoma für sich und seine Freunde entdeckt hatte. Vor 70 Jahren war das Stehen, Gehen und Rutschen auf Schneeschuhen im Bayernland noch so befremdlich, daß Bauernburschen dem hatschenden Holm hinterhermaulten: »Ja, den schaugt's o! Daß oana auf de Schwartling umanand spazier'n mag! Soll dös eppa praktisch sei?« Der beleibte Otto Julius Bierbaum, der sich mit grasgrüner Spessartmütze, umgebundenem Kopftuch, kurzem Jagdpelz, Pumphosen und kniehohen Reitstiefeln wintersportlich beigesellte, zog es vor, sich auf sanften Wallberggefällen zu Rodelübungen abzusondern. Sein Leichenwagentempo — »Ich halte Rasen für Plebejerstil!« — verstand er derart hackenbremsend herabzudrücken, daß er mit siebzig Minuten Verspätung zum Silvestertanz eintraf. Gulbransson brach in sein wildestes Barbarenlachen aus; danach preßte er seine mächtigen Schenkel zum ersten Mal in kurze Wichs, tanzte animalisch wirbelnd mit Bierbaums schöner italienischer Frau Gemma und radebrechte, noch dampfend: »Das soll Gott wissen: diese Bierbaum ist das schönste Frauenzimmer ich freilich in mein ganzes Leben noch

90 Lindau   Seite 174/175
Mit schnellen Dampfern, Kapitänen und weltmeerischen Teergerüchen fand sich Ludwig Steub nach abscheulich verregneter Reise in der Inselstadt Lindau unverhofft beschäftigt. Er kam mitten in die baggernden Umwälzungen, die der Bau des Leuchtturms und die Errichtung des Löwentiers aus Kelheimer Stein vor der plätschernden Hafeneinfahrt verursachten. Da hinter der Lindauer Holzbrücke, die längst aus Beton ist, die Schneewolken abzogen und bereits helle Sterne funkelten, »umarmte« er den »neuen Geist«, der weißblau über den Wassern der ehemals reichsfreien Seeschwabenstadt schwebte. Dieses Schweben, das den Luftschifftraum des Grafen Zeppelin so hoch über den Bodensee trug, wird zwischen den Brotlauben und den Lindauer Fenstersäulchen in lauen Frühlings- und Sommernächten vom Drängen im Engen abgelöst.
Lindau hat sich ein frisches Seeweinherz bewahrt, ein gut mittelalterliches sozusagen. Es besitzt seinen rundlich ausspähenden Diebsturm, den uralten Petersturm als kirchlichen Wachthabenden der Fischer, den Mangturm als 800jährigen Leucht-Nachtwächter der guten alten Zeit, das breitbürgerlich bemalte Alte Rathaus mit den volutengeschweiften Staffelgiebeln, seine spezielle Brunnengöttin Lindavia und eine unleugbare Nähe zum lieben Augustin. Der Ansbacher August von Platen, dem all das nicht sonderlich imponierte, wurde dafür von einem der immermöglichen Seestürme gezaust, der ihm den Begriff eines Meersturms vermittelte: »Nichts läßt sich mit dieser ewig wilden Beweglichkeit der Wellen vergleichen. Sie schlugen brandend zuweilen weit über den Damm hinaus, auf dem wir standen, und spritzten an einigen Orten so hoch wie die Stadtmauern!« Solche Derbheiten sind dem Schwäbischen Meer so eingeboren wie übersilberte Mondnächte und ins Bergblau hineinglühende Sonnenuntergänge.

91 Tal der Breitach bei Oberstdorf   Seite 177
Die atemholende Weltabgeschiedenheit des Breitachtals bei Oberstdorf, dem Allgäuer Hochgebirgs- und Nobelzentrum, ist nur ein »b'sinnerisches« Anhalten vor romantischer Höllenfahrt durch die Breitachklamm. Soviel weltferne Unberührtheit, fragt sich der Betrachtende, der obenvorüber über weite Breitserpentinen ins Klein-Walsertal fuhr, liegt im Schattenwinkel der Allgäuer Riesen Nebelhorn, Daumen, Hochvogel, Mädelegabel, Kratzer, Krottenkopf und Fürschießerpyramiden? Das idyllisch Vergrübelte stürzt zwischen den Steilspalten der Klamm in Abgrundschluchten, wandelt sich zum wasserfallspritzigen Tosen in helldunklen Tiefen. Schmal an Felsschrunden gepreßte Holzstiege gleiten über die Drohungen der Strudellöcher zum Licht der Walserschanze, wo sich endlich die Welt wieder auftut, ins Helle getürmt; durch das Kleine Walsertal führen Wanderwege ins Österreichische.
Von Oberstdorf zieht durch das Nebental der Oy unter dem Nebelhorn der »Allgäuer Himmelssteg« seine Schleife ins Bergdörfchen Rubi am Rubihorn. Das Breitachklamm-Erlebnis ist mit Oberstdorf so gebirgswild verbunden wie die Grenzwanderung im Stillachtal zum 1040

begegnet bin. Und daß das alte Weib ihr haben soll, was siebzig Minüter von dem Wallberg unter rodlet — ist das nicht zum verrückt zu bleiben!«

Heutiger ist es, das Glück der Münchner Bergnähe aus der Treuherzigkeit eines Touristenprospekts für Fremde von weither zu genießen: »Nur halbe Stunde Fahrt und große Stadt unterliegt dem Vergessen. Auf ihrer Stelle ertönen vor den Augen des Fremden die Wälder, Seen, Dörfer wie im Bilderbuch.« Das betrachtet die Dinge neu, erinnert an die Mahnung, selbst die Alpen nicht als unzerreißbares Kinderbilderbuch zu behandeln, ist aber redlicher als der aufgeklärte Buchhändler und Berliner Nicolai, der sich im 18. Jahrhundert vor dem kaum passierbaren Bergland der Lawinen, Almkuhglocken, jodelnden Wildschützen und bärtigen Passionsspieler aufrichtig grauste und danach notierte: »Bayern — kleines diebisches Gebirgsvolk.«

Zufriedenstellender war der Bergeinblick der Marie von Bunsen, die sich 1915 mit dem Rucksack und einer Berliner Brotkarte zu Fuß von München nach Berchtesgaden begab. Hinter Inzell bewunderte sie die Bauernhäuser, fand selbst unter den neugebauten keines, das der Gegend weh tat und beschrieb ihren nebelnassen Bergschluchtenweg am Weißbach durch die Engen von Reiteralp und Lattengebirge zur Ramsauer Ache: »Abenteuerliche Kluftspalten, zwischen den Nebelschleiern und Wolkenmassen Firnflecken auf tintenpurpurnen Zinken, feuchtglänzender Schotter und krampfhaft sich anklammernde Kiefern. Darauf nach dem Tal zu der stille Thunsee mit Mummelblumen und Schilf, und hinter dem, die Schlucht beherrschenden, mit Burgresten gekrönten Karlstein lag Reichenhall.« Nach einem Enzian weiter durch die Schwarzbachtalenge — »tiefste Einsamkeit, kaum je war ein Mensch zu sehen, aber einige Rehe jagten zwischen den Rottannenstämmen vorbei und einige glockenbehangene Kühe ließen die Waldanhänge eintönigsanft ertönen. Dann ging es allmählich hinunter zu einer bewegten Talebene, mit Wiesen, Felsblöcken und Ahornbäumen, mit Gehöften, Landleuten und viehhütenden Kindern. Und endlich sah ich tiefdunkel den Hintersee. Es war legendenhaft, verwunschen; zerklüftet hob sich die Reiteralp und spiegelte sich im Wasser.« Aus lebendigem Erinnern an stille Jugendsommerfrischen am Starnberger See oder in Hochgart bei Berchtesgaden, damals eine Ansiedlung von drei, vier Häusern, sieht Eugen Roth das Land unter dem Watzmann vor sich: »Die ›Fremden‹, gewiß, sie bestimmten im Hochsommer das Gesicht des Marktes, aber sonst verliefen sie sich im Wald und Gebirge. Noch fuhren auf dem Königssee die von kräftigen Männern und Weibern geruderten Plätten, noch war der ungeheuerliche Parkplatz von heute eine weite Blumenwiese mit romantischen Felstrümmern, noch blühten auf der einsamen Gotzenalm die talergroßen Edelweißsterne.« Schon bevor Berchtesgaden vom Obersalzberg-Unheil heimgesucht wurde, das einen massentouristischen Kometenschweif von geringer Erfreulichkeit nach sich zog, ging es den letzten erreichbaren Edelweißsternen auf den Berghöhen ans Leben. Die Berliner Frauenorganisation, erzählt Albert Speer, erkundigte sich bei Hanke, dem Sekretär des Propagandaministers, eines Tages nach der Lieblingsblume des Führers. So fing es an: »Hanke zu mir: ›Ich habe rumtelefoniert, die Adjutanten gefragt, aber ohne Erfolg. Er hat keine!‹ Nach einigem Nachdenken: ›Was meinen Sie, Speer? Wollen wir nicht Edelweiß sagen? Ich glaube, Edelweiß wäre das beste. Einmal ist es etwas Seltenes und dann kommt es auch noch von den bayerischen Bergen. Sagen wir doch einfach Edelweiß!‹ Von da an war Edelweiß offiziell die ›Blume des Führers‹.«

Wie das Alpenglühen, das keiner wie Enzian, Frauenschuh und Edelweiß ausreißen und mitnehmen kann, sind blühende Matten und Gipfel hoch über Seidelbast, Almrausch und Sonnenröschen die Himmelswunder der Bergparadiese. Die Bergblüten, wie Seeleute und Haidschnucken von besonderer soziologischer Struktur, öffnen und schließen sich, belästigt von jedem sonnenschwärzenden Wölkchen, unberührbar im geschützten Zirbelkiefer- und Bergbotaniker-Garten des Schachen im Wettersteingebirge, im hochgebirgigen Karwendel, in der Mittenwalder Arnspitzgruppe, in der wilden Einsamkeit des Ammergebirges. Auf den Matten blüht rabenschwarz das Brändlein mit dem an Schwärze kaum mehr zu überbietenden Botanikernamen Nigritella Nigri, anzusehen wie lauter achtlos ins Almgras gesteckte Zwergen-Schornsteinbesen. Bergblüten im Fels haben meist nur eine Schneewittchenportion Humus unter den Füßen, der Himmel über ihren Köpfen hält ihre kleinen Körper in der Schwebe zwischen Vergeistigung und Tod. Wo sie hausen, weht ein scharfes Lüftchen, dort schimmert hartes Licht, gesättigt mit rauschwirkendem Ultraviolett. Unter der Erpressung der Wettersürme sind sie nicht nur zäh geworden, sondern übersensibel. Der fingernagelhohe Schnee-Enzian schließt zuckend seine blaugestirnten Blütenaugen, so oft ein Schatten über die Hänge fährt. Je spröd-winziger Alpenblüten sind, je mehr sie sich behaaren, desto

Meter hoch vor der Mädelegabel gelegenen Dörfchen Einödsbach, der südlichsten Ortschaft Deutschlands. Hinter dem Waltenbergerhaus stürzt die begehbare Welt unmittelbar in den Katzentobelabgrund. Das Hölltobelinferno, die böse Höfat mit dem guten »Höfatsblick«, die bergbekränzte Vidda des Dietersbachtals mit dem Gerstruber Gelege felsbeschwerter Wetterdächer — älteste Hochsiedlung im Allgäuer Bergland —, der Christlesee im Trettachtal, das Jauchenkapellchen mit dem weiten Blick über Oberstdorf, Rubihorn und Schattenberg, die Alpengipfelschau aus der zwei Kilometer hohen Nebelhornbahn (der längsten deutschen Kabinen-Seilschwebebahn) — unausschöpfbar sind hier die Szenenspiele des Almbuckelns, Felsdrohens, Wasserfallsprühens und waldigen Seeträumens im Wechsel der Jahreszeiten.

92 Füssen im Allgäu Seite 178/179

Die Augsburger Fürstbischöfe des 18. Jahrhunderts genossen ihre ragende Füssener Alpen-Residenz unter Säuling, Branderschrofen und Tegelberg so geschärft mit allen Sinnen wie die Menschen unserer Bergbahn- und Kabinenliftzeit, die den Prachtbischöfen überdies den Genuß des Bergwinters und den Skisport voraus haben. Im Hohen Schloß, das mit seinem weiten Burghof, dem Rittersaal und den Fürstensälen noch so unverändert über der Straße nach Tirol steht, wie es um 1500 erweitert wurde, residierten sie nur im Sommer, ohne unzeitgemäßen Kletterehrgeiz. Auch für Winterfreuden hatten weder ihre Jahrhunderte, noch das kalte Traumschloß das geringste übrig. Überhaupt wurde die Schönheit des Bergwinters noch verspäteter erfaßt als die Schönheit der Berge; bezeichnenderweise aquarellierten die Voralpenmaler zwar meisterlich zarte und weißblau geflockte Sommerhimmel und nahmen gelegentlich auch aufziehende Gewitterwolken mit, übersahen aber in den frühen Jahrzehnten der Alpenmalerei gebirgige Winterlandschaften, falls es ihnen nicht einfach im Freien zu kalt war.

Talab blickten die Herren des Hohen Schlosses, denen die Tannheimer Berge so herrlich ins Haus standen, nur auf den Weißensee; der 1954 geschaffene Forggensee-Stau des Lechs — heute ist er Bayerns viertgrößtes Bade- und Rudergewässer — war ihnen selbstverständlich ebenfalls vorenthalten. Im Hohen Schloß, an dessen Stelle zur Römerzeit das befestigte »Foetibus« über den Fernpaß der Via Claudia wachte, wurde 1755 Friede zwischen dem Bayernkurfürsten Max Josef und Maria Theresia geschlossen. Der Apostel des ursprünglich welfischen, dann staufischen Füssen war Magnus, der St. Galler Allgäu-Heilige, dessen Stab und Reliquien die Magnuskapelle der Füssener Stiftskirche St. Mang bewahrt. Das wiedererbaute Kloster ist heute Rathaus.

Der gute Schwabenmensch von Füssen hat das dramatische Zusammenspiel des Hohen Schlosses und des Riesen Säuling seinem Alltag eingefügt. Wer vom Bodensee kommt, nähert sich dem Burgenkranz um Füssen von Immenstadt, der »Eingangspforte zu den Allgäuer Bergen«. Das idyllische Wertachtal führt über Nesselwang unter Ruine Nesselburg nach Pfronten am Fuß des Falkensteins.

181

*93 Schlittenfuhrwerk
am winterlichen Kreuzeck* Seite 180

So gern das hochalpine Skiparadies um die Zugspitze seine Skilifte und Seilschwebebahnen zwischen Kreuzeck und Eckbauer vorzeigt, so gern zeigt es auch seine kleinen Eigendinge, die hier seit alters zuhause sind. Die knirschende Einsamkeit des Bergbauernschlittens und die Schneestille der Wettersteinblöcke sind verwandter Art und existieren übers Gestern hinaus. Das obere Loisachtal reicht von Garmisch-Partenkirchen bis Ohlstadt, über dem sich einst eine Burg der Herren von Schaumburg auf eine 900 Meter hohe Steilfelskuppe wagte.

Das heute körperhaft nahe, morgen dunstig verblauende, im Alpenglühen und in Föhnstürmen aufbrennende Wettersteinmassiv aus Dreitorspitze, Alpspitzpyramide, Hochplassen, Zugspitze steht vor ebenso wechselhaft ansässigen Beweglichkeiten des farbigen Lebens der Lüftlmalerei, der Alpenseen, Almkühe und Almen, der Trachten, Maskenschnitzer, Marterl, Almrosen, Latschen und der Volkssagen vom einsam im blitzenden Nymphenschlitten durch den verschneiten Bergtann dahinjagenden König Ludwig. Und was von Dingen, die in Volkssagen vorkommen, sonst kaum zu erwarten ist: die von Hofkistlern gebosselten, von Hofvergoldern sonnenhaft verschönten Gebirgsschlitten des Märchenkönigs stehen anschaulich im Nymphenburger Marstallmuseum, zahlreicher und überladener als irgendwo geschildert, und wer seinen Augen nicht traut, kann die gekurvte Schönheit ihrer Nymphen, soweit dies erlaubt ist, mit Händen greifen.

*94 Garmisch-Partenkirchen
mit Blick zur Zugspitze* Seite 182/183

Partenkirchen, hinter dem sich verzwickt die enge Partnachklamm versteckt, ging aus dem römischen Partanum hervor. Seit 1935 ist es vereinigt mit Garmisch, das die Loisach in Niklasdorf und den Martinswinkel scheidet. Die mittelalterliche Ahne von St. Martin, das der Lüftlmaler Zwink mit der Martinslegende bemalte, war vordem die einzige Pfarrkirche des oberen Loisach- und Isartals.

Der gewissermaßen unablässige Hochblick zum Wettersteinmassiv bringt den dolomitisch angewehten Alpenschauer der lateinischen Gebirgsstraßenpflasterer allgegenwärtig nah. An der Zugspitze, Bayerns und somit Deutschlands höchstem Gipfel, mußten die Kauffahrer zwischen Augsburg und Venedig das ganze Mittelalter hindurch wetter- und burgenbedroht vorbei. Heute rücken in der unveränderlichen Launenwelt der unmenschlich alten Bergzyklopen sogar herausfordernde Zwingburgen leicht aus dem Fernglas, das im Weiten und Hochgewaltigen sucht.

Nur wenig wahrgenommen ruht auf einem Hügel zwischen Farchant und dem Sonnenbichl die altersschwache Ruine Werdenfels von furchteinflößenden Wachtjahrhunderten aus. Als »Werenfels«, erbaut im frühen 13. Jahrhundert von den Grafen von Dießen-Andechs-Meranien, sperrte sie das Loisachtal; wir begegnen dem Dynastengeschlecht der Andechser auf unserer Fahrt noch einmal auf der Plassenburg über Kulmbach. Burg Werdenfels gab dem burgenreichen Werdenfelser Land den

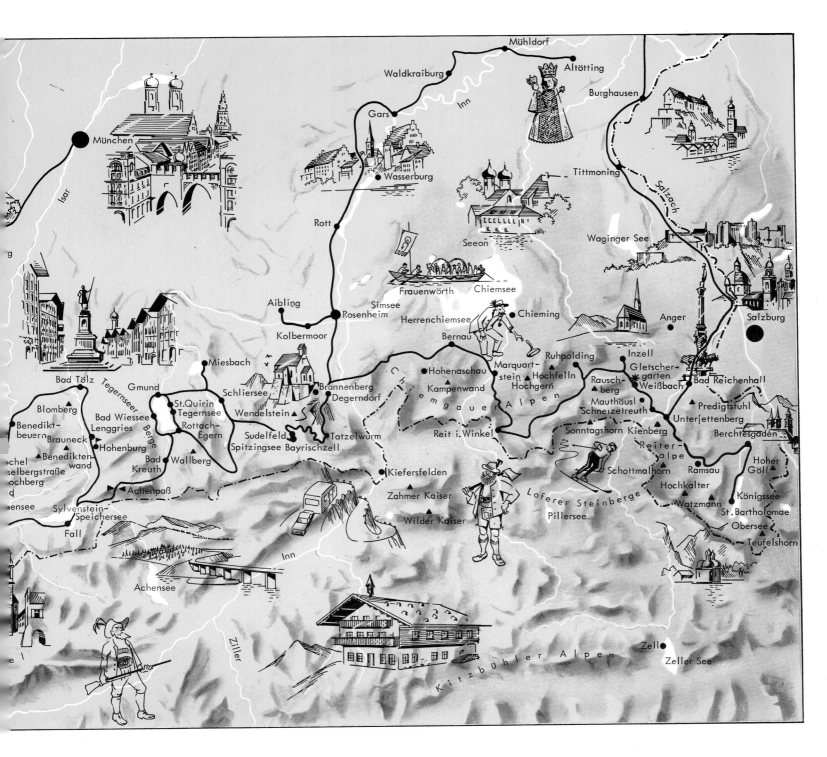

Namen; die bayrischen Könige Ludwig I. und Max II. reisten inkognito, aber stolz mit Vorliebe als »Grafen von Werdenfels«. Nach dem Aussterben der Andechser (1248) vereinigte das Bistum Freising Werdenfels zu einer starken, lange beständigen »Grafschaft zu Parttenkhürchen und Mittenwaldt«.

95 Walchensee —
  Nach dem Gewitter Seite 186/187

Bergseen, so tief und umrätselt wie der Walchensee, malen ihre Aquarelle in jeder Lichtsekunde. Jetzt fließt durch das Schwarzgrau eines abrollenden Hochgewitters Helligkeit über den Jochberg, das Wellenkräuseln vor dem Buchtdörfchen Walchensee glimmert fliederfarben durch tintiges Blau.

In Urfeld wohnte Lovis Corinth in den wenigen glücklichen Jahren vor seinem Tod. Er malte farbsprühende Berg- und Seeimpressionen — sein Bild »Serpentine« zeigt die Straßenwindung unter dem Kesselbergpaß hinüber zu den Kochelseehängen und hinab zum Walchensee. Stundenlang saß Lovis blickverloren vor Berg und See, oben am Hang arbeitete er lichtverzückt hinter seiner Staffelei; so entstanden die großen Bilder »Walchensee mit Herzogstand im Schnee«, »Ostern am Walchensee«, die grünblau-sonnig gestimmte »Landschaft mit Kuh«. Ein Jahrhundert vorher hatte Wilhelm Kobell plätschernde Kühe am mondübergossenen Schliersee gemalt, sein Sohn Franz skizzierte die Wald- und Geißenlandschaft am Kochelsee. Nur schwer konnten sich die romantischen Maler dem Blick der Alpen- und Voralpenseen entziehen: Ernst Kaiser zeigte den Staffelsee aus der Höhe des Herzogstands, Max Joseph Wagenbauer den gestirnten, Ludwig Neureuther den morgendlich blassen Chiemsee, Lorenz Qualio den Alpsee unter Hohenschwangau, Carl Rottmann den Blaublick des Starnberger Sees.

Schon bevor der Walchensee während des Erdbebens in Lissabon 1755 durch den seltsam solidarischen Aufruhr seiner Wellen und Felswände aufgefallen war, ging die Sage, er sei unterirdisch mit dem Meer verbunden. Vom Herzogstand über Walchen- und Kochelsee führt eine Gratwanderlinie zum Heimgarten. Zu den Walchensee-Aquamarinen gehören Einsiedl und die Eremitenkirche Klösterl. Zwischen Walchensee, Loisachtal und Eschenlainental, das mit der Klamm »Gacher Tod« überrascht, erhebt sich die bewaldete Pyramide des Simetsbergs — vom herrlichen Tiefblick zum Walchensee geht die Simetsbergsicht zu den Gipfeln und Karen der Soierngruppe vor dem Karwendel, südwestlich zur Krottenkopfgruppe und zum Wetterstein-Massiv.

weniger Wasser müssen sie wieder hergeben. Das gefahrvolle Licht gibt ihnen nicht nur ihre übersteigerten Ideen, vergeistigte Farben auszustrahlen, es plündert sie auch aus. Viele können sich nur in heroischen Kugelpolstern als Felsbesiedler behaupten. Die Alpenmargarite, die in Igelstellungen gegen die Unbilden des überhöhten Lebens auftritt, Täschelkraut, Silberwurz, Taubensteinbrech, Moosmiere, Milzfarn — sie sind gesellige Gebirgskollektive, etwas verschlagen, exklusiv und ein wenig rauhfelliger, aber zäher und oft charakteristischer als die milderen Blüten unter der Baumgrenze, Sinnbildpflanzen des älperischen Menschen. Wetterfichten, bizarr verkrüppelt, sturmverbogen mit überirdisch durchdringendem Harzduft wie die Latschen, leben die asketische Waldform der einsamen Lichtsehnsucht und des Beharrens vor. Im Düster schwarz in die Schluchten triefender Wolken, im Urweltbrausen der Wasserfälle und Gießbäche in den Klammen, beim Gerinsel flüssigen Sonnenscheins ist das Bergwetter der nächsten Stunde nach Helmut Paul Eckerts bayrischem »weddabericht« von ungefähr zu berechnen: »a zwischnhoch / iwa zendralbaian / wandad langsam / iwa niedabaian und d owafoiz / nach untafrankn / fia des resdliche baian guit / da hundadjaarige kalenda.«

Die blütenrot lebenden, Gebirgsnelken verschüttenden Holzbalkone der Alpenhäuser, in deren Duckgiebeln sich über Rehkrickeln und Geweihen hie und da vergnügte Bruchzeichen gekreuzter Skispitzln mit der Umwelt verständigen, brennen alpenglutig unterm Firnhimmel. Wie vulkanisches Nachglimmen des Berginneren blüht das Alpenglühen, ein »eigenartiges metereologisches Phänomen«, über das Purtscheller grübelte, für das Auge eine Szenenfolge von Rosen- und Purpurwundern. Die Berghäupter glühen in tiefschichtigen Feuern auf, alles Unbezähmbare, die harte Menschenferne der Kare, ihre feuerflüssige Urgestalt wird durch das flutende Bluten des Lichts wie in einer spiritistischen Zyklopen-Séance beschworen. Der Maler steht vor dieser feenhaften Urweltschönheit so abgewiesen wie unter dem Nordlicht, die Malerfarbe vermag dem Szenenablauf nicht zu folgen, es sind Vorgänge für seelische Tiefen, die zum Schauen bestellt sind. Der bergungewohnte Ludwig Richter wurde auf dem Wendelstein von der Frühsonne so rasch überrollt, daß sich das Alpenglühen nur noch als hochrotes Muskelband auf seinen Schenkeln abspiegelte. Grillparzer nannte das Feuerdrama mit dem jenseitigen Firnis einfach einen feuerspeienden Berg.

Das Muspilli-Lied vom brennenden Weltende ist neben dem Drama der Weltschöpfung im »Wessobrunner Gebet« das zweitälteste Zeugnis bayrischer Mundart. Die frühmittelalterlichen Alpenbenediktiner und »Kapläne des Herzogs von Bayern«, wie sich die Äbte vor den Alpen und tief im »Gebürg« nachmals nannten, waren von der abergläubischen, bis ins 18. Jahrhundert andauernden Gebirgsscheu der Gebildeten bewundernswert frei. Bonifatius weihte die erste Kirche zwischen Tölz und Kochel, in jenem noch wölfisch wilden Bergland, in dem die Eiszeitschönheit der Isarkiesel den jungen Franz von Kobell später dazu verführte, forschender Mineraloge zu werden. Unter dem Ansporn Korbinians, der Freisings erster Bischof wurde, entstanden am Staffel- und Tegernsee, in Schlehdorf, Polling, Wessobrunn und Scharnitz die ersten benediktinischen Abteien, Sankt Benedikt liebte ja die Berge. Das kultivierende Wirken der Bergklöster verbreitete das Geistesleben ihrer Zellen vom 10. Jahrhundert an weit über das halbwilde Land. Über der Bonifatiusgründung wurde die Abteikirche von Benediktbeuren vor der Benediktenwand errichtet, Bayerns ältester Barockbau. Der sakralen Bergstille ist nicht anzumerken, daß ihre früheren Mönche die »Carmina burana«, deren Vagantenstrophen Carl Orff vertonte, so interessiert verwahrten wie Buchmalereien, Goldschmiedfeines und Missale.

Kaiser Ludwig der Bayer gründete 1330 das benediktinische Ritterstift »zu unserer frawen etal« im Werdenfelser Land, das zum Gralstempel des wundertätigen Ettaler Gnadenbildes wurde. Gotik und das ins Rokoko entschwebende Barock Enrico Zuccalis und des Wessobrunner Meisters Josef Schmuzer stellten gemeinsam, als seien Jahrhunderte in eine fromme Gebärde geflossen, diesem »Dom im Gebirge« vor das Ettaler Mandl. Hoch über die Ammer setzte 1073 Welf IV. das Sühnekloster Rottenbuch; die Rottenbucher Mönche sollen im Ammertal die Herrgottsschnitzerei der weiterschnitzenden Krippen- und Holzmaskenkünstler verbreitet haben. Die Augurenschau ins Weiterwachsende sieht im Künstlerkreis des »Blauen Reiters« sogar ein Weiterfließen der bäuerlichen Staffelsee-Hinterglasmalerei, denn in Seehausen und Murnau, wo Kandinsky und Gabriele Münter wohnten, war das klarflächige und ikonenkonturierte Glasmalen, das vielbestaunte, zu Hause. In jüngster Zeit wird am Chiemsee das altbairische Bemalen von Spanschachteln, Bauernschränken und Truhen in Kursen gelehrt.

Die bajuwarische Urbegabung des »Komödispielens«, die in Kiefersfelden, Schliersee und Tegernsee humor- und gefühlskräftige Bauerntheater wachsen ließ, drängte die Oberammergauer im Pestjahr 1633 zum Gelöbnis ihres allzehnjährlichen Passionsspiels. Es scherte sich nicht ums Verbot in der Aufklärung; als Weltereignis mit wachsender Beteiligung sieht es sich heute der mitwachsenden Menschen- und Meinungsvielfalt des ganzen Globus gegenüber. 1973 fand im Passionsdorf das erste Welttreffen der Holzschnitzer aus 15 Nationen statt; in den Bergen wucherten rundum »Kripperl« wie das liebe Leben, weil Bauern und Jäger wintersüber durch Generationen daran bastelten und pappten. Das war die andächtige Lichtseite der besungenen und gemalten, aus demselben Holz geschnitzten Jäger- und Wilderertragödien, die neben Bilderbuchwildschützen wie Jennerwein so bizarre Gestalten wie Max Herndl populär machten, der sich im Arrest selbst bedichtete. Ein Gstanzl vom kriminalischen Suchen nach einem im Krautfaß verstecken Wildererstutzen schließt triumphierend: »Und nur ins Sauerkraut, / Da hams net einigschaut. / Das Kraut hams abi g'fressen, / Und d'Bix hams ganz vergessen.«

Im Gebirgsfrühling des Barock, als in Mittenwald, Garmisch, Partenkirchen, Ettal und Oberammergau bis in den Pfaffenwinkel hinein die Lüftlmalerei zu blühen anfing, schickte der Mittenwalder Flickschneider Urban Klotz seinen Sohn Mathias nach Padua zu einem Geigenbaumeister, weil das Geigenmachen womöglich Zukunft hatte. Das nicht nur malerische, sondern fromm und froh bemalte Mittenwald am altrömischen »Rott«-Paß über Scharnitz lag im Schallwellenreich der welschen Geigenbaumeister von Brescia, Cremona, Treviso, Mantua, Verona, Venedig und Padua. Mathias wurde schließlich ein so anstelliger Schüler des großen Niccolo Amati, daß der Meister seinen Mittenwalder Gesellen vor den Dolchen aufgebrachter Neidschüler schützen mußte. Mit ihm zog in Mittenwald, in das die neue Kesselbergstraße führt, die Kunst der alpinen Geigenmacher ein; liebevoll erinnert sich das Geigenmuseum des ansässigen tirolischen Geigenmachers Jakob Staiger, der sich im Gleirschtal und im Isarwinkel herumtrieb, um Haselfichten mit einem Hämmerchen auf Resonanztöne abzuhorchen. Wurden gefällte Stämme über jähe Hänge ins Tal gerollt, so lauschte er auf einem Felsblock sitzend ihren Tönen nach; sang ein Stamm besonders schön, sprang er vom Fels, um ihn zu markieren.

Im Kloster Tegernsee schrieb ein Mönch in der Mitte des 11. Jahrhunderts den »Ruodlieb«, unseren ältesten, fragmentarisch erhaltenen Roman, der in Schlössern, Bauernstuben und in der Tegernsee-Fischwelt gutbairisch daheim ist. Hundert Jahre später entstand in Tegernsee das Spiel vom Antichrist, zu dessen Uraufführung Barbarossa an den Gebirgssee unterm Wallberg eilte. Als Walther von der Vogelweide um 1200 Tegernsee besang, stand die 747 gegründete Benediktinerabtei schon ein halbes Jahrtausend. Auf dem »Heiligen Berg« am Ammersee erhob

96 Brücke über dem Sylvenstein-See Seite 189
Inspiriert von den S-Linien der jungen Isar und den Gamsbergbuckeln neben der Straße von Lenggries nach Fall und Vorderriß, stakelt und schwingt die Seebrücke über den Hochwasserspeicher am Sylvenstein. Ludwig Thoma, der in Vorderriß aufwuchs und den hochgebirgigen Isarwinkel über alles liebte, kannte die einheimischen Flößer und Jäger, aber die gewaltige Sylvenstein-Talsperre war ihm noch so unvorstellbar wie den alteingesessenen Wackersberger und Jachenauer Wildschützen. Sie entstand erst vier Jahrzehnte nach Thomas Tod im August 1921. 35 Meter liegt heute der Wasserspiegel über vinetahaft versunkenen Bauerngehöften; er soll auf eine Stauhöhe von 201 Metern gebracht werden. Das wildbachklare Isarwasser wird durch Stollen dem Walchenseekraftwerk zugeleitet. Bei niedrigem Stauspiegel ist das Trauerspiel des mit all seinen Gebirgsbauernhäuschen samt dem Kirchturm verschluckten Dörfchens Fall zu sehen, in dem Ludwig Ganghofers »Jäger von Fall« zu Hause war.

Die Straße am Sylvensteinsee entlang führt zum österreichischen Achensee. Abseits der großen Stauseestraße klettern alm- und bergstille Wandersteige durch die früheren Jagdreviere des bald sagenhaften Prinzregenten Luitpold und in die Einsamkeitsklüfte Ludwigs II. in der Vorderriß. Das felsige Bergsteigerland der Hinterriß, »eines der interessantesten Standquartiere im Bereich der Alpen«, verliert sich ins wildschöne Land Tirol.
Auf den Traumstraßenfahrten begegnen wir immerzu imponierend geglückten, mit dem Landschaftscharakter einig gewordenen Titanenbauten der modernen Technik: Lindwurmgeschlängelt schmiegt sich die säulengestützte Autobahn durch das Spessartgrün; faszinierend wie die Sylvensteinbrück ist die Okertalsperre in die Harzwildnis gekurvt; die Hochbrücke bei Rendsburg, eine der kühnsten Brückenkonstruktionen Europas, federt spiralig in 42 Meter Höhe über den Nordostseekanal; 1973 wurde aus Stein und Beton die moderne Eiderdeichbastion gegen den Blanken Hans vollendet.

97 Blick vom Wendelstein Seite 190/191
Karl Valentin, der vor Bergen Angst hatte, wurde von Liesl Karlstadt das erste und letzte Mal auf einen Berg, den 1837 Meter hohen Wendelstein geschleppt. Den volkstümlichsten Berg des bayrischen Hochlandes durften sie einfach nicht auslassen. Schon die teuflische Zahnradbahn bereitete Karl Valentin Qualen über Qualen; oben hockte er sich ins Gras und beobachtete einen Käfer, damit er nicht versehentlich in die verbrecherisch gehäufelte Ferne sah. Zu allem Unheil kam auch noch ein Gewitter mit Eisbatzen und fürchterlich durchblitztem Rumpeln. Valentin verkroch sich hinter dem Ofen, grün und morsch. Als das Unwetter abzog, wollte er weder oben vor dem Graus des viel zu nahen Wilden Kaisers übernachten, noch mit der Bergbahn — »Und wenn die Bremsen versagen?« — abwärts nach Brannenburg fahren. »Ein Blitz hatte ins WC eingeschlagen und einem Wandersmann ein Stück Wendelstein in den Rücken geschleudert«, erzählt Hans Reimann. »Sonst war nichts von Belang geschehen. Abgesehen da-

sich das benediktinische Wallfahrerkloster Andechs neben den Burgtrümmern der Grafen von Dießen und Andechs, des mächtigen »Geschlechts von Heiligen und Sündern«. Der Föhnhimmel über dem Andechser Kloster, dem in der Säkularisation so schmählich gedankt wurde wie Tegernsee, Wessobrunn ud Benediktbeuren, spannt sich über Wessobrunn, Dießen, Kiental und Grafrath. Zum bayrischen B-Quartett »Berge, Benediktiner, Barock und Bier« gesellte sich verträglich im benediktinisch urbar gemachten Moor um den Ess-See das von Konrad Lorenz geleitete Max-Planck-Institut zur »Erforschung angeborener Verhaltensweisen bei Tieren.«

Von einer Sennhütte überblickte Obernberg den weiten bayerischen Alpengebirgszug: »Dort unterscheiden sich mit Würde das Ettaler Mandl, das Wettersteingebirge und der mächtige Karwendel, der Heimgarten, Kirchstein und der Tegernseeische Wallberg; hier der berühmte Wendelstein mit seinem Vorgebirge, das Grenzhorn, der Aschauische Kampen, der Hochgern und der Hohe Staufen. Allenthalben bilden Licht und Schnee ein Meer, dessen getürmte Wogen an den seltsam gruppierten Bergkuppen unveränderlich festsitzen.«

»Belle vue«, der schöne Blick, war eine der barocken Sprachartigkeiten für architektonisch eingeplante Schön- und Fernsichten. Als besondere Kostbarkeit galt die Bellevue in gebirgige Panoramen; die Augsburger, Freisinger und Salzburger Fürstbischöfe wußten das schon Jahrhunderte vor den Bellevuen. Doch allzutief in die Fels- und Halsbruchwüstenei des Gebirgs wagte sich bis ins 19. Jahrhundert keiner, um Fernblicke von Gipfeln zu ertrotzen. Im späten Rokoko allerdings bestieg der Fürstpropst von Berchtesgaden den Hohen Göll, bergsteigerisch so unvollkommen ausgerüstet wie der ungestüme Kapuziner Corbinian aus Altötting, den es 1855 ohne Proviant und Bergstock auf die Zugspitze trieb. Es gab frühe Gebirgsschwalben wie den Schweizer Dichterarzt Albrecht von Haller, der 1729 mit seinem Epos »Die Alpen« längst vor Jean Jacques Rousseau ins Alphorn blies. »Alle Menschen werden die Wahrnehmung machen«, verkündete Rousseau über das bisher gemiedene Heiligtum der alpinen Natur, »daß man auf hohen Bergen freier atmet und sich körperlich leichter und geistig freier fühlt.« Er war noch weniger ein pfadfindender Bergsteiger als Haller, aber beider Beteuerungen, daß die Seele in den Regionen des Äthers ihre ursprüngliche Reinheit wiedererhielte, verursachte die naturbegeisterten Schweizreisen des 18. Jahrhunderts, die sich so modisch affektierten, daß die alpine Milch- und Felsenschweiz bis in die Bildtapeten und Landschaftsgärten drang. Davon unberührt blieben die bayerischen Alpen im Halbdunkel liegen, so inbrünstig 1786 in der Bayrischen Akademie »Philosophische Betrachtungen über die Alpen« auf die flößbaren, fischewimmelnden Flüsse, heilkräftigen Alpenkräuter, wildreichen Wälder und das hohe Alter der Bergbauern hinwiesen: »An eben diesen aus dem Schnee hoch emporragenden Spitzen, die die Wolken um sich versammeln, wehet auch eine unendlich reine Luft — da werden die schwülen, mittäglichen Winde geläutert und strömen dann in klarem Äther zu den Thälern herab.« Das hatte der universale Konrad Gessner schon 1551 in seinem »Thierbuch« gesagt, wenn auch derber als er seinem Vorsatz, »alljahr mehrere Berge oder doch wenigstens einen zu besteigen«, hinzufügte: »Wie die Säue schauen diese stumpfen Brüder immer nur in den Boden hinein, statt daß sie mit erhobenem Antlitz zum Himmel aufblicken ... um seine Wunder zu bestaunen, die hohen Firste der Berge, ihre unersteiglichen Wände, die in wilden Flanken gen Himmel sich bäumen, die rauhen Felsen, und die schweigenden Wälder.«

Im schneestiebenden Wirbel der Gletschertaxis, Langlaufloipen, Skizentren und flutlichtbestrahlten Curling- und Eislaufspiegel unter Felsflanken sehen wir zurückspähend noch einen weiteren Lichtblitz der Gebirgserkenntnis. Vor rund hundert Jahren verwirklichte der »Deutsch-Östereichische Alpenverein« die bisher platonische Absicht, die Kenntnisse über die Alpen soweit zu erweitern, »daß ihre Bereisung erleichtert« werde. Mit zünftigem Humor mengten sich die erwachenden Kraxler als »Gletscherflöhe« unter die bisher abgeschlossenen Gebirgsbewohner. Sie bestiegen die als unerreichbar verrufenen Gipfel, sorgten löblich dafür, daß die länderverschiedenen »Fuß«-Maße in den Bergen als einheitliche Meter auftraten, fürchteten sich mit den Einheimischen vor dem Felsspalten-Basilisk Tatzelwurm, den Kobel in seiner Bergjagerfibel »Wildanger« als durchaus alpenmöglich zu bedenken gab, dichteten den gebirglerichen Gstanzln und Schnaderhüpfln alpine Scherzlieder entgegen, errichteten auch die ersten Berghütten, Saumwege und Naturschutz-Marterln gegen Flaschenzertrümmerer, Wiesentrampler, Lagerfeuerzündler, Enzianrupfer und Viehgattersünder. Heute noch steht auf der Kampenwand ein verwaschener Abwehrspruch gegen Brüll- und Fisteljodler: »Der Ochse brüllt nach Ochsenbrauch / Ich weiß es wohl — du kannst es auch. / Verbirg jedoch die Tierverwandtschaft / In diesem Punkte in der Landschaft.«

von, daß Valentin fast die Sprache verlor und die Karlstadt für den elektrisch betriebenen Wolkenbruch verantwortlich machte.«
Derart ergeht es nur wenigen auf dem berühmten Gipfel, zu dem neuerdings noch die Wendelstein-Seilbahn von Bayrisch-Zell her emporschwebt. Der einzigartige Fernblick von diesem Beherrscher des Aiblinger Alpenvorlandes, der sich zwischen Inn- und Leitzachtal erhebt, reicht vom Watzmann über den Großglockner, Venediger, die Glottertaler Alpen bis zum Karwendel- und Zugspitzmassiv. Max Kleiber errichtete als »höchstgelegenes Gotteshaus Deutschlands« das Wendelsteinkircherl, dem der Münchner Erzgießer Ferdinand von Miller die Glocken stiftete, und kein Geringerer als Emanuel von Seidl baute das Berghotel, das von zünftigen Bergsteigern als Entweihung der Bergwelt, von gemütlichen Sohlengängern aus dem Sudelfeld als menschliche Pflanzstätte unter Sonnenobservatorium und Fernsehsender empfunden wird.

98 Bad Wiessee am Tegernsee   Seite 193
Das Jodbad Wiessee, attraktiv durch seinen Spielsaal wie durch Alt-Wiessee, durch Keramikmuseum, Sonnenbichl, Aueralm und Abwinkl vor der Egerer Bucht, wirkt am Seeufer wie ein handkolorierter Stich. Wilhelm Scheuchzer hat den Tegernsee in fahlblauer Frühstille aquarelliert; die biedermeierlichen Landschafts- und Genremaler, die sich vom akademischen Monumental- und Historienmalbetrieb um Peter Cornelius aus München gedrängt fühlten, teilten ihre Vorliebe für den Tegernsee mit Wilhelm Kobell und dem Hofmaler Joseph Stieler, dem Porträtisten der »Schönheitsgalerie« Ludwigs I. im Nymphenburger Schloß. Beide Maler vererbten ihre Liebe zum Tegernsee ihren in bayrischer Mundart dichtenden Söhnen Franz von Kobell und Karl Stieler.
Bei Gmund drängt die Mangfall, Bayerns Alpenfluß zwischen Isar und Inn, aus dem See. Wanderwege führen von Wiessee über den Hirschtalsattel nach Lenggries oder seeentlang über Rottach-Egern, Tegernsee und St.

Quirin zum Wildbad Kreuth, wo bis vor einigen Jahren Kiem Pauli lebte, der zitherschlagende Sänger und Sammler bayrischer Volkslieder. Auf dem Egerer Dorffriedhof ruhen sie alle, die am Tegernsee ihre Heimat gefunden hatten: Ludwig Thoma, der sich von Ignatius Taschner sein Haus »in der Tuften« bauen ließ, sein guter Freund Ludwig Ganghofer, bei dem er nachts oft noch die Lampe brennen sah, der massige Simpl-Karikaturist Olaf Gulbransson, der fröhliche, wampige und weltberühmte Tenor Leo Slezak, dessen Gebäude von Ludwig Thoma »Der Stimmritzen-Protzenhof« und von den Slezak-Kindern in Hinblick auf Slezaks Abmagerungsdiäten »Der Hungerhof« genannt wurde. Als Dieffenbacher 1889 in die »Künstlerchronik« der Chiemseer Kloster- und Fischerinsel Frauenwörth den Stoßseufzer karikierte: »Jessas! Da kommt scho wieder a Maler!«, waren gut zehn Jahre seit dem Tod Ludwig Steubs vergangen. Wie kam es nur, fragte sich Steub, daß zwischen den Einwohnern und Sommerfrischlern von Egern und denen von Tegernsee, obzwar nur durch eine kleine Meerenge getrennt, ein so ungeheurer Unterschied der Sitte, Tracht und Denkungsart besteht, daß, wer einmal in Tegernsee sich eingewohnt, seiner Lebtag nicht mehr nach Egern passe und umgekehrt?

99 Burg Hohenaschau   Seite 194/195
Die Burg Hohenaschau mit dem mächtigen Bergfried stand schon im 12. Jahrhundert vor der Kampenwand, hoch über dem abriegelnden Priental-Fels. Dreitorig und bastionenbefestigt wie heute, wo sie als Erholungsstätte bayrischer Finanzler uneinnehmbar geworden ist, wurde die Burg erst nach dem Zugriff der Bergwerks-Aristokratie der Herren von Freyberg und des eingeheirateten uralten Geschlechts derer von Preysing, die als Grafen später auch in Wildenwart, Neubeuren und Brannenburg residierten. Unter Maximilian II. von Preysing wurde gegen Ende des 17. Jahrhunderts neben den Bankettsälen des Hochschlosses ein palastwürdiger Festsaalbau mit oberitalienischen Barock-Stukkaturen und wahren Riesen von Ahnenstatuetten der Preysings eingerichtet. Nach und nach entstand eine hoffähige Eisenerz- und Preysing-Residenz (1610—1853) mit Schloßkapelle, Terrassen, Galerien, Loggien, Schwibbögen, Bibliothek und italienischem Marmorbrunnen, turm- und schießschartentüchtig gesichert — »eine der mächtigsten im Lande vor den Alpen«.
Damit das Kampenwand-Erz nach der großen Preysingzeit nicht verwaiste, kam die Hohenaschau in den Gründerjahren als »Herrschaftssitz in der Eisenproduktion und -verarbeitung« an den Nürnberger MAN-Industriellen Theodor Freiherrn von Cramer-Klett. Seit drei Jahrzehnten sind die Burganlagen und die Burgsassengehöfte im Tal nur noch alt, schön und einsam. Den altbayrischen Schüttelreimseufzer: »I gang so gern auf d'Kampenwand / wann i mit meiner Wampen kannt'« besänftigt vis à vis die Kampenwandbahn mit einem wampenfördernden Schwung in alpine Höhenluft.

Die Vorboten des Bergtourismus waren Botaniker, Geologen, Philologen, Professoren und Fürnehme von München und weither. Ins Gipfelbuch der Tiefkarspitze im Karwendel trugen sich als erste drei namens Müller ein, ein Jurist, ein Justizminister und der Schöpfer des Alpinen Museums. Um die Jahrhundertwende schwelten bereits Vorahnungen einer in Kniehosen wandelnden Fremdenindustrie«, wie Queri grantelte, als ihm der Bergkostümzauber der Sepplhüte und der »Miesbacher Wichs« unheimlich wurde. Die Ferien-Entdeckung der Hochgebirgswelt brachte kurios temperamentvolle Nord-Süd-Kontraste zwischen dem »Wepsigen« besserwissender Stadtmenschen und dem »eijentümlichen Naturvolke« im Gebirge mit sich. 1851, im Morgenrot des alpinen Fremdenverkehrs, erschien in den »Fliegenden Blättern« Carl Staubers vielbelachte Bildergeschichte »Und Friederike notierte sich diese Jeschichte«, in der ein Bayer Berliner Urlaubserlebnisse im Gebirge am Urquell der saubayrisch-saupreißischen Frozzeleien karikierte. Der direkt lebensjefährliche Aufstieg ins Jebirje kommt Friederike wegen der überall unaufgeräumt herumliegenden Steine so unkultiviert vor wie dauernd Schweinernes, Anten und Speckknödel: »Die janze Jebirgsjeschichte is dummes Zeug. Wenn Bayern preußisch wird, müssen uf alle Almen Eisenbahnen jehen... Die Straßenpollezei müßte viel besser jehandhabt weer'n. Aber der Ultramontanismus läßt in dem Bayern ja keenen Fortschritt nich zu... Über'n Jipfel jibt's immer noch'n Jipfel! — Ich jlobbe bald an den janzen Schwindel nich mehr!... Ich finde die Aussicht vollkommen jenügend! Aber nee, wir müssen weiter. So'n winkender Jipfel winkt unerbittlich. — Endlich war das Ziel erreicht! Donnerwetter! Das janze Land lag wie'ne kolossale Landkarte vor uns da! Ein pyramidalisch-unjeheurer Anblick! Mir fiel Berlin dabei ein. Nur sind dort die Jebirje entfernter.«

1858, gut zehn Jahre vor dem Wirken des Deutschen Alpenvereins, machte König Max II. eine Fußreise von Lindau nach Berchtesgaden, um in entlegene Bergtäler seines Landes einzudringen. Der mitziehende Wilhelm Heinrich Riehl zerlegte die 225 Wanderstunden der fünfwöchigen Gebirgserkundung danach in 150 Reitstunden, 60 Equipagenstunden und 15 Fußgänger-, respektive Kraxlerstunden. Trotzdem war die Alpentour des gelehrten Königs, der in Griechenland nicht ruhte, bis er den Kerker des Sokrates gesehen hatte, eine Leistung von großer Ungewöhnlichkeit. Frack und Zylinder waren als alpenverletzend untersagt, zum Proviant wurde allerdings gute Lektüre und ein Leibchirurg gepackt, der als einziger unterwegs selbst erkrankte. Der bergerfahrene »Hoftiroler« und Schnaderhüpferldichter Franz von Kobell und Friedrich von Bodenstedt, der gereiste Herold der Mirza-Schaffy-Lieder, zogen wie Riehl mit dem König durch die huldigenden Böllerschüsse, Bergfeuer und Kienfackel-Spaliere, die erst unter dem krachenden Gewitterdonner und Stutzenknallen der Ramsau ein Ende nahmen. Vor dem Allgäuritt über Tiefenbach und Sibratsgfäll durchs Balderschwangtal nach Sonthofen fand Bodenstedt, daß sie leicht als Kunstreitertruppe angesehen werden konnten; am letzten Tag beteuerte er, daß »Ew. Majestät sich auf dieser Reise menschlich und wir uns königlich amüsiert haben«. Der König, an Gamsjagd- und Gebirgsritte gewöhnt, erinnerte sich an den Überraschungsruf einer Sennerin: »Seit die Welt steht und die Menschen Brot essen, ist noch keine Seele da heraufgeritten!«

Zu den Köstlichkeiten dieser frühen Alpenreise, die sich angenehm von der bisweilen auf allen Vieren durchgeführten Alpenüberquerung des im eisigen Januar 1077 von Augsburg nach Canassa pilgernden Heinrich IV. unterschied, gehört die Nötigung der königlichen Gesellschaft durch den Burgdorfer Pfarrer vor der Grüntenbesteigung, den »merkwürdigen« Wein zu versuchen, den er an der Mittagsseite des Bergs angebaut hatte. Am Grüntsee, nicht weit von Wertach, ragt heute als riesige Brunnenfigur der kopfstehende Wipfel einer Wettertanne mit bleich ausgreifenden Krakenarmen, der größte, für Sammler durchaus untransportable Naturwuchsfindling der Alpenseen.

Getreu der Bergtouristenstrophe: »Und dazu noch der Verdruß / Von zu vielem Milchgenuß« erwarteten den vom Grünten herabsteigenden König unten eine satte Milch, ein Krug Grüntenwein, ein gewaltiges Hutzelbrot und eine alte Matrone, die von der Sohnesliebe des Burgdorfer Pfarrers unterstützt darauf bestand: »Von dös Hutzelbrot muß Eure Majestät esse, dös hab i selbst gebacke!« Gehorsam brachte König Max einen Ranft des Allgäuer Hutzelbrotes und auch ein Gruppenphoto aus der Wendelsteinhöhe, im Kuhstall mit der camera obscura geknipst, der Frau Königin nach Berchtesgaden mit. Ganz richtig bestiegen wurde der Wendelstein erst 1876 von Max Kleiber, dem »Wendelsteinvater«. Max' II. Sohn und Thronfolger, der junge König Ludwig II., dem Romantik näher lag als Bergtouristik, begnügte sich mit einem Ritt durch die berüchtigte Schauerstrecke der Leitzachtaler Haberfeldtreiber und lauschte in Bayrisch-Zell dem »Lied vom Wendelstoa«.

Über die Schwaige Linderhof im Ammergauer Graswangtal, wo für König Max ein hölzernes Jagdhaus stand, führte ein von Hohenschwangau zum gemsenreichen Brunnkopf angelegter Jagdreiterpfad. In Linderhof ließ der junge König ein »Landschloß im Stil Ludwig XIV.« erbauen. Das Prunkschlößchen Linderhof mit dem versenkbaren »Tischleindeckdich« und dem »Maurischen Kiosk« war unter allen Märchenschlössern Ludwigs so liebenswert klein, daß es noch zu seinen Lebzeiten fertig wurde. Linderhof war die sorgloseste seiner Traumstationen; heute ist es das touristische Schoßkind des kunterbunten Werdenfelser Landes. In mondhellen Bergnächten begab sich der vereinsamte Bayernkönig zur »Blauen Grotte«, fütterte am künstlichen See die aus dem Schloßbassin herbeigeschafften Schwäne und ließ sich in einer vergoldeten Kahnmuschel über das unterirdisch bewegte Wasser rudern, den Traum des Venusbergs, des erglühenden Wasserfalls und der Musik Richard Wagners in der Seele.

Mit Kraxeln und Schnaufen, den schweren Malsack auf dem Rücken, bestieg der junge Carl Spitzweg im Sommer 1836 in »bestem Humor, mit den besten Vorsätzen und mit den schönsten Hoffnungen« den ungeheuren Watzmann, wie er seinem Bruder Eduard vorher aus Berchtesgaden zujubelte. »Solch sublime Ideen hättest Du mir auch nicht angesehen mit meinem engen Brustkasten. Ich wollt' es einmal versuchen, ob's das Lüngerl noch aushalt.« Das Lüngerl hielt es aus, und beim Abstieg von der Watzmannspitze packt ihn reiner Übermut: »Ich wußte anfangs nicht, sollte ich mit den Händen oder mit dem A... gehen, oder gleich hinausspringen und mich 1½ Stunden tiefer wieder auffangen lassen...«. Der Kronprinz von Bayern, der voriges Jahr oben war, erzählt er stolz, wurde von zwei geübten Bergsteigern in die Mitte genommen, so daß er zwischen ihren beiden Bergstöcken ging, der eine vorn, der andere hinten, jeder hielt die beiden Bergstöcke an den Enden — und einen Tag vor ihm war ein Doktor aus Berlin oben, »der die ganzen ersten 3 Stunden den Weg auf allen Vieren zurücklegte und zwar mit dem Hintern voran«.

Spitzwegs Briefe bersten vor belustigter Lebensherzlichkeit und miniaturenhaft skizzierter Situationskomik, er g'stanzelt und blödelt — »Und übermorg'n fruh / Da fahr'n ma nach Kochl / ›Ja aber wenns regnet?‹ / Thut nix, wir fahrn doch!« — er schreibt eine bild- und episodenfunkelnde Übermutsprosa, dieser Andächtige und Hintersinnige im Kleinen, der viel Jean Paul geliebt und gelesen hat. Diesem belesenen Jüngling, der bald nach seinen alpinen Exkursionen aufbrach, um die alten fränkischen Nester und die verkauzten Biedermeieridyllen zu entdecken, warf sein Biograph Uhde-Bernays später vor, daß er leider nur halb so ergiebig hinter Selbstgedichtetem her war wie hinter dem Malen. Spitzwegs Schilderung vom Malerkampf mit den tücki-

100 Bad Reichenhall — Romanischer Portallöwe von St. Zeno Seite 197

Zwischen dem römischen Regensburger Steinlöwen mit der Mähne und dem auftrotzenden Löwen-Ungeheuer aus der romanischen Bauzeit von Sankt Zeno in Reichenhall liegt ein ungefähres Jahrtausend. Heinrich der Löwe, der dem »hal«-, wir sagen »salz«-reichen Reichenhall 1158 das Stadtrecht verlieh, übte auf die zeitgenössisch gemeißelten Löwenrudel zwischen Braunschweig und Bayern einen imposanten Einfluß aus: die naturalistische Wüstenlöwenleiblichkeit ließ dem stilisierenden Machtausdruck romanischer Bildhauer stark beeindruckt den Vortritt. Das abgebildete Löwentier vor rosamarmornen Rundbogenportal des Zeno-Münsters ist nicht allein; es trägt mit einem ebenbildlichen Gefährten aus gelblichen Untersbergmarmor das vordere Säulenpaar. Auch die Sockel und Knospenkapitelle der schlanken Säulen zur Portaltiefe hin sind aus heimischem Marmor.

Bad Reichenhall, durch Jahrhunderte chronisch von Bränden und Überschwemmungen heimgesucht, wählte sich neben dem Bistumspatron St. Rupert den speziellen Fürbitter gegen Wassernöte, St. Zeno.

101 Blick über Berchtesgaden Seite 198/199

In einen »schrecklichen Wald mit ständiger Kälte und Schneefällen«, gelegen hinter dem salzhaltigen Reichenhall, »einer Einöde, in der vor kurzem nur wilde Tiere und Drachen gehaust hatten«, wagte ein oberpfälzisches Augustiner-Chorherrenstift unter Graf Berengar von Sulzbach eine gefürstete Propstei zu setzen. Aus diesem frühmittelalterlichen Stift ging das seit 1294 reichsunmittelbare Klosterschloß Berchtesgaden hervor. Die Drachen wären halb so schlimm gewesen — viel erboster über die oberpfälzische Anwesenheit waren die Salzburger Erzbischöfe und die bayrischen Herzöge. Nachdem endlich Wittelsbacher Fürstbischöfe im Reichslehen Berchtesgaden saßen, regierten Bauernkrieg und Blitzschlag verwüstend dazwischen; die danach und vor allem im 18. Jahrhundert zur fürstlichen Residenz ausgebaute Propstei wurde im 19. Jahrhundert eine von den bayrischen Königen vielgeliebte Sommerresidenz; nur Ludwig II. fühlte sich dort unangenehm an seine Jugendtage mit den Eltern erinnert. Prinzregent Luitpold dagegen, der unerschrockene Hochgebirgsjäger, liebte Residenz und Berchtesgadener Land um so mehr und auch im schneetiefen Winter. Bei den Gemsen, Hirschen und Steinadlern fühlte er sich so daheim wie in Schloß Adelsheim, wo der letzte Fürstpropst von Berchtesgaden starb, im Schloß Hubertus des Grafen Max von Arco und im vormals fürstpröpstlichen Jagdschlößchen St. Bartholomä am Königssee.

In einer Rauhreifweihnacht fuhr Karl Stieler, der Meister der winterlichen Gebirgsidyllik, mit dem Schlitten von der Feste Hohensalzburg hinüber nach Berchtesgaden und zum Königssee, in dessen Tiefe nach alter Sage das Blut des Königs Watzmann flutet. In der Winterfrühe sah er die Berchtesgadener Alpen ohne Nebelreif im lichten Blau des Himmels. »Zitternd webt das Goldlicht um den Rand der Gipfel, wenn die Sonne langsam dahinter em-

schen Bergnatur-Objekten über Berchtesgaden ist ein klassisches Stück deutscher Prosa:

»Ich keuche mit halbtodt, bis ich ein paar 1000 Fuß über der Meeresfläche bin, und sehe zu meinem größten Verdruße, daß das Ganze wohl von unten hübsch ausgesehen haben mag, aber oben nichts zu suchen sey. Derweil wird's schon heiß. Du suchst also in der Schnelligkeit das Nächstbeste, um nur nicht umsonst so weit gerannt zu seyn, und fängst in Gottesnamen an. Kaum sitzest du eine halbe Stunde, so kommt eine Kuh — oder ein paar — und fangt eine Attaque mit meinem Füchsel (so heißt mein brauner Spitz) an. Du schlichtest den Streit mit tüchtigen Hieben, aber des Kriegführens in den Bergen nicht kundig, glitschest du, zerreißt dir die Hose und zerstichst dir das Gesicht an Dornen, und das alles wegen des vermaledeyten Viehes. Das Vieh (als das Gescheidtere) gibt endlich nach. Du willst wieder fortarbeiten, bist aber ganz in Wallung, sollst feine Linien ziehen, kleine Ästlein machen, und Lichttüpferln so klein wie eine Nadelspitze aufsetzen. Die Linien werden krumm, die Ästlein Stämme und Lichttüpferln unförmliche Farbenkleckse an Orten, wo sie nicht hingehören. Jetzt wirst rabiat, fuchti im höchsten Grad. Mit dem Vieh sind aber auch eine Unzahl Fliegen, Schnacken, Bremsen und anderes Gesindel gekommen. Ehe du's merkst, hat schon eine deine linke Hand angezapft und du schlägst sie auf dem Flecke todt. Während du aber zum Schlage aushebst, surrt auch eine um deine Nase. Du fahrst also schnell auf, mit dem Ärmel von deinem Hemde über deine nasse Ölskizze, so daß die Ästleins und Lichttupferln alle auf dem Ellenbogen sitzen. Jetzt kannst du nochmals fuchtig werden, wenn du willst. Doch du mäßigst dich, und fängst an, das Dings wieder auszubessern. Da kommt auf einmal ein Windstoß und nimmt dir das Parasol und führt es durch die Lüfte. Du dahinter her wie besessen. Denn noch 10 Schritte, so weht es der Wind in den Abgrund, in den Waldbach, in den See. Du kriegst es nimmer. Endlich hast du es. Auf dem Rückweg zu deinem Malplatze verfinstert sich die Sonne, du bemerkst mit einigem Mißvergnügen, daß die Beleuchtung fort, daß ein Wetter kommt. Wie du zu deinem Stuhl kommst, liegt der auch vom Winde umgeworfen auf dem Boden, und deine nasse Ölstudie mit dem Antlitz auf der Erde. Du hebst die Geschichte auf und hast jetzt eine Sammlung von mineralogischen, botanischen und zoologischen Seltenheiten auf dem Papiere kleben, die dich rasend machen könnte. Du versuchst, so lange die Sache noch naß ist, mit dem Messer zu säubern, derweil kommt das Wetter, patschnaß wie ein Hund, von Schweiß und Regen triefend kommst du ins Wirtshaus...«

porklimmt, tief unten auf See und Tal lagen noch die kalten Schatten. Zwei Farben allein beherrschen um solche Zeit die gesamte Landschaft, das wuchtige Schwarz der Fichtenwälder und das massive Weiß des Schnees; dazwischen starren glanz- und tonlos die grauen Felsenwände, die fast senkrecht aus der Tiefe steigen.« Ein Felssturz von der Seite des Steinernen Meeres her hat einst den Kessel des Obersees entstehen lassen; mit dem Königssee ist er durch ein Bächlein verbunden.

102 Hintersee mit Hochkalter   Seite 200
»Herr, wen du lieb hast, den läßt du fallen ins Berchtesgadener Land!« Vor den Malersee hinter der Ramsau hat der angerufene Herr seit alters das felsige und verschattende Abenteuer des »Zauberwalds« gepflanzt. Eingesperrt zwischen Schottmalhorn und Reiterhorn spiegelt der grünklare Hintersee die wetterwendischen Himmelsflecke über den Graten; nach der Dämonenmajestät des steil umrahmten Königssees wirkt der wenig hundert Meter breite Hintersee mit den eingestreuten Blöcken wie ein lyrischer Bergnöck. Einer der ersten Alpenmaler, die wirklich auf die Berge stiegen, war der 1775 geborene Oberbayer Max Josef Wagenbauer. Überraschenderweise aber war es der unromantische Neuruppiner Architekt und Maler Karl Friedrich Schinkel, der schon 1811 am Hintersee und Königssee kundschaftete und den Königssee mit der Feder zeichnete.
Der Hochkalter am Südufer des Sees zog den Bergsteiger Ludwig Purtscheller als interessantesten Berg der Berchtesgadener Gebirgswelt an; am 14. Juli 1885 durchkletterte er das Hochkalter-Massiv vom Wimbachtal her, um die Blaueisspitze erstmals zu besteigen. Kurz nach Sonnenaufgang lag das Tal mit seinen blassen Felstrümmern und den grünschwärzlichen Legföhren tief unter dem Anstieg — einer der gedrängtesten Alpenwildgärten zwischen Hohen Göll und Untersberg. Die Eiswasser des Blaueisgletschers strömten zwischen Watzmann und Hochkalter durch die zerklüftete Klamm. »Der gewaltige Hochkalter«, erzählt Purtscheller aus der geheimnisvollen Eiswelt über dem Hintersee und der Ramsauer Ache weiter, »die weißen Wände des Watzmann, der Hocheisspitze und der Palfenhörner schimmerten in sanftem Rosa, dann wieder in flammendem Purpur, während die unteren Partien der Berge noch in die blauen Schatten, in das Dunkel der Dämmerung eingehüllt waren.«
Die zwiebeltürmige Kirche am waldigen Abhang über dem Tal der Ramsauer Ache Maria Kunterweg und die nördlich von Berchtesgaden gelegene Wallfahrtskirche Maria Gern sind bergfromme, in Demut selbstbewußte Andachtsgrüße empor zu den weißblauen Himmeln über Watzmann und Hohem Göll. Maria Gern in ihrer blütenhaften und elliptisch schwingenden Grazie steht den grauen Watzmannhörnern uneingeschüchtert gegenüber.

Fotonachweis (bezogen auf Bildnummern): Erich Bauer 44; Bavaria Verlag 2, 3, 6, 13, 15, 21, 28, 33, 35. 42, 43, 45, 49, 50, 54, 58, 60, 64, 65, 66, 68, 71, 72, 78, 82, 87, 89, 91, 102, Robert Braunmüller 84; Niklas Deak 1; Eduard Dietl 86, 90; Johannes Fleck 26; Fremdenverkehrsamt der Stadt Goslar 30; Hans Huber 94; Pressebild Jeiter 22, 32, 38, 39, 47, 48, 52, 53, 55, 56, 59, 61, 67, 70, 73, 79, 83, 85; Landesfremdenverkehrsverband Weserbergland-Mittelweser 5, 8; Robert Löbl 37, 41, 46, 51, 57, 62, 63, 74, 76, 77, 81, 88, 92, 93, 95, 96, 97, 98, 99, 100, 101, Umschlag Vorderseite; Mauritius 16, 69; Foto-Werbe-Studio B. und R. Meier 27, 29; Schöning & Co + Gebrüder Schmidt 40, 75; Walter Schröder-Kiewert 36, 80; Städtisches Verkehrsamt Büdingen 31 (freigegeben unter RP Darmstadt 704-1); Klaus Vetter 17, 18, 19, 20, Umschlag Rückseite; Hans Wagner 4, 7, 9, 10, 11, 12, 14, 34; Hans-Jürgen Wohlfahrt 23, 24, 25.